赛出来的中学作文课

主编 刘斌 张水鱼

# 33节素材课

SAICHULAI DE ZHONGXUE
ZUOWEN KE

主　编：刘　斌　张水鱼

编　委：刘　斌　张水鱼　李　翀　王亚萍
张春艳　常　欢　原　阳　刘　楠
郝丽红　张子亮　贾　雅　闫婷婷

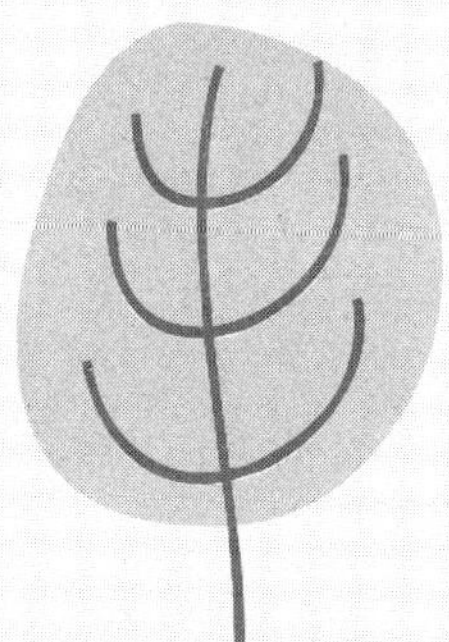

山西出版传媒集团　山西教育出版社

**图书在版编目（CIP）数据**

33节素材课 / 刘斌，张水鱼主编. — 太原：山西教育出版社，2022.8

（赛出来的中学作文课）

ISBN 978-7-5703-2248-0

Ⅰ. ①3… Ⅱ. ①刘… ②张… Ⅲ. ①作文课—中学—教学参考资料 Ⅳ. ①G634.343

中国版本图书馆CIP数据核字（2022）第045376号

# 33节素材课

33 JIE SUCAI KE

责任编辑 连建英

复　　审 刘晓露

终　　审 郭志强

装帧设计 陈　晓

印装监制 蔡　洁

出版发行 山西出版传媒集团·山西教育出版社

（太原市水西门街馒头巷7号 电话：0351-4729801 邮编：030002）

印　　装 山西新华印业有限公司

开　　本 890×1240 1/32

印　　张 12.5

字　　数 268千字

版　　次 2022年8月第1版 2022年8月第1次印刷

书　　号 ISBN 978-7-5703-2248-0

定　　价 57.00元

# “创课”这些事儿

张水鱼

**创课，这个令人耳目一新的说法应该是有故事的。的确是。**

徐江教授投稿给编辑部，常会附一封短信。他在2015年5月投稿《当语文创客，开语文创课，培养新创客》这篇文章时，写了这么几句话：

语文教学效果一直不甚理想，很大一个原因是人们对语文的认识有偏差。总是摆出架势上一种标准的语文课，而没有立足在“用”。我在这里接过社会流行话语——“创客”与“创客教育”，将之移植到语文教学，提出“语文创客”与“语文创课”这两个概念。我明确认识到，只有开出“语文创课”，语文教学才是有效的。

透过这段铿锵的文字，我们可以看到徐江教授对广大教师的

"教"提出了新挑战，同时对课堂上的创造性有一种殷殷的期待和有力的召唤。它不只是让我们耳目一新，同时挑战着我们的思维，刷新着我们的写作教学经验。

接过徐江教授"语文创课"的说法，身为作文刊物主编的我认识到，作文教学更需要创课。

编辑部接到的电话里，不少教师总在电话那头问询，期待作文教学序列课程出现。可以肯定地说，适合教师个体的作文教学序列不是能被给予的，这是由作文教学的特点决定的。其一，没有哪一个序列可以拿来就用。他人的序列能提供的无非是写作知识，而知识本身是僵硬的，需要教者因材施教进行个性化处理。其二，作文是心灵的事业，写作内容是情感和思想的展现，不经过丰富心灵淘洗的序列不会唤起写作的热情。作文教学还需要教者立足生活现场，以智慧之石激学生生活之水，唤起他们写作的欲望。与其盼望天上掉一个硬邦邦的序列，我们不如行动起来，在积极的创课实践中，构建一堂堂活色生香的作文创课。从编辑部的角度出发，就是发起一个"作文创课"赛事，推动作文课改的石碾子，从沉重、笨拙出发，往轻盈和快乐那里去。

我把这个想法讲给徐教授听，得到了他的充分肯定。就这样，一封短信和一闪而过的念头，成为"创课"赛事最早的故事。

创课赛事的筹备很顺利。《新作文》杂志社社长刘斌、全国著名语文特级教师黄厚江都对此赛事给予了支持和鼓励。还有刊物背后一批怀揣作文教学梦的领军人物，如蒋红森老师、冯善亮老师、金戈老师、袁爱国老师、徐飞老师、张华老师……从选拔流程的规划到评价标准的拟定，从现场评分到活动综述，都凝聚了他们的智慧和创意。

“创课”比赛设置了三级跳台：既有静态的教学设计比赛，又有动态的现场“比武”。为了鼓励参赛的教师们，评选出的优秀课例还集锦成册。

从2016年首届赛事至今，“新作文杯”全国作文教学“创课”比赛走过了六届，共有数千名中小学语文教师参加，有50多位评委参与了评审工作，凝聚了五本“创课”作文专辑，在刊物上推出了100多位作文创客的作品，其中有6位表现优异的创客选手成为作文刊物的封面人物。

他们中，有些是初登讲台的青年教师，有些是省市学科带头人，有些是已经功成名就的特级教师；有些是第一次鼓足勇气投稿，有些是数年多届地跟进参赛；有些是师带徒共同参赛，有些是姐妹相约来参赛，也有夫妻阵来参赛的；还有一种特殊情况是，市区县教研室、名师工作室集体组织参加比赛，在正式参赛之前，当地已组织过一次评比。对这些教研团体来说，创课活动不只是属于赛事，已然成为他们当地作文教研的一个好抓手。这些参赛教师，有的教学热情被激活，有的教学才能被关注，五年来，专业成长有了质的飞跃。论文获奖、专著出版、职称晋级等，捷报频传。

值得一记的是，六届赛事中，还先后于山东莘县、江苏南京、湖南岳阳举办过现场讲课和说课比赛，在创课的舞台上，创客们比武论剑，各领风骚。

这个舞台不大，但灯光烁烁，足以支撑一台内容丰富、剧情引人的演出，百万里的作文夜空会被这个小小的舞台镀亮。

舞台上的创客，或许不是万人敬仰的名角儿，但亦有新秀登场的初绽之魅。他们的优美唱腔、一招一式自有台下的观众因喜爱急于效仿。

舞台的背后，有“三新”作文教学研讨的盛景，有一支优秀的作文教研梦之队，有一本专注于作文教研的刊物。创新之花正是在这样的土壤里被催生。

**从“创课”两个字春光乍现到一个赛事的风生水起，要讲的故事还有很多。**

这里，择要梳理一下与“新作文杯”全国作文教学“创课”比赛相关的几句话，借这几句话勾勒一下此赛事的全貌，为参赛的教师留下一份宝贵的记忆，让准备参赛的教师有一个追本溯源的路标，为读者朋友勾画一个方便学习使用的轮廓。

——“百日创一课，一课是精品”

每届赛事设置的比赛时间都是一百天。7月1日开赛，10月15日结束，中间隔一个长长的暑假。我们深信：教师们走出去会获得更多的创意灵感，创意首先要用心，用一百天的时间设计一堂课，这堂课至少能成为这位教师教学生涯里的精品，为他本人积累一次相对满意的设计体验。

——“用我们的创新课堂来演绎作文教学的新思想、新探索”

全国著名语文特级教师黄厚江曾在首届现场比赛开幕式上发言。他说，“三新”作文教学研究的关注点在课堂。课堂教学是我们研究的出发点，也是着力点。新思想、新探索最终在新课堂里开花结果才是研究者的追求。

——“创新课堂，为人生镀一层幸福的光晕”

这是发布活动启事时的宣传用语。意谓：作文教学改革，是朝向幸福的事业；创造是一个过程，一个通往幸福的过程。创造者的人生是发现的人生，是收获的人生，也是幸福的人生。

“不辜负我们的时代，我们做创客，上创课。”这是一位创课者的自白。

“写作是一种修炼。首先要修炼成一个有觉之人，修炼出一颗诗意的心灵。”这是一位创课者的独特体验。

“和学生谈写作之前，我们先得和自己谈一谈：你又写了多少有感而发的满意之作，你又写了多少敷衍了事的拼凑之作？”这是一位创课者的自我历练。

“深入研究学生的写作困难，选准一个点，重敲一个点。一课一得，得得相连，帮助学生拾级而上。”这是一位创课者的教学轨迹。

“我们理想的写作课，应该有天光云影，有人间烟火，有技法获得，有灵感乍现。”这是一位创课评委的希冀。

“老师，今天你创课了吗？”在一群心灵沸腾的作文创客中，连续三届参加创课的杨富昌老师向自己发出这样的提问。他的提问，是对自我的要求，也是对同行者发出的邀请。这句话，正如春天枝头上的一声鸟鸣，给我们带来无限想象。试想，如果每一位老师走进教室前都能对自己这样发问，是不是意味着，我们的课堂整体变革已在悄然行动之中，向课堂要效率的作文教学的春天也不远了呢？

作文创课的生态在这样的行走中养成，用创新来锤炼课堂进而丰富人生已然成为共识。

就参赛者来说，他们是创课，也是创客。

就“新作文杯”赛事来说，这里是平台，也是舞台。

就“创课”这件事情本身来说，是创新课堂，也是在创意生命。

要说的是，“创课”这两个字是从读者和作者那里来的，必将回到读者和作者那里去寻求更好的答案。正如我们所期待的，每一位参赛选手和评委老师都写下了自己对“创课”的独特解读（见附录部分）。

**那么，什么样的课就是“创课”？**

最早提出“创课”概念的徐江教授这样回答：创课就是有创造性的课，所谓“创造性”，是指有独到的首创性发现。也就是说，“创客”的金牌要颁给那第一个吃螃蟹的人。

创课的核心在于“创”，创新的创。

什么是创新？创造性从哪里来？依我看，创新就是一步步走向轻盈与快乐的努力。创课活动不是没事找事的无中生有，而是为了让作文教学不再沉重所做的努力。创新的精义是执行，是有步骤地去做的过程。

学习是创造性的源泉。只有不断地学习，教师才能视野开阔，思想敞亮，必要的知识信息才能保持增容状态，才更容易走进学生的内心，以成长者的姿态与学生平等交流；只有不断地学习，才能学有所专，专有所察，才能基于学生的学习起点和自己的教学风格，进入教学之佳境，创生教和学的和谐局面；只有不断地学习，才有实力有勇气摒弃那些陈旧的写作知识和写作技法，立足自己的写作经验创造新鲜的教学内容。 我们一定要坚信，教师的学就是最好的教。

创，就是在同一个地方多看几眼，看出事物的奥秘。

创，就是在停滞不前时多问几个为什么，问出一个清澈的水底天。

创，就是在思路通畅时立即行动，铺陈探索的一小步。

创，就是从不放弃寻觅，寻找一个不一样的自己。

当你来到这个舞台，你就会知道，作文教学的创课，在于开掘高质量的生命体验，享受互相学习之乐，赶赴成长盛宴，尽显个性表达风采，追求作文教学的最高境界。

当你来到这个舞台，你就会知道，作文创客在这里已蔚然成林，他们都是享受探胜之乐的志同道合者，都是努力打开写作教学黑匣子的有心人，都是把创新挂在写作教学技艺旗杆上来朝圣的作文创客。

当你来到这个舞台，你就会知道，只确认过眼神是不够的，融入这支梦之队才不负韶华，因为这个舞台是用创新来唱和的创客王国。多元丰富的作文创课，形形色色的创客故事就是明证。

这里辑录的创课也许不会经年流传，但浮光跃金、交相辉映的创意之举，足以晕开一圈圈涟漪，生动了作文天地。

请相信，岁月特别眷顾那些积极投入并经年坚持的人，机遇往往垂青创造的心灵。在这里，每一丝火苗都值得肯定，每一点闪光都有流传的可能。让创造产生价值，让价值来确定意义。

这一次，他们是作文创客；下一次，也许是你。

亲爱的朋友，在作文创课比赛的舞台上，我们期待着你的到来。

我们是刘斌、张水鱼、李翀、王亚萍等作文编辑，我们是作文专业刊物，我们是刘晓露、连建英等出版人，我们是“三新”作文教学研究的梦之队。

我们在这里等你。

（作者张水鱼系《新作文》杂志社副总编，中国语文报刊协会写作教学专业委员会副理事长，全国“三新”作文教学研究会秘书长）

# 训练表达是写作教学的重要使命

徐 飞

写作是一个复杂的行为系统，概而言之，包括“为何写”（含“为谁写”）、“写什么”和“怎么写”。交际语境写作，更强调写作目的（“为何写”）及读者意识（“为谁写”），这自然是写作教学不可忽视的方面，而指导“写什么”与“怎么写”仍应是写作教学一如既往的重要任务。“写什么”指写作内容、写作素材，是决定文章品质的重要方面；而“怎么写”其实更考量写作者的写作水平、写作智慧。同样的主题或内容，不同人写就会有云泥之别。与“写什么”相比，“怎么写”更接近写作教学的内核。倪文锦教授说得很明白：

我们平日写文章，包含了写什么（话语内容）和怎么写（话语形式）两个方面。这里有必要重申一下这二者的关系。我们不是先有一个无形式的内容，再在这内容之外去寻找一种形式把它表达出来，而是通过一定的形式才能使一定的内容成为直接现实。也就是说，一定的话语内容生成于一定的话语形式，一定的话语形式实现一定的话语内容。在形式出现之前，内容并不存在，“写什么”生于“怎么写”之中。因此，写作教学的重心应该转移到切实加强对学生“怎么写”的指导上。

“怎么写”，就是考虑如何表达，涉及文章体式、行文结构、材料选择、语言组织等方面。面对同样的情景、经历同样的事件、书写同样的主题，由于写作者的个性、表达习惯、写作才情及所触发的情思不同，就会产生不同的表达形式。表达水平，就是一个人的写作水平。鲁迅先生曾指导青年人写作：要从大作家手稿的增删部分，分析、比较为什么要这样写而不那样写。这启示我们，写作训练应重视“怎么写”的指导。训练表达，应成为写作教学的重要使命。

写作是表达与交流的艺术，追求言辞与情意的一致。金人赵秉文曰：“文以意为主，辞以达意而已。”“达意”二字看似轻巧，实则不易。“达意”，就是言能尽意，使内心的感受、情感、思想能更精准地表达出来。正如福楼拜教导莫泊桑：“你所表达的，只有一个词是最恰当的，一个动词或者形容词，一定要找到它，别用戏法来蒙混，逃避困难只会更困难。”一个恰如其分的词威力无穷，写作就是要为“达意”而努力，找到最贴近内心情意的表达形式。

在我看来，按照文章写作的意义单元划分，“表达”大致可分为宏观、中观和微观三类。宏观表达，指篇章结构、行文思路；中观表达，指段落写作、句群写作；微观表达，指一句话写作、字词遣用。

先说宏观表达。优秀的作品一定隐藏着优秀的结构。在指导学生写记叙性或议论性文章时，不可忽视结构的指导。议论性文章常见的结构有“3M”（“是什么”“为什么”“怎么办”）式、引议联结式、正反合式、一例到底式、由头式等，记叙性文章常见的结构有起承转合式、双线并进式、嵌套式、扇形式、综合式等。可通过列提纲的方式，进行快速构思训练，让学生的作文在组织结构上迅速入格。不少老师很重视结构的训练，有的甚至总结出关于结构的若干“套路”，这些“套数”在临场写作时，有时也能发挥神奇效力，但有时也会“折戟沉沙”。写作可以有“套路”，但不能被“套住”，应结合作文题目灵活应对，所谓“先入格，后出格”。

再说中观表达。连句成段，缀段成篇，段落是文章的基本构成单位，是由词句转向篇章的重要环节。张志公先生曾说：“一段是一篇的具体而微。”“几乎可以断言，能够写好一段，一定能够写好一篇。反之，连一段话都说不利落，一整篇就必然夹缠不清了。”段落写作，具有训练便捷、反馈快速的优点，是写作训练的常用方式。可以有系统地指导学生用一段话摹写一个人、记述一件事、描绘一处景、阐明一个观点、辨析一个道理。教师应做好段落写作的指导与评价，帮助学生明晰段落的构成，理清句子间的逻辑关系，指导学生自我修改，在表达中训练表达，在写作中提升写作。

最后说微观表达。我们在临场写作时很难做到每句话都精心斟酌，很难做到每个字词都反复推敲，但如果在关键处写出让人过目难忘的句子或词语，则会给文章增色不少。可运用矛盾法、形象法，创造自己的“金句”。应训练学生的语言敏感度，遇见“金句”，立即记录、背诵，并加以分析、背诵或仿写。背诵，是写作的童子功。梁衡在《背书是躲不过的捷径》中说：“应该趁记忆好的时候，多背点东西，不然太可惜了。我现在写的文章里面经常会冒出一句我中学时期背的东西，许多就是教材里面的。”毫无疑问，背诵可以提升语感和语言表达水平。

需要注意的是，训练表达固然重要，但如果一味地训练表达而忽视体验则容易陷入迷途，在技术的狂欢中放逐写作之道。其实，训练表达不仅要追求言能尽意，更要追求言意共生，在“言”的推敲中深化“意”，在“意”的深化中推敲“言”。

举个例子。法国著名诗人艾吕雅1942年给爱妻努施写的一首诗歌，诗歌的每一段都有“我写着你的名字”。结尾是这样的：“我生来是为了认识你 / 为了叫你的名字。”诗人特别爱自己的妻子，可是，当他把这首诗写完，突然感到，诗歌中的“你”不应当仅仅是自己的爱妻。因为当时法国正处于希特勒法西斯的铁蹄之下，千百万人民正渴望着自由。他说：“我突然明白了，我应该用一个名字来结束，于是就在‘叫你的名字’之后写上了‘自由’。”并且把诗歌的题目《给努施》改为《自由》。诗人原来只是想写一首爱情诗，表达一种“小我”的情感，而当时的社会现实又使他的思想感情升腾到“大我”的高度，诗人及时抓住了它，换了一种表达，抒发了法国人民热爱自由的强烈愿望，使主题得以深化。

因此，训练表达不应只停在文字层面，更应关注到写作主体的思想、情感。训练表达，也是在训练精神、训练思想。

（作者徐飞系中国教育报2014年度推动读书十大人物，江苏省高级教师）

# 目　录

附　录

# 寻找一颗属于自己的“话梅糖”

江苏苏州·金顺芳

## 创课缘起

又到一年一季枇杷上市的时节了，东山的好朋友知道女儿喜欢，就给我寄来一大箱。晚上，我装了一大盘枇杷，给上完晚自习的女儿吃。女儿一看，撒着娇说：“妈妈剥给我吃嘛！”我笑了笑，又像往年一样一个个剥皮送到她的嘴里。女儿突然问我：“妈妈，你记得我以前写过一篇作文吗？就是关于枇杷的。”经过女儿的提醒，我想起来了，那一年家里的枇杷吃完最后一个时我是欢呼的，因为连着几天剥枇杷的皮我的指甲有点发黄了，吃完了枇杷的那一刻，我大声地呼喊着：“我终于可以把指甲剪掉了。”女儿就此素材写了“爱干净爱美的妈妈为了给我剥枇杷，留了将近一个星期的发黄的指甲”的作文，后来“妈妈高超的挖西瓜技术”“妈妈是剥核桃的高手”“妈妈曾一度自己吃虾吃螃蟹会自觉地把肉剔出来”等这些素材都进入过她的作文。和她聊起这些的时候，我突然灵光一闪，这些写作素材不就是人人心中所有，许多人笔下所无的吗？于是，我就想从“吃”入手，提供一些写作素材，上一节作文指导课。

## 创课思路

要想让学生有效地掌握文章细节的写作方法，教师就不能将写作思维技巧生硬地塞给学生。因此，我选择了三个层次，围绕写作对象，从细节描写入手，逐层解说多种感官、类比联想、哲思性对文章的增色。在此基础上，我引导学生将原有的素材丰盈成一篇属于自己的文章。

## 教学现场

**一、激发兴趣，进入情境**

（一）课前准备

（上课前，教师给每人发了一颗话梅糖，等学生吃得差不多的时候，展开课堂教学）

**师：**你能说说吃到的话梅糖是什么味道吗？

**生：**酸酸的，甜甜的。

**生：**酸酸甜甜的，很好吃。

（二）激趣

**师：**想必大家吃到的话梅糖都是酸酸甜甜的吧。今天老师想和大家一起来挑战一下，根据一颗话梅糖来写一篇作文，你们有信心吗？

**生：**有。

## 二、逐步感受，交流心得

**（一）**通过复习《春》中的文字，让学生有意识地多角度描写吃话梅糖的感受

**师：**其实你要想将自己吃话梅糖的感受用文字传达给别人，就一定要通过细腻的细节描写。大家都学过朱自清先生的《春》吧，还记得文中有这样一段文字吗？是描绘无形无色的春风的，下面大家一起来背一下吧。（教师起头，学生一起背诵）

（屏显）

“吹面不寒杨柳风”，不错的，像母亲的手抚摸着你。风里带来些新翻的泥土的气息，混着青草味儿，还有各种花的香，都在微微润湿的空气里酝酿。鸟儿将窠巢安在繁花嫩叶当中，高兴起来了，呼朋引伴地卖弄清脆的喉咙，唱出宛转的曲子，与轻风流水应和着。牛背上牧童的短笛，这时候也成天在嘹亮地响。

**师：**有同学能从感官角度给大家分析一下这段文字是如何写风的吗？

**生：**“‘吹面不寒杨柳风’，不错的，像母亲的手抚摸着你”，这句话从触觉角度写出了春风的温暖、柔和。

**生：**“风里带来些新翻的泥土的气息，混着青草味儿，还有各种花的香，都在微微润湿的空气里酝酿”，这句话从嗅觉角度写出了春天来临时春风带来的各种气息。

**生：**“鸟儿将窠巢安在繁花嫩叶当中，高兴起来了，呼朋引伴地卖弄清脆的喉咙，唱出宛转的曲子，与轻风流水应和着。牛背上牧童的短笛，这时候也成天在嘹亮地响”，这两句话分别从视觉和听觉

的角度写出了因为春天的到来一切都呈现出欣喜而富有生机的样子。

**师：**那么请同学们回忆一下刚才拿到的那颗话梅糖，拿到的时候你们观察它的外包装了吗？当你们剥开糖纸的时候听到怎样的声音呢？放到嘴里的话梅糖味道是怎样的呢？话梅糖最初进入嘴里和吃的过程中的味道有没有发生变化呢？仔细回忆一下，根据老师的要求写一写，看看会有怎样的变化。

（屏显）

要求：将你的感受细化一下，从多种感官角度考虑，注意自己文字的顺序是否合理。

（学生写作，完成后交流）

**生：**我看着还没有打开的话梅糖，它的包装两边是红的，中间是黑的，还印着四个格外显眼的字——黑糖话梅，我把它拿在手里，发出一阵“吱吱”的响声。我将它从边上慢慢撕开，只见糖果露出了它那咖啡色的“小脑袋”，让人看着不禁垂涎欲滴。当你把它含在嘴里时，细细品味，酸味和甜味混合着，不断冲击着你的味蕾，百嚼不厌。

**生：**我只瞧见红黑色的包装上，四个霸王“黑糖话梅”威武地站在糖纸中间，旁边有个如花似玉的女子陪衬，真是一幅诱人的图案，馋得我口水都要流出来了。于是我用手指迅速地扯开了包装纸，只见一颗椭圆形的棕色话梅糖安逸地躺在里面，它的皮肤绽放出油亮的光泽，散发着淡淡的奶香味。

**生：**我急切地撕开了那华丽的包装，“哧啦”一声，话梅糖的整体轮廓便映入了我的眼帘，巧克力色，隐约透着光泽。再近一点看，还能看到被糖包裹着的话梅糖，不时地传来一股香味。我把话梅糖塞进嘴里，话梅糖的香味顿时弥漫了我的整个口腔。没过多久，另一股味道便涌入口里，像柠檬那样酸，这种味道充斥着我的整个口腔，久久不能散去。

**师：**看来很多同学已经有意识地从多种感官角度来描写自己吃话梅糖的感受了。你们看，文字是否丰富了很多呢？

**生：**是的。

**（二）**根据多角度描写的文字，进行类比联想，使文字更富想象力

**师：**下面老师还要教大家一招，你们先来读一读屏幕上的这几段文字。

（屏显）

1. 荷香弥散着，有淡淡青薄荷的味道，是一种傍晚雨后的清爽。

2. 不喜欢榴梿，它的气味太臭了，是一种阳光下久晒的鱼干与烂冬瓜的气味的混合。

3. 梅雨潭的水滑滑的明亮着，像涂了“明油”一般，有鸡蛋清那样软，那样嫩，令人想着所曾触过的最嫩的皮肤。

**师：**经过朗读屏幕上的文字，我们发现，运用类比联想，可以使文字更富有想象力。其实刚才有些同学已经无意识地用到了这个方法，接下来，你们可以选择你们文字中的一句来试着写一写。

**生：**浓郁的糖香肆无忌惮地挑逗着我的嗅觉神经，我咽了咽口水，手一抖，话梅糖便乖乖地进了嘴，入口时像冰激凌一样的甜。

不一会儿，这甜味儿便在嘴里弥漫开来，慢慢酝酿着，竟生出了一股酸味。哦，原来是话梅的酸。这甜蜜，这酸涩，让我想起了一个人……

**（三）**融入哲思，体验独特

**师：**这样的文字已经能给人一定的想象空间了。老师还有一招，就是在文字中融入哲理性的内容，这样能够使文字更富理性和深度。

（屏显）

香椿味虽美，却不是人人都喜爱享用的。有的人一开始就很难接受香椿特殊的味道，只有在大胆尝一两次后，细细品味，才能领略到香椿的美味。一棵香椿树，一年最多采两次，采多了就会失去香椿的美味，如味同嚼梗了。可见美好的东西不在于多，而在于精。

——高延萍《香椿》

椿树是传统文学里被看作一种象征父亲的树。对我而言，椿树是父亲，椿树也是母亲，而我是站在树下摘树芽的小孩。那样坦然地摘着，那样心安理得地摘，仿佛做一棵香椿树就该给出这些嫩芽似的。

——张晓风《香椿》

**师：**同学们，这酸酸甜甜的话梅糖有没有让你想起什么呢？

**生：**这酸酸甜甜的话梅糖就像我们经历的各种体验一样。

**师：**请你具体说说。

**生：**话梅糖酸甜的味道，就像人生经历的某种体验一样。

**生：**话梅糖吃在嘴里，酸酸甜甜的，是青春的味道。

**生：**品尝话梅糖，就像我们面对人生的坎坷一样，如果我们不坚持到底，就品尝不到打败困难后的那份甜。正如你不付出艰辛，就得不到丰硕的果实一样。

**生：**那个人在我心里就像是一颗话梅糖，不仅融化了自己，而且还甜哭了别人。有些人也许永远不会再见，也许再次擦肩而过时也不会认出彼此，但是那颗话梅糖会一直甜在我的心中。

**师：**同学们有没有发现，刚才这些同学的文字里都潜藏着一个故事。品尝同样一颗话梅糖，我们的感受却不尽相同，因为每个人心里都有一颗属于自己的“话梅糖”。

## 三、确立材料，丰盈写作

**师：**一颗小小的话梅糖，酸酸的话梅裹上了甜甜的糖衣，吃到嘴里融化时，到底是糖衣的甜衬托了话梅的酸，还是话梅的酸回味了糖衣的甜呢？老师每次吃到糖衣的时候，总会想起女儿第一次叫妈妈时的甜蜜，也会想起小时候和哥哥分吃一颗话梅糖时的幸福和苦涩。一颗小小的话梅糖，或许会勾起你生活中相似的味道，其中也许蕴藏着你幸福的故事，也许蕴藏着你悲伤的回忆，或甜蜜，或苦涩。如果你将这个故事写下来，融入你刚才的感受，就是一篇完整的情真意切的文章。下面请同学们分组讨论，选择一个你们组最精彩的“话梅糖”故事，和我们分享。

**生：**话梅糖让我想起了我的童年，我和爷爷之间为了买糖发生的故事。

**生：**话梅糖让我想起了最近一次考试我没考好，很难过，但是我得到了老师和同学的安慰、鼓励的事。

**生：**话梅糖让我想起了我和姐姐在厨房一起切土豆丝的事。

……

**师**：老师也写了一个小片段，说了说自己的“话梅糖”故事。

（屏显）

小时候，经常有一些收废品的挑着担筐，穿街走巷收购废品。他们筐上还放着一大盘麦芽糖。这种糖非常甜，几乎吸引着我们那个年代所有的孩子。只要远远听见收废品的一声吆喝，我和哥哥就会自觉分工，立刻行动，一个人待在门口等待他或者看着他以防他走远，另一个赶紧跑进屋里搜寻或拿出早准备好的牙膏壳等废品，再匆忙跑出来换取麦芽糖。当收废品的从盘中敲下糖的时候，我们直勾勾地盯着那块敲糖的铁锤，希望他敲下的那块糖大一些，再大一些。每次一拿到糖，哥哥总是让我先咬一口，我也总是毫不客气地咬下那块糖的大部分，然后哥哥会拿着剩下的一小块耐心地舔着，而我则迫不及待地把它含在嘴里。糖块像雪花一样慢慢地融化在口中，甜甜的味道顷刻间让味蕾欢呼雀跃起来。我贪婪地享受着这久违的甜蜜，甚至麦芽糖已完全融化，我还不忍心下咽，想让甜蜜的滋味在口中多停留一阵子。现在偶尔也在山塘街买麦芽糖，却再也没有了原来的味道。现在超市里有用塑料纸包装着的各种各样的糖果，家里除了糖果之外，还有各种巧克力，而我也早已为人妻为人母，生活条件比起那时要优越一些。然而，我始终没有忘记和哥哥一起在家门口跟收废品的换麦芽糖吃的情景。女儿学校要开运动会，我说：“把这些糖果和巧克力带去给同学吃吧。”“不要，我们都不喜欢吃这些东西。”女儿连忙拒绝道。是啊，他们这一代人哪里能懂得我们曾经因为一小块麦芽糖而欣喜的感受呢。

**师**：请结合刚才讨论的关于你的“话梅糖”的故事，写一篇不少于600字的文章，题目自拟。

（学生写作课后完成练习）

## 四、总结提示

这堂课我们学习了如何捕捉自己的感受进行细腻描写，老师要提醒大家，优美、细腻的描写可以使文章更加生动形象，但是滥用这些描写，反而会使形象模糊、使主题不突出，所以任何描写一定要建立在合理的基础上。

## 学生作品

### 话梅青春

话梅糖吃在嘴里，酸酸甜甜的，是青春的味道。

夜已三更，窗外月色朦胧，独倚栏杆，细数落花。嘴里含着话梅糖，悄然间，泪早已滑落。

这个六月，我们在一起拼搏；明年六月，我们就要各奔东西了！校园内的那一片蓝天，见证了我们的团结与拼搏。曾记否，我们每天坚持晨跑，一圈一圈地奔跑在那椭圆的红色跑道上。我们相互鼓舞，相互扶持，毫不吝惜地挥洒着年少的汗水与泪水——如此轻狂！也曾在有人快要放弃时，拍拍他的肩头，说：“加油！吃颗话梅糖吧！”记得，我曾对我最好的朋友说过：“不能让别人看轻我们，让那些曾经否定我们的人再也没有机会继续否定我们。”

上次考试没考好，我总是在叹息，同桌多次安慰我，还递给我一颗话梅糖。我很感激她，她说的那句让我深感安慰的话是：不要为已消逝的年华叹息，须正视欲匆匆溜走的时光。现在我还常用这句话勉励自己。激情燃烧的日子里少不了我们共同奋斗的身影。每天，还没等晨风叫醒太阳，我们就开始晨跑，嘴里含着话梅糖，在挥洒汗水的同时，享受着它的滋味。我们在红色的跑道上跑了一圈一圈，直到清晨的阳光渐渐地将树梢点亮，才携手走回教室，为彼此递上一杯水、一张纸巾，那此起彼伏的喘息声，是我们成长的印迹。那次军训，我们都盘腿坐在草坪上，玩着游戏，欢乐地笑着。我们曾在那里追逐过梦想，跌倒后又站了起来。我们曾在那里毫无顾忌地大声唱着，像歌词里那样，“我怎么变这样，变得这么疯狂，用这灿烂的时光，绽放不一样的光，就算黑夜太漫长，风景全被遮挡，抬头就有一片星光……”我相信，梦想也许在远方，但路就在脚下。要毕业了，屋里的人儿，是否还能与你奔跑在同一跑道？是否还能在你大汗淋漓时给你递上一杯水、一张纸巾、一颗话梅糖？是否还能与你看着同一块黑板，用同一支笔，固执地踮起脚尖在黑板上写下刻骨铭心的话语？是否还能用笔盖轻轻戳你的背，然后和你一起解那道复杂的几何题？话梅糖越含越小，但我想，年少青春并不如此。我相信，一直到晨风叫醒太阳，一直到星星闭上眼睛，一直到人生涂满愿景，一直到岁月留下温情的诗意，我们将会再次相聚在写有缘分的阳光天空下。那时，话梅糖会见证我们年少青春的拼搏，释放我们话梅糖般的无悔青春！

（此课例荣获“新作文杯”全国第四届作文教学“创课”比赛特等奖）

# 校园里，有一棵树

广东深圳·梁吴芬

## 创课缘起

“热爱生活，热爱写作”是统编版初中语文教材七年级上册第一单元的写作专题。作为初中阶段的第一个写作教学专题，它承担着以下任务：一、激发学生的写作兴趣，消除其对写作的畏难心理；二、引导学生留心生活，去发现写作素材。

那么，什么样的作文课，可以激发学生的写作兴趣？可以帮助学生发现写作素材？可以让学生爱上写作？

我想起了张晓风的散文《我在》中的一句话：树在，山在，岁月在，我在。因此，我相信，每一所校园里至少会有一棵树；我也相信，每一个孩子都会与树亲近；我更相信，每一个孩子都愿意分享他和树的故事。刚好我正在进行“以‘物’为情感触点”的作文微课题研究，那么，是不是可以以“校园里的那一棵树”作为情感触发点，来完成“热爱生活，热爱写作”这一专题的教学目标呢？我觉得这是一个有意思的想法，所以我做了一下尝试。

## 创课思路

首先，为了激发学生的写作兴趣，消除学生对写作的畏难心理，通过教师的示范，引导学生以“校园里的那一棵树”为抓手，去发现自己的写作素材，同时让学生体悟到“生活，要用心灵去发现”；其次，通过朗读活动和想象活动，引导学生沿着“那一棵树”这个情感触发点，进一步回忆与“那一棵树”有关的人和事，并在此基础上，体悟到“生活，充满着‘情、趣、理、美’”；最后，设置情境，让学生给学弟学妹们当导游，写导游词，介绍“校园里的那一棵树”，引导学生在写作实践中掌握“生活，要用细节定格”的写作方法。

## 教学现场

### 一、遥望，发现“校园里的那一棵树”

#### （一）情境导入

度过了六年欢乐时光的小学校园里有没有树？有没有哪棵树给你留下了比较深刻的印象？像我，我们学校操场西门边的一棵桂花树就给我留下了深刻的印象，因为每到秋天，它就开满了细细密密的黄色小花，每次我去食堂吃饭经过那里时，就会闻到一股沁人心脾的桂花香，让人难以忘怀。

（屏显）

秋天、操场西门、桂花树

#### （二）联想发现

1. 学生仿写。仿照示例“词语组合”的方式在作文纸上写下自己的“一棵树”。

2. 小组分享。小学毕业学校重新分组，将来自同一个小学的学生集中到一个小组中，然后抽签，抽到的小组里的每个学生都要分享自己那“一棵树”。

（教师出示“航空路小学”组分享的结果）

**张文凯：**夏天、校园围墙、爬山虎。

**李佳轶：**微风、操场边、枇杷树。

**魏羽轩：**盛夏、校园、杨树。

**李雨虹：**秋天、操场边、银杏树。

**万恩溪：**我想要分享的也是操场边的那棵银杏树。

**舒思童：**我……好像没有印象特别深刻的树。

3. 探究体悟。

**师：**来自同一个小学的同学，他们所看到的那棵树为什么有的相同有的不同，而且有的同学一棵树也没有看到呢？那些看到了校园中的树的同学，说说是什么原因。

**李雨虹：**因为银杏树的叶子到了秋天，就变黄了，一片一片飘落下来，像一把把小扇子，非常美。我们女孩子经常把这些叶子捡起来，夹在书中当书签。

**李佳轶：**我记得刚上小学的时候，一个同学也不认识，所以常常在下课时一个人跑到操场边的那棵枇杷树下面玩，时间长了，感觉枇杷树就像我的朋友一样。即使后来和同学们都认识了，也还是愿意和同学们在枇杷树下做游戏、谈心事。

**教师小结：**原来，这“一棵树”并不是用眼睛去“看”的，而是用心灵去发现的。同样，生活，需要用心灵去发现。

（屏显）

人和人的眼睛是不同的，每个人的瞳仁，实际上是长在自己的心灵上，他们只能看见各自心灵所给予的那个界限之内的东西。

——张洁

（屏显）

生活，需要用心灵去发现

## 二、走近，思考“校园里的那一棵树”

### （一）小小朗读者

1. 自由且有感情地朗读学长的习作片段。

（屏显）

夕阳·小巷·老桑树

沿着小巷随意铺砌的青石板路面走到尽头，就是我曾经度过六年欢乐时光的小学。

每至夏季，我们一放学就往巷里跑。那棵老桑树下总是落满了紫红色的桑葚，女孩子们宝贝似的一个个拾起来，小心翼翼地装在小杯子里，装满了便跑去洗了，有时候甚至都等不及拿回来就迫不及待地揪一个送进嘴里。熟透的桑葚根本不用嚼，用嘴一抿便会溢出汁来，味儿是冰凉清甜的。吃一个当然不解馋，便再吃一个。一会儿，伙伴们的手指全都被染成了紫红色，再看嘴巴，同样涂着紫红色，“扑哧”一声笑出声来，嘿，牙齿也变成紫红色的啦！这下大家你看看我，我看看你，好像在照镜子一般，从对方的眼中看到了一只小馋猫。夕阳的余晖洒在老木屋上，洒在老桑树上，把我们的身影拉得好长好长。

2. 各组代表展示，并评选最佳朗读者。

评选原则：凡是把字里行间吃桑葚的“趣”读出来的，就是最佳朗读者。

（二）“我”与“树”的对话

1. 设置情境任务。

如果树会说话，当你上初中后第一次回到小学校园，再次见到校园里的那一棵树时，你会和那棵树说些什么？请以“嘿，你还记得______吗”的句式开头，写几句与“那一棵树”的对话。

（屏显预设情境）

**我**：嘿，老桑树，你还记得我吗？我是贝贝呀！以前每天上学时都要从你身边经过的女孩子。

**老桑树**：贝贝？就是那个因为摘桑葚扯我的树条，把我扯得生疼的调皮鬼吗？

**我**：哎呀，老桑树，谁让你的果实那样美味呢！不过，我还没有怪你把我的嘴巴、脸都染成了紫红色，惹得我被妈妈痛骂了一顿。

**老桑树**：哈哈，你们几个调皮鬼最馋，连落在地下的桑葚都捡起来吃，也不怕脏！

2. 学生思考、交流。

**陈芷萱**：嘿，老松树，你还记得我吗？以前，我最爱坐在你的身上看书了。在这个校园里，我最难忘的树就是你。

**老松树**：哦？我不太记得了，因为坐在我身上的淘气鬼太多，把我的背都压弯了。

**陈芷萱：**老松树，我可没有像其他的孩子一样伤害你。我总是静静地坐在你身上，读书、背书，我教会了你那么多诗词，你全都忘了吗？

……

3. 教师小结。

是“吃桑葚之趣”让老桑树成为长在贝贝心灵上的一棵树，是“陪伴之情”让老松树成为长在陈芷萱心灵上的一棵树……由此，我们可以更明确地领悟到：生活，需要用“情、趣、理、美”去提炼。

（屏显）

生活，需要用“情、趣、理、美”去提炼

**三、回首，讲述“校园里的那一棵树”**

**（一）**设置情境，明确写作任务

8月30日，刚好是你的母校一年级学生报名的日子。你接到六年级班主任的邀请，让你给刚刚踏进校园的学弟学妹们当导游，带领他们参观校园。请你写一段与树有关的故事，作为导游词，送给学弟学妹。

**（二）**阅读“导游词”示例，明确写作要求

（教师出示“导游词”示例）

亲爱的学弟学妹们，这就是我要给你们讲的那棵广玉兰树。

每至夏季，广玉兰树就会开出白色的硕大的花朵，因为广玉兰树长得很高，所以我们都不知道它到底是什么时候开花，只有当一瓣一瓣白色的花瓣落下来的时候，我们才会发现广玉兰树已经开花

了。我常常把这些白色花瓣捡起来，和小伙伴一起到金鱼池边，把饼干屑放在花瓣里，然后把花瓣放到水面上，让花瓣像船一样，摇摇晃晃地驶向远方，给池里的金鱼带去饵料。大多数时候，花瓣里什么也不装，只用笔写上名字，然后四五个同学一起把花瓣放进金鱼池里，看谁的花瓣船行驶得最远，然后就在金鱼池边欢呼，弄得别的班的同学一脸好奇地看着我们。

［评析］这段导游词记录了你与广玉兰树有关的一段趣事，其中有着动人的细节，比如把饼干屑放在花瓣里让花瓣像船一样随水驶向远方，在花瓣里写上同学的名字，然后把它放在金鱼池里，比谁的花瓣船驶得远，生动具体，给人留下了深刻的印象。

（三）写作与交流

下面再来看看同学们的作品。

（屏显）

亲爱的学弟学妹们，这就是我要给你们讲的那棵铁树。

你们看，它矮得很，一点儿也不显眼，但它一年四季都是绿色的，散发出本属于生命的活力；叶子又是那样硬，如钢铁一般，一点儿也没有柔美的感觉，像一把把小剑。我们男孩子喜欢在铁树周围窜来窜去，觉得这铁树是带有男子气概的。有时，我们还会偷偷摘几个叶子当作武器，在“击剑”场上决斗。你们看我，高大威猛的身形是不是恰如一棵铁树呢？开个玩笑啊，但我认为自己确实从铁树身上学到了一点儿男子汉的勇敢。

［评析］这段导游词记录了铁树带给杨誉杰要做勇敢、坚强的男子汉的启示，“击剑”的细节令人印象深刻。不过，杨誉杰还需

要加强锻炼，争取早日练成“铁一般的胳膊和腰脚”，这样才更像一棵铁树哦！

**教师小结：**深厚的情谊、别致的乐趣、深刻的哲理，需要用生动细腻的细节来定格，使之永恒。同样，生活，需要用细节来定格。

（屏显）

生活，需要用细节来定格

## 四、结束语

亲爱的同学们，这节课，我们一起“遥望”那一棵树，懂得了写作素材需要用心灵去发现；一起“思考”那一棵树，领悟到只有充满了情谊、乐趣、哲理和美，素材才会烙在我们心灵上，进入我们的写作视野；一起“讲述”那一棵树，学会用细节来定格生活中那些美好的发现。从今天起，让我们热爱生活吧！

（屏显）

热爱生活，生活是写作的金矿；热爱写作，写作是快乐的源泉。

## 学生作品

### 校园里，有一棵树

在我的印象中，以前的小学校园里种了许多树，有桂花树、柚子树、香樟树、银杏树……每一棵都能使我回忆起小学时光的点点滴滴。而让我印象最深刻的，一定是操场旁那一排高大的银杏树。在我刚刚进入这个使我处处充满好奇的校园时，我和同学们第一次玩耍的地方就是在银杏树下。那时正值秋天，银杏叶变成了金黄色，四处散落的银杏叶好像一只只金色的蝴蝶，但当我们捡起地上的银杏叶仔细看时，发现它又像是一把小扇子，为我们带来了秋天的凉爽。

如果你留心观察，就会发现在一丛丛的树叶中，还藏匿了一颗颗金黄色的小果子——白果。男生们总是喜欢把掉落在地上的果子攒起来，趁女生不注意时，把果子丢到女生的身上，大家总是喜欢这样互相打闹着。所以，当我看见这些果子时，我就会想起那些美好的记忆。

在每年的运动会上，我们都会站在银杏树下，为操场上奔跑的运动健儿们加油助威。而我们身后的银杏树好像也在观看这精彩的比赛，也在为我们加油。

在体育课上，我们总会在银杏树旁的跑道上做游戏，玩累了，我们就坐在树下聊天。我喜欢观察银杏树叶，把好看的银杏叶制成标本或当作书签。我们还会把掉落的银杏叶在地上摆成各种各样的图案，或是把叶子用树枝串起来，玩“卖串烧”的游戏。银杏树就这样一直陪伴着我们的童年。

现在，每当放学回家，路过小学学校的时候，我总会抬头望一望那排银杏树，心里不禁发出感慨：啊！银杏树，是你陪伴我度过了六年的时光，是你见证了我六年的成长，我忘不了我们的母校，更忘不了操场上的你。

（此课例荣获“新作文杯”全国第二届作文教学“创课”比赛特等奖）

# 见字如面，家书传情

江西赣州·葛传娥

## 创课缘起

在网络发达的今天，“见字如面，寄情以信”这种温润的交流方式逐渐被遗忘。人与人的沟通虽更加便捷了，但心的距离却越来越远，人们逐渐丧失了“写话成文，情浓于字”的能力。书信作为一种融语文工具性与人文性为一体的作文体裁，最大限度地尊重了“人”这一生命个体的情感体验。它真实而鲜活，自然情真、情切、情深。千百年来，动人心扉的书信无一不是以质胜文，至情至性，其中，家书尤甚。那么，我能否以家书为载体，教会学生“文为心语，家书传情”呢？因此，我设计此课例。

## 创课思路

境为情而设，情因境而生。通过深情的音乐、具有感染力的图片和极富真情实感的家书，创设情境，激发学生对家书的学习兴趣和写作欲望，进而在拆读家书的过程中，教师引导学生边读边悟，通过对两封各有侧重的家书解读，找到它们写作的规律和特点，即家书不外乎一个“真”字，它们真实（选材真实）、真切（语言平实）、真情（情感真挚）。

阅读是吸收，而写作是表达。在通过解读他人家书并习得写作规律后，教师把写作空间还给学生，与学生交流，指导学生根据自己的生活实际，进行家书写作。写作完成后，教师以学生的家书为范文，进行师评、生生互评，让学生发现问题，让写作变得有意义。

## 教学现场

### 一、创设情境，走进家书

（课前准备：将四封标好序号的信封分发到学生们的手中，然后运用多媒体播放图片和音乐渲染情境，并通过微信、QQ聊天沟通方式的语浅情薄引出家书的情深意长。）

**师：**每一封家书的背后都有一个动人的故事，一段深埋在记忆深处的情感！今天，就让我们走进家书的世界，学写家书。老师给同学们带来了三封家书，在接下来的时间里，让我们一一拆信解读，揭开它的神秘面纱。

### 二、边读边悟，解密家书

**（一）**解密第一封家书

**师：**请大家拆开第一封家书，这是一位刚进部队的武警战士写给父母的信。咱们班谁有长大以后参军保家卫国的理想呀？老师请他来为我们读这封信。其他同学边听边思考：这位新战士在家书里都写了什么内容呢？

（学生朗读并思考）

亲爱的爸爸妈妈：

你们好！

我们新兵营组织了许多庆祝活动。我们班在吹乒乓球的游戏中还获得了奖品……我们还成立了互帮、互学、互教的“三互”小组，相互关爱，一起成长。对了，告诉你们一个好消息，我学会叠“豆腐块”啦……

**师：**哪位同学来回答老师刚才提出的问题？

**生：**他在信里主要写了他入伍后的生活，比如在吹乒乓球的游戏中获得了奖品，遇到困难时得到了班长和战友们的帮助，还有他学会了叠“豆腐块”。

**师：**概括得很到位，同学们听到这些事后有什么感觉？

**生：**就是写自己身边的事，特别真实。

**师：**对，家书最大的特点就是素材真实，没有虚构成分，而且家书本质上是真人真事。

（板书）

真实——选材真实

**（二）**解密第二封家书

**师：**接下来，请同学们拆开第二封信，这是诺贝尔文学奖获得者莫言写给父亲的信。现在老师请几位同学来接龙读，每人读一段。我们重点关注一下这位大文豪的语言。

（屏显）

大：

自从家里安装了电话，再也没有给您写过信……大，我们家那盘大石磨还有吗？千万保存好，别被人弄了去。将来找个石匠琢磨琢磨，支起来，买头小毛驴，拉着，磨新麦子。石磨磨出的面粉，比机器磨磨出的好吃……

**师：**莫言作为世界级的文学家，肚子里的墨水何止三千，他在书信里的用语读起来有没有感觉特别深奥、高妙？

**生：**没有，他在家书里说的话都非常平易近人，听着感觉就像邻居大伯们拉家常。

**师：**为什么要这么写呢？这样的语言风格在书信里起到了什么作用？

**生：**因为家书是给家里人看的，有的长辈读书不多，就不能写得太文绉绉。

**生：**这样写让人听着特别亲切，没有距离感。

**师：**的确是，其实包括我们刚才读的那封武警战士的信，语言也是特别朴实，所以家书的语言要真切朴实，这样才能直达人心。

（板书）

真切——语言朴实

**（三）**解密第三封家书

**师：**第三封家书，老师先给大家读，然后请大家拆信。这是一封特别的家书，写信者李真是一位白血病患者。出身于农村家庭的李真是华南理工大学的研究生，他原本是全家人的希望，但因为患病不仅花光了家里所有的积蓄，还让家里背上了巨额债务。在生死两茫茫之际，他给母亲写了一封家书。

（屏显并配乐）

亲爱的老妈：

见信安好！这是我第一次给您写信，也可能是最后一次……对不起，妈妈！我生病了，还是白血病……三年里，您把我照顾得太好了，为此所吃的苦，受的委屈早已超出了常人所能承受的极限。每天医院、出租房至少六趟行走却从不喊累。每天给我接触到的东西擦洗消毒，恨不能抠掉一层……

**师**：这封家书给大家最深刻的印象是什么？

**生**：非常感人，这封信既写出了作者对自己生病的无奈，可谓痛心疾首，又有作者对妈妈的劝慰，有对妈妈因为自己生病而操劳的愧疚和感激。

**生**：我最感动的是，李真是一个生命垂危的重病患者，原本应该被别人安慰，但这里他尽量克制自己的悲伤情绪，反而去安慰妈妈看淡生死。

**生**：这封信的感情非常真挚。

**师**：无论是愧疚还是感激、感恩，这封家书最动人的地方是字里行间涌动的浓浓真情。

（板书）

真情——情感真挚

**三、文为心语，手写家书**

**师**：家书，它真实、真切，富有真情。家书的可贵之处在于一个“真”字，它是我们心灵深处最强音的体现。你有多久没和亲人好好说说心里话了，如果要写一封家书的话，那么你想写给谁呢？

**生**：我想写给我的爸爸妈妈。他们一直在广西修路，工作太忙了，去年过年也没回来。我好想他们，想和他们说我现在学习进步了。今年春节我和爷爷奶奶都在家里等着他们回家过年。

**生：**我想写给我的姐姐。她的同学都在读高中，但她独自一人去广州打工，平常她总是把自己省吃俭用的钱存起来。我想告诉她要照顾好自己，不要累坏了身体……

**生：**老师，（欲言又止，低头小声地说）我想写给我过世的爷爷可以吗？（教师示意学生可以）我爷爷总是在我不开心的时候拉二胡给我听，可是我一直没能好好孝顺他，我好后悔（声音哽咽）。我再也听不到爷爷的二胡声了……

**师：**真是个好孩子，你可以把你想说的话写在信里，他会知道的。（抚摸学生的头，予以安慰）接下来的时间交给大家，让我们敞开心扉，用家书表达出自己心底的深情。请大家拆开第四个信封。这个信封里装着一份书信格式说明，两张邮票和一张空白的信纸，请同学们先阅读书信格式说明，然后按照书信格式提示，写好这封家书。

## 四、见字如面，点评家书

见字如面，生生互评家书，帮助学生更好地发现问题。教师的精力、时间总是有限的，很难做到面面俱到。学生之间互评可以较高效率地挑出毛病，有助于教师发现问题。

主要选择优、差两种类型的家书进行点评。

讲评原则：发现优秀的家书里的亮点，树立积极榜样；存在较大问题的家书，要在找出不足的同时发现亮点，以鼓励为主。

## 学生作品

### 爸爸妈妈，我等你们回家过年

亲爱的爸爸妈妈：

你们好！

你们可曾知道，在我提笔写下这几行字的时候，笔尖在纸上停留了多久……已不知有多久没能和你们好好说说话了，也不知有多久没能好好看看你们。许多话，不是不想说，只是找不到机会把它说出口，因为我们已经分别太久了。国庆假期，我满怀期待地回到家，家里却一片冷清。中秋之夜，阖家团圆，耳畔传来邻家的欢声笑语，而我却只能独自凭栏望月，低头神伤，清冷的月光洒向地面，铺就一地相思。亲爱的爸爸妈妈，我知道你们此刻也一定和我一样在望着这轮明月，寄托相思的愁绪吧！同一轮明月，虽照亮我们，却是千里相隔。

亲爱的爸爸妈妈，我知道，你们是为了让我拥有更好的生活条件，才外出打工，然而你们可曾知道，女儿最想要的，却是在我的生活中能有你们的陪伴。亲爱的爸爸妈妈，你们知道吗？我拼命地努力学习，只想让你们以女儿为傲，让学历并不高的你们在旁人面前也能够抬起头。亲爱的爸爸妈妈，你们知道吗？你们的女儿正在一点点地变得坚强而独立，只为不让身在外而心却在家的你们为我担心，昔日的那个胆小鬼已经长大了，变得勇敢了。可是，亲爱的爸爸妈妈，你们又真的知道吗？当我考试失意的时候，当我徘徊在夜色中的时候，当我彻夜难以入眠的时候……我多么希望身旁能有你们的陪伴。多么渴望在我考试失意的时候能有你们的安慰与鼓励；多么渴望当我徘徊在黑夜里的时候能有一双温暖的手牵着我，驱除我心中的恐惧；多么渴望在我难以入睡的时候能有一束光，扫去我心中的阴霾，使我安然入睡。

亲爱的爸爸妈妈，一年未见，女儿的思念已在心中生根发芽，一点点生长，最终蔓延至整个心房……亲爱的爸爸妈妈，今年春节，我依然希望在那条小路的尽头，能够出现我苦苦思念的两个身影。我依旧会站在你们离开的那个路口，等你们回家过年！

祝身体健康，万事如意！

你们的女儿：郑艺婷

2017年10月11日

（此课例荣获“新作文杯”全国第二届作文教学“创课”比赛特等奖）

# 生命是一场最美的花事

广东中山·禤　瑜

## 创课缘起

我一直喜欢台湾知名画家、诗人与作家蒋勋老师的作品，近日读完他的《美，看不见的竞争力》后，他上课的一个画面一直在我的脑海里盘旋：在东海大学那棵开满羊蹄甲的树底下上课，每个学生都魂不守舍，他们分神去看花了，而作为老师的他，第一次觉得学生的分心让他感到快乐。这是一个幸福的画面，在如此诗情画意的场地上课是多么美，而让老师感到幸福的是，学生分心是因为他们看到了美，把心分到美上面去了。所以，我也想让我的学生感受一下美，把他们的心分到美上面去，用心诉说关于美的故事。

## 创课思路

写作其实就是把生命体验用文字呈现出来，而让学生有话可说，有感而发是写作的前提。为了让学生既有眼中所见，又有心中所想，更有笔下所写，课前我先让学生观察花并完成小习作，课堂上组织学生欣赏校园宣传片并畅谈人生中的花事，运用图片和歌曲创设了一个回环的情境，让学生由花及人，由事及情，由观察直观的花到诉说主观的情感，在学生脑海中形成诸多的情景，形成自己对花的独特的感受，使得他们关于花事的写作水到渠成。

## 教学现场

### 一、聆听花开的声音

**师：**昨天让你们观察学校的花儿并写下来，很多同学都观察得很仔细。下面让我们一起欣赏我校校园宣传片——《春暖花开》，这个宣传片是以纪念最美教师张丽莉的主题曲《春暖花开》为基调拍摄的，收录了我们学校很多美景，下面请同学们一起在视频里找找，看有没有你昨天写的花儿。

（屏显）

聆听花开的声音——《春暖花开》

**师：**视频里，有我们学校最美的景色和最美的师生，你找到你昨天看到的花儿了吗？

**生：**找到了。有紫薇、荷花、桂花、鸡蛋花、玫瑰、姜花……

（屏显）

校园的花儿们

**师：**确实，我们学校鸟语花香，但是，如果我没有布置任务，你们会留意到身边有那么多花儿吗？

**生：**平时留意到一些，但是不知道学校有那么多花儿，所以，我发现一个道理：只有仔细去看才会有所了解。

**师：**我和你们一样，以前我也不知道我们学校有这么多花儿，但是当接到撰写我们学校《春暖花开》宣传片脚本任务的时候，我每天去观察我们的校园，发现了我们学校一步一风景，真切地感受到一花一世界。

**生：**我刚才也在视频里看到很多我平时没留意到的花儿，它们有些在我们教室旁边，有些在我们回宿舍的路上。

**师：**所以我们要打开我们发现美的眼睛，才能发现最美的东西就在身旁。刚才我们看了花儿，姹紫嫣红，很让人喜悦，现在让我们一起来聆听花开的声音。

（屏显）

朴树的《那些花儿》

**师：**这首歌会让你想到哪些花儿？哪些人？

**二、分享最美的花儿**

**师：**这首歌应该给你们带来了一些不同的感受，花儿有姹紫嫣红之时，也会有飘零落红之日。下面请你们分享你们昨天观察花儿时的感受。

（屏显）

1. 你观察的是什么花儿？

2. 你是和谁一起去看的？

**师：**下面请同学们自由分享你笔下的那朵最美的花儿。

**生：**我写的是学校争气石旁边的紫薇花，我喜欢它开得灿烂的样子。我是一个人去看的。

**师：**是的，很多同学也关注到代表我们学校精神的紫薇花，七月是紫薇花绽放时，也是金榜题名时，你一个人去看的时候，想到了什么？

**生：**我想，我一定要努力学习。如果我考上理想的大学，就可以在争气石前拍照留念。

**师：**这是其中一位同学写的紫薇花，希望大家心怀大学梦，期待你们梦圆花开时。

（屏显）

紫薇花开在学校最醒目的位置——争气石旁边。玫红色的花束一团一团地怒放着，每一束花都尽力舒展着自己的笑颜。当你走近看时，你会发现，每一束花都是由一朵朵小花集聚而成的，它们紧紧地团结在一起，像亲密的好姐妹在说着悄悄话，又像在欢快地歌唱着，看着它们，我似乎感觉到有一股力量在激励着我奋勇前进，心情瞬间就会变好了。

**生：**我写的是文亭的莲花，喜欢它"濯清涟而不妖"的高洁，欣赏它在风中摇曳的婀娜多姿。我也是一个人去看的。

**师：**莲花是花中君子，也是文人歌咏的对象，在哪里都会吸引到大家的目光。有同学就是和舍友一起去看的。

（屏显）

学校池塘里的莲花是我们宿舍几个人的新宠，午饭后，我们去散步时，就会聚集在文亭里赏莲花，池塘里有胭脂红、洁白、粉红等各色莲花，它们开在密密麻麻的莲叶上面，有的静悄悄地探出头来，有的骄傲地展示着卓越的风姿，随风散发着暗香，要很仔细地嗅才能闻到。每天我们都会给不同品种的莲花开一个选美大会，每一天的冠军都不一样，但是我们几个同伴每天开心的心情都是一样的。

**师：**这位同学除了写出莲花的特点，仿佛也让大家体会到她和舍友们一起赏莲花时的开心。看来赏花也是人生一大乐事。其他同学呢？还有没有看到平时自己没有发现的花儿呢？

**生：**我写的是不知名的小花，它们长在食堂门前的那条小路上。它们小小的，嫩黄嫩黄的，我觉得它们虽然平凡，但是也开出了属于它们自己的艳丽。

**师：**我也很喜欢这些不知名的小花，仿佛它们在哪个角落都可以生长，而且长在角落中自由绽放的花儿更让人佩服。下面请大家一起去看看他眼中的小黄花。

（屏显）

晚饭后回教室的路上，我突然感觉有什么东西飘在我的脚上，低头一看原来是一朵黄色的小花被我踢歪了，同样被我无意伤害的还有她那娇弱的叶子，这朵小花就开在我平时一天来回几趟走的那条小路边，花瓣圆圆的，只有指甲盖那么大，它的花梗也只有针那么小，软绵绵的，和这朵小花相互映衬，构成了一幅绝美的画面。它虽然看起来是那么小，但是居然没有被我踢掉，真是一个娇弱又坚强的小精灵。

**生：**我写的是教室外面那朵玉兰花，它非常特别，在冬天的时候叶子都脱落了，却依然能够傲然绽放。

**师：**这种花我也很喜欢，它叫玉兰花也叫迎春花。王维的《辛夷坞》里说的“木末芙蓉花”指的就是这种花，冬天万物萧条的时候，它却在寒冬绽放。许多人认为“涧户寂无人，纷纷开且落”表现的是它的孤寂，然而我觉得更多的是展示了它孤傲的秉性。

**生：**我写的是草地里的落花，它们长在跑道旁边，金黄的花朵掉落在绿油油的草地上，很醒目，特别吸引我。

## 三、试问花开在何方

**师：**很好，你的视觉很不一样，花无百日红，化作春泥更护花，这也许就是花的归宿。

看来你们都很认真地观察了我们学校的花儿，而且每朵花都带给你们不同的感受。其实，不只是我们学校花开满园，你们想想花儿曾经在你生命中哪些场合出现过？

（屏显）

试问花开在何方

**生：**母亲节、教师节。

**生：**宴会、婚宴。

**生：**葬礼。

**生：**寿宴。

**生：**我妈妈喜欢插花，所以我家的餐厅有。

**生：**毕业典礼。

**生：**机场，有人接机拿着鲜花。

**生：**抗疫先锋出征前。

**生：**新冠肺炎患者出院时。

## 四、畅谈花开花谢时

**师：**确实，细细想来，花儿在我们生活中好像无处不在，我们仿佛就被花儿围绕着。

（屏显）

鲜花就在我们生活中

**师：**从大家的回答和刚才的画面中，我们知道，我们的生命与鲜花密切相关。鲜花不仅是在我们开心的场合出现，伤心的场合也有它。请大家再次伴随着朴树的《那些花儿》回想你记忆深处关于花儿的故事，歌曲结束后和同学分享属于你的花事。

（屏显部分歌词）

**那些花儿**

那片笑声让我想起
我的那些花儿
在我生命每个角落
静静为我开着
我曾以为我会永远
守在她身旁
今天我们已经离去
在人海茫茫
她们都老了吧
……
她们已经被风吹走
散落在天涯
人们就像被风吹走
插在了天涯
她们都老了吧
她们还在开吗
我们就这样
各自奔天涯

**师：**听着这首歌曲，仿佛真的把你带回了过去。其实老师也多次与花儿结缘，刚才和你们一起听歌时，闪过我脑海的是我和我童年的小伙伴一起在学校后山的小道摘花儿的场景。

**生：**那你们毕业后见过面吗？

**师：**见过，但只见过两次。如今我们也是各奔天涯，偶有联系但情义却从未改变。你呢？你想到了谁？

（屏显）

畅谈花开花谢时，你想起了哪些人或事？

**生：**我也想起了我童年的小伙伴。小时候我们一起玩耍，也像老师您那样在放学回家的路上摘花儿。无论是什么花儿都摘，摘了就在家附近玩过家家。那时候感觉人生没有任何烦恼，也没有学习的压力。

**生：**我想起了我的妈妈。记得母亲节的时候我想送花儿给我的妈妈，但为了省钱，我就去市场买了康乃馨、满天星和花纸，亲自动手包扎。虽然没有花店包得好看，但是妈妈收到时却很喜欢，她说这是她人生中收到的最美丽的鲜花。

**生：**我想起了我的奶奶。小时候我的奶奶总喜欢摘荷花煲糖水给我们喝，按她的说法是喝荷花糖水对小孩子好。现在我很怀念那种带着芬芳的味道荷花糖水，可是，我再也喝不到那种味道的荷花糖水了，因为我的奶奶已经去世了。

**生：**我想起了初中毕业典礼。当班长代表我们给班主任送鲜花时，一向对我们很凶的班主任却哭了。那时候我才发现，原来老师对我们真好。我想念我初中的老师和同学们了。

**生：**我想起了我小时候和爸爸过年逛花市的情景。那时候花市人很多，爸爸在人群中紧紧地拉着我的手，和我一起挑选水仙花，现在我还记得那水仙花的香气。

**生：**我想起了今年清明节以及去年我表姐的结婚典礼，这两件事本来南辕北辙。一是人生伤感之事，每年清明节我们家都会订上一束束或黄或白的菊花寄托后辈对先人的哀思；一是人生乐事之一，婚礼现场都是用鲜花装饰的。两个场景主题明显不同，却都是鲜花环绕，我想鲜花是不是也在见证着我们的喜怒哀乐呢？

**五、生命是一场最美的花事**

**师：**谢谢同学们的分享。鲜花在我们生老病死的场合都充当重要的角色，我们见过“小荷才露尖尖角”的清雅，也曾遇上“桃之夭夭，灼灼其华”的艳丽；我们既有“兰有秀兮菊有芳，怀佳人兮不能忘”的遗憾，也有“采菊东篱下，悠然见南山”的坦然。人有悲欢离合，像花儿一样，有灿烂开放日，也终有花落时，这才是真正完整的人生。提到鲜花，你又会想到哪些人、哪些事、哪些情呢？就让我们用手中的笔，记录那些逝去的时光里，花儿带给你的感受，描绘出你生命中关于鲜花的故事。

（屏显）

生命是一场最美的花事，请以《生命·花事》为题，写一篇文章，文体不限，诗歌除外，800字以上。

**师：**请同学们结合今天看到的画面、听到的歌曲及同学们分享的故事，写一写你生命中的花事，追忆你逝去的岁月，记录你真实的现在，或者展望你可期的未来。

## 学生作品

### 生命，花事

“啦啦啦啦，啦啦啦啦……她们都老了吧？她们还在开吗？我们就这样，各自奔天涯。”温润好听的男声把我带回到梦中的十字路口。

雨雾迷蒙，我依稀看到两个身影仍站立在那里，使劲挣扎着把眼睛睁开，但是总觉得有极大的阻力，过了一会儿，不知是周围的水汽退散还是眼中更澄澈了，我能够清楚地看到眼前之景，那是一片绿油油的油菜地，在菜地中央冒出些许不知名却惹人注目的金灿灿的小野花。一阵阵凉风袭来，花儿们摇曳着那舞者般曼妙的身姿。我定睛一看，有两个小女孩站在田间小路的十字路口。

她们一个留着短发，一个扎着高高的马尾。我紧盯着短发女孩手中的本子，但最引人注目的是本子右下角有一朵晒干的被透明胶粘住的菊花。那是田间俯拾皆是的花儿，但可见“造物者”用心——在透明胶边上贴着许多花边衬托着那朵菊花。

只见短发女孩把那本子让了出去，马尾女孩又着急地推了回去，她们口中念念有词。我想知道她们的谈话内容，便侧耳倾听，但只听到风声。紧盯着那些在风中摇曳的野花，我探听不到丝毫说话的声音，便只好作罢。突然间，马尾女孩转身离开了，只剩下短发女孩怔怔地站在那里，眼眶微红，眼中的泪水似乎要夺眶而出。这时，又一阵风拂过，似乎比上一阵风更急、更大，遍地的野花随风起舞，身形扭动得更快，花儿摇曳得更频繁。短发女孩似乎经受

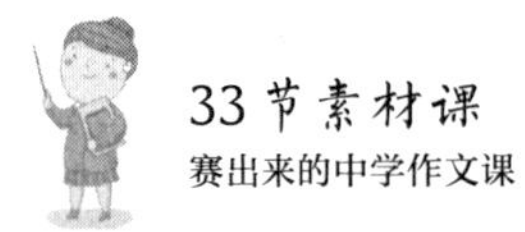


不住风的吹拂，眼眶中的泪水终于溢出，顺着稚嫩的脸颊滑落，最后一滴滴地掉落在本子上的菊花处。

我心中顿觉刺痛，欲走上前安慰，却发现动弹不得，低头一看，发现自己的身体形态变成一朵花儿。此时，大雾再次消散开来，渐渐地看不见女孩，看不到油菜地，周围的一切也慢慢地消失了，听不到风声，触摸不到凉意。我虽身处大雾中，但我的心已明了。那是我和我心中一直记挂的朋友——我儿时最好的闺蜜。在过去，在梦中，在有花开的地方，见证过我们纯真的友情。

朋友啊，一直未曾忘记你，不知你在那边生活得如何，还有人和你一起赏花，送花给你吗？我生活得很好，不必挂念。那也许是我们最后一次见面，但我很开心，因为你接受了本子，就让我们把话语寄托在那朵花儿上吧。

眼前再次清明节，看到满座的同学，耳边环绕着《那些花儿》。我在这边也将会有或者已经有许多盛开的花儿了吧。

（此课例荣获“新作文杯”全国首届中小学作文教学“创课”比赛一等奖）

# 让自私开出一朵花

江苏苏州·汪　澄

## 创课缘起

那天，我和几个在课间起了冲突的孩子在办公室里聊得很晚。这场冲突的“罪魁祸首”是一幅小画。小A喜欢同桌小B的画，他邀请小B为他的书房画一幅小画作为装饰品，小B思索片刻后问：“你给多少稿酬?”小A觉得非常不满，他认为同学之间帮忙不应该谈钱，中学生没有收入，他爸妈也是不会给这个稿酬的，况且他还经常教小B写作业呢！经过我的一番开导后，两个人都认识到了自己的问题，相互道歉，重归于好。

作为语文教师，我不会放过这个鲜活的素材，人性总是利己的，都有自私的一面。作为教师应当规劝学生站在对方的角度考虑问题，作为语文教师更应当让学生合理运用素材，深入思考，让自私开出一朵花。

## 创课思路

黄厚江老师提出的“共生作文”启示教师要把好的作文素材看成是有生命力的种子，教师则可以从多方面去开发这颗种子，让这颗种子长成参天大树。本文的“自私”话题就是一颗充满魔力的种子，它既可以培养学生有详有略记叙事件的写作意识，又可以启发学生思考，使得学生感受到“自私”这个冰冷的词语背后潜藏的情感温度。而这些素材的使用方式，需要教师在实践中且行且思考，不断进行调整。事实上，当学生积累了一定的处理素材的方式时，教师完全可以设置“一题多写”的环节，进一步考验学生的作文能力。

（说明：本课试上对象是八年级学生，若为九年级学生可一笔带过“有详有略”的指导部分，节省的时间可以将最后一个环节升级为“一题多写”。）

生活是广阔的，生活中的作文素材更是如此。总而言之，“慧眼识材”需要教师对素材具备敏感的识别能力，充满逻辑性的分析能力以及合理处理原材料的能力。

## 教学现场

### 一、谈“自私”，分分类

（屏显）

英国的王尔德曾经这样说：“良心会使每个人都成为利己主义者。”这句话的意思是，人有发展自我的本能。人的天性，就是利己，一定程度上来说，就是自私。

**师：**在生活中你们遭遇过或你们做过哪些和“自私”有关的事？

**生：**我的好朋友为了赢得比赛，把我的新衣服弄脏了，她丝毫没有考虑我的感受，那可是我的刚买的新衣服呀！

**生：**我曾经对奶奶做的饭菜非常不满意，哭着闹着要她重新给我做一份，却丝毫没有考虑她的身体状况。她那天重感冒，是硬撑着给我做好饭菜的。

**师：** 那么经历过这件事情后，你获得了哪些情感体验？

**生：** 我非常懊悔、难过。

**生：** 我十分伤心，开始讨厌我的好朋友，并且质疑我们的友情。

**师：** 根据你们的发言，我们可以根据事件中谁是“自私”这个行为发生的主体，将上述事件分为“我自私”和“她（他）自私”两类。

（板书）

我自私：懊悔　难过　抱歉

他／她自私：讨厌　质疑

## 二、说“自私”，学方法

**师：** 为了能够充分表达你的这份情感，现在老师给你8分钟时间思考，你怎样才能把你经历过的这件和“自私”有关的事写清楚、明白。其他同学也可以想一想你自己的自私经历。

**生：** 那天是星期三，天气不太好，我回到家，觉得饭菜不合胃口，就把书包一摔，大声地对奶奶喊道：“您是要饿死我吗？我不吃这种东西，不重做，我今天就不吃晚饭。”

**师：** 你的对话再现得不错，让读者感受到了你的自私。但是你说出你的后悔了吗？（学生摇头）那你是要加上点什么，还是要删除些什么？

**生：** 我要加上奶奶身体状况不好的相关情节，同时需要把自己的懊悔接着这些对奶奶不礼貌的话写出来。至于天气怎么样完全不用写。

**师：** 怎么叙述可以让读者明白奶奶身体状况确实不好？

**生：** 我会描写奶奶的外貌，比如“她今天脸色苍白，额头上全是虚汗，背也比平时更弯了。”

**生：**还可以描写她的动作，比如“今天她的手不停地颤抖着，感觉连筷子也拿不动了。”

**师：**很好，经过大家共同的努力，我们发现，为了让读者听明白，你到底想要表达什么？你就需要学会删除一些不太重要的情节，同时，也可以适当地增加一些细节描写，让读者如临其境。

## 三、读“自私”，启思考

**师：**然而，并不是所有的“自私”都是不可原谅的，“我自私”也好，“她／他自私”也罢，许许多多的“自私”都有其背后的故事。

（配乐齐读范文）

### 妈妈，您这个自私的人

妈妈，您这个自私的女人，我恨您！您爱我，胜过爱您自己。您将所有的细心、爱心、体贴都给予了我，只给自己留下了敷衍的剩菜剩饭，已经穿了很久的旧棉衣，还有那一次一次的舍自我顾全家，比如“小病扛过去就好了”“别打车，太贵了”等，您只顾着关心我，却让我的心备受煎熬。妈妈，您是个自私的女人，您将一切都给予了我，却没有想过万一以后我没有遇到一个像您一样照顾我的人，我该怎么办呢？

**师：**请同学们前后左右四个开始讨论，妈妈真的很自私吗？

**生：**妈妈一点儿也不自私，她几乎全都在为她的孩子考虑。

**生：**妈妈也是自私的，她只想到了要关心孩子，她自己享受着照顾女儿的过程，却丝毫没有顾及女儿内心的煎熬。

**生：**妈妈实际上向孩子表达的是她无私的母爱，却因为表达方式的不当，承担了“自私”的“罪名”。

**师：**你们都是一群体贴的好孩子，你们都发现了这种“自私”行为背后隐藏的是无私的母爱。许许多多的“自私”背后涌动的误解、难堪、感动，更是值得人去深思。最近，我们身边发生了这样一件事。热爱艺术的小毛笔同学和画技出众的小画家同学是好朋友，他们平时一起学习，互相帮助、共同进步。这天，小毛笔同学想让小画家同学帮他画一幅小画，以便装饰他的书房。小画家同学表示，假如没有稿费，他就不会为小毛笔作画。你们觉得此事谁自私？为什么？

**生：**我觉得小画家同学太自私了，一点儿也不想为朋友付出。

**生：**我觉得小毛笔同学太自私了，画画是要花费时间的，他凭借自己的劳动成果赚取稿费是应该的。

**师：**如果小毛笔同学经常辅导小画家同学写作业呢？小毛笔同学也付出了时间啊？

**生：**性质不一样，小毛笔同学辅导小画家同学写作业是自愿的，而现在是小毛笔同学有求于小画家同学，应当给予一定的稿费。

**生：**是的，小画家同学又没有一定要给别人画画的义务。

**生：**我觉得这件事不能单纯地评价是非对错，谁自私。友情是无价的，小毛笔同学给小画家同学辅导作业是出于友情，而且他并没有要求小画家同学回报他，所以他不是一个特别自私的人。而小毛笔同学不了解情况，画画所需要的材料是一笔很大的开支，而且画画需要花费相当大的时间、精力。

**师：**你们说得越来越有深度了，这段发生在小毛笔同学和小画家同学身上的事给予了我们很大的启发，“自私”不是不可逆转的，只要你学会换位思考，站在别人的角度考虑问题，事情就不会变得那么糟糕。只要你积极思考问题，善于分析问题，就能用自己的“同理心”给自私开出一朵绚丽的花。

**四、选素材，现场作**

（屏显）

请从“××，你这个自私的人”“小A和小B的故事”这两种素材中任选一个，你可以写你“自私”的亲人，也可以给“小A和小B的故事”评评理。

要求：先叙事，再抒情，叙述事件要有详有略，特别是要突出细节描写。

**师：**有没有同学愿意和我们分享一下？

**生：**我想和大家分享的是一件我很“自私”的事，我请爸妈吃火锅的时候只点了自己喜欢吃的菜，菜上来了以后也没有管他们，只顾自己吃，但是后来他们表扬了我。

**师：**根据你的描述，你的做法的确很自私，但是后来他们又表扬了你。这一定是个很曲折的故事，你们觉得他把这件事的经过说明白了吗？为什么？

**生：**他似乎只把这件事的起因和经过说明白了，但是这件事的结果里还缺少些细节，这些细节恰恰是让自私开出一朵花的关键。

**师：**你有没有细节要补充？

**生：**这顿火锅是我用自己的稿费请的，并且我吃的是便宜的年糕和丸子，把好吃的都留给了他们。

**师：**原来是这样啊！你真是一个小暖男。我相信很多同学在生活中都是这样被父母爱着的，他们总是把最好的留给我们，所以我们可以通过一些“自私”的小行为来回报他们。大家说一说，如果你要请爸妈吃这样一顿“自私”的火锅，那么你还会做什么呢？

**生：**我还会“自私”地点他们舍不得吃的肉和海鲜。

**生：**我会“自私”地多吃蔬菜，让他们只能吃肉、海鲜。

……

## 学生作品

### 一顿“自私”的火锅

我们一家人有一个共同的爱好——吃火锅。一顿热气腾腾的火锅，总能在冬日里温暖一家人的身心。可不知为何，我的父母总是吃他们“爱吃”的蔬菜、面食之类的东西。我又不是3岁的小孩了，这些东西怎么可能让人“爱吃”呢？为此，我决定伪装成一个极度自私的小孩，请他们吃一顿“自私”的火锅。

周末，爸妈在家，窗外风呼呼地刮着，阴雨绵绵，这正是“作战”的好时机。我使出自私的熊孩子们都会用的“拗”字诀，撒娇道：“我们去吃火锅吧！”“上周不是刚吃过吗？”妈妈不解地问。“我就要吃嘛，暖暖的，很舒服。”在我的软磨硬泡下，爸妈预订了火锅。火锅到手，第一步计划算是完美地完成了。

终于来到了火锅店，一进门，一股夹杂着香味的热浪扑面而来，我那冻得红一块紫一块的脸立刻恢复了正常的颜色。“你先点吧”，爸爸把菜单推到我面前，我假装思索，实际上早已以最快的手速，点上那些他们最爱吃的东西，再以迅雷不及掩耳之势，把菜单发给服务员。爸爸终于忍不住笑着说道：“小伙子，你怎么这么自私，我们还没点呢！”我挠了挠头，不好意思地笑了笑，脸上显出一副抱歉的表情，心里却默默为自己点赞：眼急手快，“自私”火锅作战计划已经加载到50%。

上菜啦，各种鱼虾肉菜一一登场，我们一家人埋头吃起来，趁他们不注意时，我悄悄地扫荡了那些他们最“爱吃”的面条、年糕、土豆之类的东西。每次他们一往我碗里放好吃的，我就先在火锅里涮一涮，再神不知鬼不觉地给他们塞回去，他们似乎也没有察觉到。是时候了，我故意向他们展示我圆滚滚的肚皮，说：“我吃饱了，你们加油！”接着，我假借上厕所的名义用自己的稿费付了餐费，最后目标毫无悬念地实现了。

餐桌上的爸妈似乎察觉了，轻声说：“你今天是不是有什么事瞒着我们？”我认真地回答道：“其实我只是想让你们多吃点好的，我知道你们喜欢吃什么，可你们总是把最好的留给了我，今天我做主了，当一个‘自私’的小孩子，请你们吃一顿‘自私’的火锅。”

一时间，爸妈的眼睛弯成了一朵花，有一朵名叫“亲情”的花开在了我们的心头。

（此课例荣获“新作文杯”全国首届中小学作文教学“创课”比赛一等奖）

# 日记勤积累，妙手剪华章

海南海口·方　沫

## 创课缘起

日记序列化写作研究是我多年来一直坚持在做的事，从写作实践层面来看，“序列化”三个字需要有规划、有远见。当学生在老师的带领下把写作变成一种习惯，写作兴趣越来越浓，写作素材越来越多时，老师就需要帮助学生思考，日记写作有没有更上一层楼的意义和价值。培养学生日记写作习惯的初衷可能是为考场作文服务，但我们也不能忽视常态化写作对学生学习和生活的影响。因此，老师需要思考如何将日常化、自由态的日记写作与指令化、社会态的考场作文写作联系起来，既要使日记写作服务于考场作文，让学生在考场上写真生活，也要使日记写作成为学生释放情绪的中转站，成为锻造学生性格的气缸，成为学生灵魂花火的采集点，书写出一部心灵成长的进化史。

基于日记写作积累的素材分类和素材整合能力培养是日记序列化写作中一个非常重要的研究环节，也是老师必须认真思考并找到运用途径的重大问题。我们要帮助学生把日记写作中零散的、碎片化的、情绪化的生活事件通过素材的剪辑和处理转化成凝聚的、完整的、有主旨的生活叙事，使其既能积累素材也能驾驭素材，在唤醒学生写作意识的同时建立起一个科学有序的写作素材库。若二者合一，学生日记常态化写作才既有写作的自由，又有写作的效果，方不负学生日积月累，笔耕不辍，甚至由一而百，辐射未来。

## 创课思路

《义务教育语文课程标准（2011年版）》中对七至九年级学生的写作有如下要求："写作要有真情实感，力求表达自己对自然、社会、人生的感受、体验和思考。""注重写作过程中搜集素材、构思立意、列纲起草、修改加工等环节，提高独立写作能力。"日记素材的积累剪辑就是在培养学生这种能力。

整堂课利用现有的素材卡片，教学生做素材分类和处理的游戏，并在游戏的过程中激发学生学习兴趣，启发学生思考以下几个问题：

1. 我们如何分类素材。这是本节课的教学重点，从分类的学习开始，学会给现有的日记素材分类，顺应学生的天性，发挥学生的个性，让他们构建自己独特的分类系统。

2. 我们如何处理素材。这是本节课的教学难点，学生对挑选的日记素材进行再加工，完成一篇完整的、立意好的学生习作。

3. 我们如何积累素材。生活即写作，通过这堂课的有效活动，能够让学生明白个性化素材的定制需要在日常生活细节处下功夫，明白日记写作的重要性，激发起学生的写作兴趣。

整堂课的链条思路是：浏览素材卡片，寻找生活共鸣—研读素材卡片，学习分门别类—活用素材卡片，巧妙布局立意—坚持日记写作，建个性素材库。

## 教学现场

### 一、浏览素材卡片，寻找生活共鸣

**师：**下面我将给每个小组发一叠素材卡片。这节课我们要想用好这些素材卡片，首先，我们要学会把手上的素材卡片根据自己的需要分类。其次，我们要挑战一件有难度的事情，把这些生活化的素材转化成生活故事。通过这些活动我们就会明白“生活即写作”的理念。

（屏显）

1. 学会素材分类。

2. 把生活化素材转化成生活故事。

3. 明白“生活即写作”的理念。

**师：**请大家快速阅读并选出你最喜欢的一则素材，结合自己的生活体验谈一谈感受。注意要求，不是赏析，而是结合生活体验谈感受。给大家3分钟时间，开始阅读。（在学生阅读素材卡片的过程中，教师看见其中一位学生已举手，示意其回答问题）你是第一个举手的，请你说说看。

**生：**我选择第6则。这则素材里说飘姐是他的辅导员，也就是他的老师。一般老师在课堂上对我们要求很严厉，但我们会发现老师其实都是为了我们好。我的感受是，每位老师都是表面严厉，内心却时刻在为我们着想。

**师：**你想说严厉的老师最善良。谢谢！这位男同学，请你说说看。

**生：**我选择的是第5则。这则素材主要讲了一个学生在查看自己考试成绩时的紧张心情，他一开始是慢慢地找，找不到，以为自己考得很差，后来发现自己考得还不错，心里悬着的石头就落地了。

**师：** 他把自己考试之后期待分数的过程展现了出来。你为什么选择这一则呢？

**生：** 因为我们每个学生考试后都会有这种忐忑的心理。

**师：** 或者说，你的心情和他一样。还有谁来分享一下？

**生：** 我选择的是第1则。光阴似箭，日月如梭，转眼间我们已经小学毕业了。这一则素材充分写出了小学毕业后我们的心情，以及对老师的思念之情。

**师：** “光阴似箭，日月如梭”这八个字概括得真好。

**生：** 这个同学写的这句话其实也是每个同学小学毕业后的心理写照。

**师：** 这则素材表达了你的心声，唤起了你情感的共鸣。

**师：** 刚才同学们在谈到自己喜欢的素材时，不约而同地觉得他们和我们是一样的，为什么会有这种感受呢？因为我选择的这些生活素材，都来自我的学生的日记本，他们记录就是生活中的小事情、家常事。这就是方老师今天想要分享给大家的第一个写作心得，请齐读。

**生**（齐）：生活即写作。

**师：** 请大家再齐读一下教育家钱穆先生的一段话以帮助大家理解。

（教师展示语段，学生齐读）

出口为言，下笔为文。作文只如说话，口中如何说，笔下即如何写，即为作文。

——钱　穆

**师**：这段话告诉我们，生活即写作。记流水账是生活化写作，发牢骚语是生活化写作，一事一吟咏也是生活化写作。我们读其他同学写的日记片段，却读出了自己的生活、自己的影子、自己的心情，也引起了我们情感的共鸣。但这些素材比较零散，它们只是生活的一个小小的剪影，并不能称之为文章。如果我们把这些素材用好了，它们就可以变成我们写作的源泉，这就是所谓的写作源于生活。下面我们一起来做一个小训练。

**二、研读素材卡片，学习分门别类**

**师**：请大家根据活动要求，通过小组合作探究的方式来完成以下任务，请小组代表发言。开始。

（屏显）

1. 将现有素材卡片分类（至少分三类）。

2. 给素材分类命名（例如，青春狂想曲，校园交响乐，运动进行曲）。

3. 选出最佳分类并阐释理由。

**师**：接下来是我们小组展示时间，展示集体智慧，哪个小组先来？

**生1**：第2则、第5则、第8则、第9则、第12则，我们组把它们归纳为“考试进行曲”；第4则、第6则、第10则，分为“师生情可贵”。

**师**：第一类以考试为切入点，记录了考试时的种种心理活动；

第二类写的都是师生之情。很好，还有其他小组要展示吗？

**生**2：我们把第2则、第5则、第9则，取名为“考试暴风雨”。

**师**：他们组是“考试进行曲”，你们组是“考试暴风雨”，大家觉得哪个名字取得更好呢？

**生**（齐）：考试暴风雨。

**师**：“考试暴风雨”这个名字显得紧张的气氛更浓烈一些。

**生**3：第3则、第11则，我们组命名为“我们身边的名人”；第4则、第6则、第10则，我们命名为“飘姐幕后曲”。

**师**：嗯，选择班级名人录的角度很好。总体来说，这一组表述得很准确，取名也很精准。还有小组要展示吗？

**生**4：第2则、第5则、第8则、第9则、第12则，我们命名为“考试心情万花筒”；第3则、第11则，我们取名为“奇人大转盘”；第4则、第6则、第10则，命名为“人物描写曲”。

**师**（笑）：你要把班上的同学都转晕掉吗？你想说的是盘点班上的奇人，是吗？此外，“人物描写曲”这个名字是不是和前面两个名字不太协调呢？这个类别的素材有一个共同点，写的是谁？

**生**4：老师。

**师**：表达对这个老师什么样的情感呢？

**生**4：喜欢、尊敬，还有思念。

**师**：那我们可不可以把这个名字稍微改一下，让这种情感表达得更准确一点呢？（学生思考）哪位同学来帮 帮他？这位女同学你来说说看。

**生**5：师恩难忘。

**师**：“师恩难忘”是一个四字短语，他们拟的标题好像都是五个字。这几则素材写的都是一个老师的离别，这种离别，让人难以忘怀。

**生4**：老师，我想到了，可以取名为“师恩回忆录”。

**师**：非常好。“师恩回忆录”，“恩”在这里代表感恩之情；“回忆”，往事依依，已经过去了，却犹在眼前。你太机智了，也很聪明。（教师给予其掌声）我们拿到的素材是一样的，可是不同小组从不同的角度进行解读、分类，取的名字就各不相同。这是因为我们在分类的时候，很自觉地融入了自己的生活感受。所以，今天方老师要分享给同学们的第二个写作心得就是“素材即联系”，也请大家齐读一段话。

（教师展示语段，学生齐读）

你开始留心日常生活中的写作素材，而你的写作便展现出你和生活和，和生活肌理之间的关系。

——娜妲莉·高柏《心灵写作》

**师**：每个人的生活不一样，积累的素材也会不一样，思考分类时也会各有侧重，所以我鼓励同学们建立属于自己的个性化的素材库，建立你与生活之间独特的联系。完成素材分类只是为我们的写作做好前期准备，好的素材还需要有好的布局谋篇才能成为一篇好文章，那么接下来我们一起来完成第三个任务：利用分类好的素材来完成一篇完整的文章。这有点难度，你们有没有信心？

**生**（齐）：有！

## 三、活用素材卡片，巧妙布局立意

**师**：通过对分好类的素材进行加工，我们要努力完成一篇完整的文章。请看屏幕。

（屏显）

作文题目：《往事依依》

活动建议：1. 选定类别。2. 处理素材。3. 列出提纲。

**师**：活动有以下要求：第一，从刚才的分类中选择一个类别的素材；第二，你要妙用素材，用这些素材整合文章；第三，你要列一个提纲。你们会列提纲吗？

**生**：会。

（学生开始列提纲，教师巡视并答疑）

**师**："文章思有路，遵路识斯真"，这句话道出了凡是好的文章都遵循一个思路，列提纲的目的就是帮助我们把写作思路理清，这样写出来的文章才能够文从字顺。请你先说。（教师示意讲台下的同学谈自己的看法）

**生**：我选择的素材卡片主要是讲对老师飘姐的思念。我想一开始就用素材卡片4，对飘姐的装扮进行描写。

**师**：我们可以先介绍人物的外貌。

**生**：第二段用第10张素材卡片，主要讲的是上课时我说悄悄话，飘姐和我谈心。

**师**：你主要写了飘姐对你的鼓励和纠正你的错误行为，这样顺其自然地进入了叙事部分。

**生**：最后一段用第6张素材卡片，主要写的是军训时她作为辅导员，看上去很严厉，直到我真正了解她以后才发现她原来是一个谦和、善良的人。

**师：**素材卡片用完了吗？然后呢？缺一个文章的——

**生**（齐）**：**结尾。

**师：**素材卡片中没有结尾，我们可以添加一个。这样先介绍人物的外貌，然后再写与人物相关的三件小事，最后在结尾处直接揭示中心思想，那么要表达什么样的中心思想呢？

**生：**对老师的思念和感恩。

**师：**在结尾处把中心思想写出来，文章就非常完整完美了。其他同学有没有写飘老师？（一位学生举手示意）请你来说说。

**生：**我的第一段用的是第1张素材卡片。写的是对以前校园生活的怀念：一切都还是原来的样子，老师穿的是原来的衣服，站的是原来的讲台，教的是原来的内容，可课堂上听课的学生却不再是我们。

**师：**你不仅用了素材卡片，还对素材卡片上的内容进行了修改。你为什么要这样改呢？

**生：**因为运用开门见山的方式，下文可以直接引出飘姐。

**师：**大家可以猜一猜接下来她要用到第几张素材卡片。

**生：**首先我用第6张素材卡片写飘姐辅导我们学习的事情，接着用第4张素材卡片对飘姐的外貌进行描写，然后用第10张素材卡片写出飘姐在我说悄悄话时和我谈心，纠正了我的错误行为并鼓励了我。最后用这样一段话结尾：啊！光阴似箭，岁月如梭，多想回到原来的生活，去体验那段美好的时光。

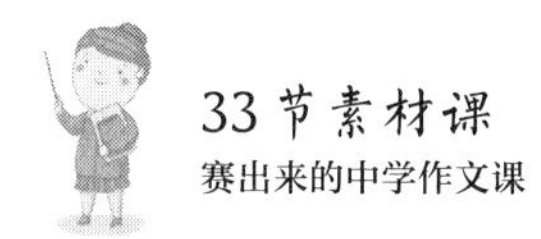


**师**：从这位同学的身上我们可得出这样的结论：只要用好素材，一篇完整的文章就会顺其自然地呈现出来。刚才我们做了这样一些事情：选定了一类素材之后，明确自己要通过这些素材表达的中心，并运用恰当的结构、思路或线索等方式将其串联起来，比如刚才有同学是按时间的线索、情感变化的线索。还有些同学对素材进行了取舍、详略的安排，有的同学甚至有细节的修改，过渡段、开头段和结尾段的补充，于是一篇完整的文章就呈现了出来，这就是我们利用素材整合文章的基本流程。通过以上学习，方老师想要和大家分享的最后一个写作心得就是：（整合）过程即（写作）思路。

（屏显写得心得，学生齐读）

**整合素材即写作思路**

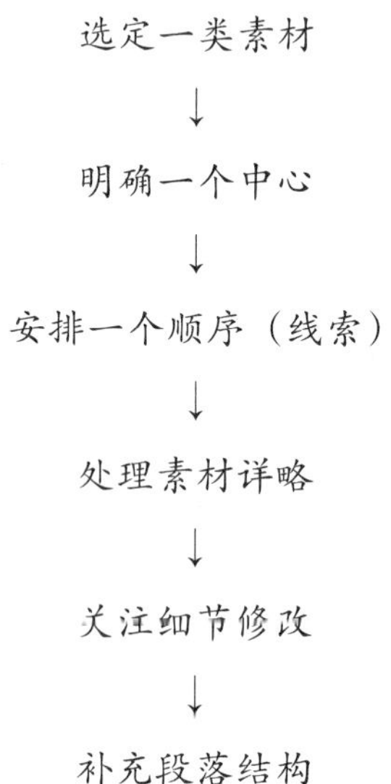

## 四、坚持日记写作，建个性素材库

**师**：今天这节课我们进行了素材分类，学习了素材的整合，但我们面临一个最大的问题是缺少自己的日记素材。“生活即写作”这个概念是要告诉我们最关键是要拥有自主知识产权。我希望大家赶紧行动起来，建立自己的写作素材库。我们先来做一个计划：

（屏显）

1. 一个星期积累1个好素材

2. 一个月积累4个好素材

3. 一年积累48个好素材

4. 一篇中考作文大约用3个素材

**师**：初中坚持写三年，在一百多个素材中优中选优，中考还怕写不出一篇优秀的考场作文？日积月累，你会发现，日记本就是——

（屏显）

一个释放情绪的中转站

一个锻造性格的气缸

一个灵魂花火的采集点

一部心灵成长的进化史

## 学生作品

**片段一：**

要说奇人，我们宿舍就有一个能用嘴拉二胡的陈方圆，她的此项技能是在一次偶然事件中被我发现的，一次原本成绩顶呱呱的陈诗慧大学霸考试失利，哭得特别伤心。陈方圆用多种方式安慰都没用，最后干脆火上浇油——只见她用嘴模仿出二胡的声音，哼得那叫一个凄凄惨惨、悲悲切切。看她模仿得那样惟妙惟肖，还配上夸张的拉二胡的动作，陈诗慧便破涕为笑了，加上我们一群人的起哄，寝室的气氛又欢快起来了。

片段二：

我从人潮里挤了进去，“哗啦哗啦”地开始找我的卷子，突然发现分数是按从高到低排列的。110，100，90，80，70，60……我心急如焚，却好像越来越冷静。不及格的卷子都翻过去了，我的还没有出现。我的手开始颤抖了！“最后一张了！”我心想着。颤颤巍巍地伸出手，仿佛触到千年冰石似的。我小心翼翼地揪出分数栏定睛一看，差点激动地流出了眼泪。“97分！”我特别兴奋，也许是刚才太压抑，我竟然叫出了声。我捧着试卷，静静地站在那里，才发现衣服早已被汗浸湿。我长吁了一口气，想着心里悬着的石头终于可以落地了。

片段三：

卷子就这样像羽毛一样慢慢地落在我的桌子上，这是否印证了我这次考得很差呢？我一把抓起试卷，使劲揉了两下，本想停下来，可心底的那一撮火苗似乎被我滴了一滴油，忽然熊熊燃烧起来，一发不可收拾。我拼命地把卷子揉成团，恨不得那个分数消失，从来没有存在过。

片段四：

“哎呀，这么多科目，该先复习哪一科呀？”嘈杂的声音中，这句话是听得最清晰的。今天，平时到处乱跑的人少了，教室里一下子变得十分安静，只听得见急促的呼吸声，只感受到紧张的气息，只看得见忙碌的身影。教室里每一个同学都在聚精会神地看着书，大家为了明天的月考，认真地准备着。

**片段五：**

我身边的奇人，一定是郑绍洋了，他强悍的肚皮震荡波，天下无双。本来平平的肚子，在他意念的控制下，犹如汹涌的波涛，不断翻滚；好似被风吹动的红旗，飘飘扬扬，蔚为壮观。而他的肚脐眼就像只活泼的小鸟，在波涌中勇猛飞翔。

**片段六：**

这次考试总的来说，可比周闯关更难了，这就到了考验学生耐性和素养的时候了。一个真正有耐性的人，在考试时注意力一分一秒都不会离开他的卷子；一个有素养的人，一定会在考试前看看他以前犯的错误，并把错误一遍一遍地铭记于心。

（此课例荣获“新作文杯”全国首届中小学作文教学“创课”比赛特等奖）

# 落木萧萧，情思绵绵

江苏江阴·周春勇

## 创课缘起

深秋，儿子的幼儿园给家长布置了一个任务，要求周末带着孩子去大自然寻找落叶。于是周末抽空，我和儿子来到公园，寻找那千姿百态的叶子。紫红的枫叶，金黄的杏叶，枯槁的樟叶，带刺的刚叶，掌形的梧桐叶，以及那些叫不出名字的叶子，将这个秋天装点得格外美丽，此景让我想起了一句诗：我言秋日胜春朝。儿子问了我好多关于叶子的问题：为什么叶子的颜色不一样？叶子为什么会落下来？叶子从那么高的地方掉下来会不会疼？树妈妈会哭吗？我深感于孩子奇特而丰富的想象。可为什么孩子到了初中这些想象就消失了？能否唤起他们内心深处哪些浪漫的因子，我决定尝试一下。

## 创课思路

写作源于生活，但又高于生活。作文课应该帮助孩子从生活中打开写作的窗户，认识写作的规律，减少对写作的束缚，才能实现写作的个性化。因此，这节课我们从观察自然界的一片叶子开始，激发学生的写作热情，培养学生观察事物和多角度思考问题的能力，然后引导学生根据所创设的情境，结合自己的联想和想象，将见闻感受有条理地记录下来，扩大叶子的精神内涵，进而挖掘叶子背后潜藏的人文情怀。

## 教学现场

### 一、观叶绘叶，静态之叶

**师：**同学们，西风起，无边落木萧萧下，前几天让大家准备的叶子带来了吗？

**生：**带来了。

**师：**好，把它拿出来，我们一起来观察。

**师：**观察一片叶子，你会观察它的哪些方面？

**生：**颜色。

**生：**质感。

**生：**形状。

**师：**简单地说就是要多角度感知手中的叶子。

**师：**下面就请同学们多感官、多角度地去观察你手中的叶子。

（学生观察手中的叶子，并思考）

**师：**下面请大家用一两句话描绘一下你手中的叶子。

**生：**我的叶子，颜色枯黄，摸起来很粗糙。

**师：**不错。你关注了叶子的色彩和质地。

**生：**我的叶子边缘有锯齿，好像很锋利。

**师：**不错。你注意到了叶子的特点。

**生：**我手中的叶子像一把小扇子，闻起来有股淡淡的清香。

**师：**不错。你观察了它的外形，并借助联想，表达了自己的感受。刚才同学们分别从叶子的特点、外形、色彩、质地、气味，谈了自己的感受，观察手中的叶子，是我们观察事物的一种方法。下面请将你观察到的叶子的形象描写出来。你可以用这样的句式：

（屏显）

我凝视着这片叶子，它……（描写它的外形、色彩、质地、气味、感受……），它静静地躺在我的书桌上。

（学生写作）

**师：**下面我们一起来看这两位同学写的小片段。

（屏显）

**片段一：**

我凝视着这片叶子，它小巧精致，像一把小小的绿色梳子，柔软的叶片，彼此挨挨挤挤，散发出一股淡淡的味道，清新、自然、可爱，我仿佛看到奶奶拿着梳子，给我梳头呢。

**片段二：**

我凝视着这片叶子，它是一片××，比我的手掌要小一些，但颜色却很浓，红得像火一样。××的形状像手掌一样，每一个“指头”上都有一根叶脉，直直的，有点突出，就像我们手掌上的纹路一样。

**师：**请你们读读这两个片段，猜猜这两位同学写的是什么叶子？

**生：**第一片叶子猜不出来，第二片叶子应该是枫叶，我是从红得像火一样，以及形状像手掌、手掌纹路等细节描写猜出来的。

**师：**是啊！你猜得很准确，它就是枫叶，当然也得益于作者准确抓住了枫叶的外形细节……

## 二、想象叶子，动态之叶

**师：**同学们用细致的观察、细腻的描写展示了叶子的外形，但如果你能在此基础上，通过想象这片叶子的前世今生，进一步展现叶子美好的神韵，那就更妙了。

**师：**什么是叶子的神韵呢？

**生：**精神。

**生：**品质。

**师：**结合你的经验和思考，请你说说叶子具有哪些精神品质呢？

**生：**叶子是坚强的，它不怕风，不怕雨，不怕烈日，不惧严寒。

**生：**叶子具有无私奉献的精神，它通过光合作用给树提供养分，等到秋天风吹落时，对树没有任何要求，反而带给我们美的享受。

**生：**它们还很团结，树上的叶子齐心协力，共同进退，守护着树，守护着大地。

**师：**这么短的时间，我们就能借助平时的积累想到了叶子这么多的精神品质，非常好。那么我们如何去表现叶子的这些精神品质呢？我们可以通过想象，为它设置场景。比如，如果我要表现这是一片坚强的叶子，我可以为它设置这样的场景：寒风中独立枝头的一片叶子。同学们，你将通过设置什么样的场景，来展现你的叶子的精神品质呢？我们一起去想象场景，烘托其神韵。我认为可以用这样的句式——

（屏显）

看着这片叶子，我的思绪飘向远方……

（学生写作）

**师：**有同学想要展示一下自己的叶子吗？

（屏显）

看着这片叶子，我的思绪飘向远方，我们的命运如同叶子一般，春天才能长出绿叶，而且还是那么弱小，只有在仲夏的阳光里闪耀着光辉，即使生机旺盛的季节，也最易遭受虫害侵蚀。但它还是坚强地活着，而今正同伙伴织成浓密的树荫。到了秋天，它的绿意，不知不觉黯然失色，终于变成一片黄叶，离开了树枝，但它并不觉得悲观。因为当它掉落在地下，埋在泥土之中，还可以给提供做养料。

**师：**谁来评价一下这片叶子？

**生：**这是一片乐观的叶子，懂得奉献的叶子让我想到了“落红不是无情物，化作春泥更护花”，你看它深深埋在泥土里，给树提供养料。

……

**师：**有人给提供建议吗？

**生：**我觉得作者描写得比较宽泛，可以着重去描写秋天的叶子，尤其是秋风中叶子的乐观、坦然，这样能更好地突出叶子的精神品质。

**三、感悟落叶，情态之叶**

**师：**老师这里也有一片叶子，请一位同学来读一读。

（屏显）

窗外雷声作了，大雨接着就来，愈下愈大。那朵红莲，被那繁密的雨点，打得左右攲斜。在无遮蔽的天空之下，我不敢下阶去，也无法可想。

对屋里母亲唤着，我连忙走过去，坐在母亲旁边——一回头忽然看见红莲旁边的一个大荷叶，慢慢地倾侧了来，正覆盖在红莲上面……我不宁的心绪散尽了！

雨势并不减退，红莲却不摇动了。雨点不住地打着，只能在那勇敢慈怜的荷叶上面，聚了些流转无力的水珠。

**师：**这段文字写的是什么叶子？

**生：**荷叶。

**师：**仅仅就是写荷叶吗？

**生：**不，我觉得它也在描写母亲。比如，“对屋里母亲唤着，我连忙走过去，坐在母亲旁边”“雨点不住地打着，只能在那勇敢慈怜的荷叶上面”。

**师：**你说得很准确。这段文字出自冰心的《荷叶·母亲》，作者通过写大雨中保护着红莲的荷叶，突显出母亲对自己的关爱。这种通过写事物来写人的方法叫作“借物喻人”。

（屏显）

**借物喻人**

概念：借某一事物的特点，来描写人的一种品格，是作文中用来表现、突出中心思想的常用方法。

作用：可以使文章立意深远，表情达意更含蓄；可以增强文章的表现力和感染力。

**师：**同学们，你的那片叶子是否能让你联想到某个人或者某一类人的品格呢？你可以用茅盾在《白杨礼赞》中的赞美抗日军民的句式，也可以用自己的句子来写你想到的某个人或者某一类人的品格。

（学生完成写作后，分享成果）

**生：**在虫洞的四周，隐约留下白色的汁液，撕下一小片绿叶，其渗出一些黏人的液体，一滴一滴地流在蚂蚁身上，原来叶子之所以能够傲立风雪，免受虫灾，是因为它强大的自我保护能力。也许，在你身边就有这些看似柔弱内向的人，其实他们在柔软的外表之下潜藏着一颗坚强的心。

**师：**你觉得这段文字写得怎么样？

**生：**我觉得他还是没有把写人这一目的落实，人描写得不具体，只是说外表柔弱，内心坚强，但具体写的是什么人呢？描写得不够细腻。

**师：**嗯，你的眼光非常独到。

**四、课堂小结，回顾内容**

**师：**这节课，马上就要结束了，同学们的表现很精彩。下面我们总结一下这节课的收获。

**生：**要想写好一种事物，得对这种事物进行细致的观察，才能将其写得细致、具体。

**生：**我觉得观察是基础，要想写出一篇有深度的文章，必须进行由此及彼的联想和想象。

师：同学们说得都不错，其实这节课我们主要做了这些事：

（屏显）

1. 观察（细致、具体）静态之叶。

2. 想象（扣中心、设场景）动态之叶。

3. 联想（由叶及人、借物喻人）情态之叶。

## 五、布置作业

请围绕“叶”写一篇文章，表现美好的主题。

## 学生作品

作品一：

### 海棠叶

楼外如狼嚎般的风声怒号着，无情的风雨撕咬着她，轰隆的雷声，掠过的闪电，倾盆的大雨，考验着这片叶，考验着这少女，这还未经历风雨涉世未深的海棠叶，也考验着我的承受力。我看见她所在的那根枝条几乎要被折断了。我不忍心再看下去，便拉住窗帘转身了，可我仍然惦记着她，惦记着她的生死。风雨过后，我迫不及待地拉开窗帘，我震惊了：她，连同主干，一起在风中烂漫地笑着。

我想，刚才那一刻，她是否对着风雨仰天一笑？她是如何挺起身躯去抗击这风雨的暴戾？她应该没有控诉自然的不公，而是在感谢风雨的洗礼吧？不信，你看，风雨过后，微风拂煦，旭日临窗，她携着枝丫伸展，她催着最美的花儿从晨曦开向暮晚，她的颜色在春光秋露中浸染，点缀成了最美的娉婷。

那个逆光勇敢前行的少年，一路走走停停，却没有一丝丝改变，这海棠叶不就是我吗?

**作品二：**

### 三叶草

偶然低头，我看见一团红色的草，细看，是一簇红色的三叶草。粉红、鲜红、紫红……各种红都汇聚在叶片上，却过渡得十分自然。一点点的白点缀于红色之中。此时，三叶草的叶子竟像粉紫色的星空一般，梦幻唯美。细闻，一股清新的草浆味扑鼻而来，仿佛记忆中闻过，从未改变。

年幼时，奔跑于山野。脚下，总有一簇簇这样的三叶草，绵延着，伸向未知的远方，也曾在紫红的三叶草中寻找那代表幸运的四叶草，乐此不疲……

（此课例荣获“新作文杯”全国首届中小学作文教学“创课”比赛一等奖）

# “小面”也好吃

重庆·蒲　峻

## 创课缘起

在四川、重庆一带，大街小巷到处是卖小面的，人们一天不吃小面心里就不舒服。一天中午，我问一位学生：“中午吃什么了？”“小面。”学生答道，接着滔滔不绝地讲述自己吃的小面如何鲜美。我突然想到，学生都有吃小面的经历，何不让“小面”走进作文课呢！所以这节课的着力点就是引导学生把自己吃小面的体验表达出来，让学生在写作中学会描写。

## 创课思路

作文的目的是引导学生关注社会生活，表达真情实感。学生在生活中有了吃小面的经历，体验到了吃小面的快感，这就是学生作文最好的素材，这正好印证了学生的写作来源于生活的观点。

学生的写作来源于生活，并不等于照搬生活，必须用描写的知识生动地表达生活。这就需要学生在写作过程中引导学生掌握描写的程序性知识，而教师在学生写作中让学生明确描写要抓住描写对象的特征，要表达出自己的情感等写作要点。

## 教学现场

### 一、回忆生活，引出写作对象

**师：** 今天蒲老师想请你们帮个忙，可以吗？

**生：** 可以。

**师：** 帮什么忙你们都不知道，就说可以，决定也太轻率了吧！我个人认为你们这里的小面挺好吃的。你们觉得呢？

**生：** 确实挺好吃。我也喜欢吃，不过我们这里还有很多其他美食。

**师：** 那就请你帮个忙，给我推荐一下你们这里最好吃的美食。

**生：** 我们奉节的脐橙，味道甜美，果肉汁水丰富，我们都很喜欢吃。

**师：** 说得真好，等下课后我就去买脐橙。

**生：** 三道拐哒哒面。哒哒面佐料丰富，颜色鲜艳，让人忍不住想要尝一口。

**师：** 我打算今天晚上就去吃这个。

**生：** 我认为我们奉节的臭豆腐也值得推荐。臭豆腐虽然闻起来臭，但是吃起来特别香。

**师：** 我们班的同学很热情，给我推荐了三种美食，说得我垂涎三尺，有种马上去买的冲动。不过，我最喜欢吃的，还是小面。

（屏显）

嘿，小面

### 二、激发写作情感，调动表达欲望

**师：** 小面，你们吃过没有？

**生**：吃过。

**师**：现在请每个同学都回忆一下自己在哪个地方、哪个时间吃的小面最让你们难以忘怀？回忆起来没有？（学生作思考状）如果你们回忆起来的话，就请你们把你们的感觉喊出来，连喊三声。

**生**（齐）：嘿，小面；嘿，小面；嘿，小面。

**师**：要喊出情感，我们再来看一段视频。

（学生观看《舌尖上的中国》之《嘿，小面》）

**师**：同学们已经看了视频，也回忆了自己吃小面的经历，现在请你们拿起笔来，用几句话对重庆小面进行描写。

（学生自由写作）

## 三、写作指导

**师**：请同学们用一个形容词来概括一下你们写的小面的特点。

（屏显）

活动一：用一个形容词概括小面的特点，抽象——指向特点。

**生**：重庆小面味道可口，佐料齐全，人吃过后，仿佛陶醉在这碗小面里。

**生**：一碗小面来到你的面前，迎面扑来的是生机，一眼看见的是色香味的巧妙组合。

**师**：请你回答我，你要写小面的什么特点？

**生**：筋道。

**师**：我听出来了，你写出了小面的香。

**生**：重庆小面味道鲜美，有丰富的佐料，是值得大家品尝的美食。不要看小面小，吃起来绝对是一种享受。

**师**：你也用一个形容来形容你写的小面的特点。

**生**：鲜美。

**师**：这个词用得好。现在请每个同学在你写的小面旁边批注一下自己眼中小面的特点，然后和大家说说你写的小面的特点是什么。

**生**：麻。

**生**：辣。

**生**：韧。

**师**：你这个“韧”字想要表达什么意思呢？

**生**：就是吃起来很筋道。

**生**：润滑。

**生**：细嫩。

**生**：简单。

**师**：如果写简单还不如就写小面的小。

**生**：色好。

**师**：如果你想把这些特点都写出来，就必须描写得具体。怎么具体呢？接下来我们一起来完成第二个活动。

（屏显）

活动二：同桌互读互评，具体——指向描写。

**师**：你能用刚才的形容词写出你吃面的感觉吗？

**生**：小面真是色香味俱全啊！

**生**：吃起来很筋道，让人回味无穷！

**生**：吃起来味道很香，爽！

**师：**你们说得让我好有食欲！接下来，同桌之间互相读一读、品一品，看看吃小面的过程写具体没有。

**生：**重庆小面吃在嘴里，满口喷香，简直美到心田，令人回味无穷。

**师：**“满口喷香”就写得很具体。

**生：**重庆小面香辣可口，让人垂涎三尺。

**师：**除了把小面写具体，还要写生动哟！如何写生动呢？我们先向大家学习。

（屏显）

活动三：1. 写生动“小面”，品读范文——明技法。

2. 有话好好说——指向生动的描写。

**师：**在写之前，我们可以品读范文，看看名家是怎么写的。

（屏显）

席上果然有一大钵排骨萝卜汤。揭开瓦钵盖，热气冒三尺。每人舀了一小碗。喔！真好吃。排骨酥烂而未成渣，萝卜煮透而未变泥，汤呢？热、浓、香、稠，大家都吃得直吧嗒嘴。

——梁实秋《萝卜汤的启示》

**师：**你们读后想一想，梁实秋是用什么办法把排骨萝卜汤写得如此生动？汤的热是靠什么感觉到的？

**生：**视觉。（热气冒三尺）

**师：**浓呢？

**生：**味觉。

**师：**香呢？

**生：** 嗅觉。

**师：** 稠呢？

**生：** 视觉。我想应该也有味觉。

**师：** 作者运用了什么写法？

**生：** 作者运用了多种感官、多个角度、多个侧面来写排骨萝卜汤。

**师：** 读一读“吃得直吧嗒嘴”，请同学们做一做这个动作。体会一下这句写了什么内容。

**生：** 作者运用细节描写，细致地描写了大家吃的动作和声音，可见吃得很舒服！

**师：** 很好，请看下面一个片段。

（屏显）

高邮咸蛋的特点是质细而油多。蛋白柔嫩，不似别处的发干、发粉，入口如嚼石灰。油多尤为别处所不及……平常食用，一般都是敲破“空头”用筷子挖着吃。筷子头一扎下去，吱——红油就冒出来了。高邮咸蛋的黄是通红的……我在北京吃的咸鸭蛋，蛋黄是浅黄色的，这叫什么咸鸭蛋呢！

——汪曾祺《端午的鸭蛋》

**师：** 通过阅读该片段，我们可以得出高邮咸蛋的什么特点？

**生：** 质细而油多。

**师：** 质细是运用什么手法表现出来的？

**生：** 对比的手法。

**师：** 那么，油多呢？

**生：**细节描写，作者将镜头聚焦在冒油一刻，并通过延长时间来体现。

**师：**很好，我们来总结一下哪些办法可以让我们的描写更生动呢？

（屏显）

将事物写生动：分解动作、延长时间、放大镜头、定点特写、刻画心理、调动想象、描绘细节……

**师：**现在请同学们独立写作，扩句成段，描写好吃的小面。

（屏显）

好吃的小面

## 学生作品

**片段一：**

一碗小面端来了，面香，花椒的香，酱汁的香，一齐冲入鼻孔，顿时整个人沉浸在扑鼻的香气中。面条蜿蜒盘旋在陶瓷碗里，上面有些许细碎的肉末，还点缀着更加添味的香菜。我吃了一口面条，少许的辣味和酱汁味刺激着味蕾。再细细一嚼，面条筋道却不硬，爽滑且不黏牙，一吮吸，满嘴都是裹在面条上的酱汁。捧起碗钵，喝一口浓香的面汤，温暖直达脏腑，让整个人感觉倍儿爽。

**片段二：**

我漫步在街头，闻到面香，口水都流了出来。小面吃起来爽滑筋道，过了一会儿，舌尖又麻又辣，让人回味无穷，真想再吃一碗。刚出锅的小面热气腾腾的。拿起筷子，挑起一根面条，碗中的佐料、红油浸透了每根面条，青菜与面条混杂在一起，放进嘴里，那香辣味在口水间触及着舌尖，空气中也弥漫着香味。

**片段三：**

重庆小面真好吃呀！还没端上来，各种香味就都飘了过来，有葱香、蒜香、调料香，当然还有面香。将小面端上来，你透过层层香味可以看到那晶莹剔透的面条和散布在上面的各种佐料。用筷子挑起一些送进嘴里，随之而来的是跳动的、爽滑的面条和几个微辣的椒。吞下去，仿佛口中还有筋道的面条，这种若有若无的感觉让你忍不住想再来一口。

**片段四：**

在重庆，小面可谓是家喻户晓，但是味道最巴适（巴蜀方言，正宗，地道）的还是家里妈妈做的。一团面条，几片青菜，少许油盐酱醋，一些汤汁，便成一碗小面。一上桌，香味便直冲鼻腔，挑逗着我们的味蕾。挑一点放在口中，微微的麻辣触及舌尖，人一下子就充满了活力。随着“索索”的声音，面被吸进嘴里，再端起瓷碗，喝一口汤，更显出重庆人的豪爽。小面，老少皆宜，味道正宗。来到重庆，小面是激活味蕾的不二之选。

（此课例荣获“新作文杯”全国首届中小学作文教学“创课”比赛特等奖）

# “一材多用”中考作文指导

广东江门·林秋实

## 创课缘起

不关注学情的教学，无异于空中楼阁。2019年3月，我在所教的九年级中考班连续进行了两次作文训练，第一次训练内容是2018年广东省中考作文《恒》，共35篇作文，素材不同的只有12篇，其他为相同素材或套用老师提供的范文，甚至出现了两篇抄袭之作；第二次训练是自由创作，结果截然不同：35篇作文中素材相同的只有两篇，没有出现套作或抄袭现象。通过两次训练的对比以及与学生面谈分析，我发现如下问题：第一，学生在命题作文写作中，审题、立意的思路打不开；第二，学生平时积累的写作素材不少，但不能灵活运用。本着“一课一得，得得相连”的教学思想，我设计了这节课，旨在引导学生灵活运用写作素材，让一粒种子发出多片叶，结出众多果实。

## 创课思路

学生学习的难点主要在于不知如何多角度挖掘素材，如何灵活运用素材。我借助“红包故事”这一贴近学生生活、易引发共鸣的素材，引导学生学会如何多角度地挖掘素材的价值。从“人”入手，当事人和旁观者看待事件的角度不同，立场不同，自然对同一件事会有不同的认知和感受；从“事件”入手，关注点落在事件的起因、经过、结果等不同阶段，也可挖掘出不同的话题，进而产生不同的立意。此外，对人物、情节进行适当的增删改，也是灵活运用素材的方式。

## 教学现场

### 一、故事牵引，多方挖掘

**师**：同学们，春节过去一个多月了，你们的红包用完了没有呢？如果用完了的话，那么请你们告诉老师你们是怎么用的？

**生**：我买了几本漫画书。

**生**：我用大部分钱报了一个网络课程，学习我喜欢的电脑编程。

**生**：我的红包都贡献给了奶茶和零食。

（师生笑）

**师**：你们真幸运，可以按照自己的心愿使用红包。你们知道吗？有一个和你们同龄的九年级学生，他最后一个红包是被别人要走的。你们想知道是被谁要走的吗？（学生齐声回答“想”）我告诉你们是被他的老师，而且他的同班同学和他有同样的遭遇。老师向学生索要红包，听了这样的事，你们有什么感受？

**生**：可怜的学生，可悲的红包，可气的老师。

**师**：你们知道这位老师为什么要向学生索要红包吗？（学生摇头）原来是放寒假前最后一节课上，这个老师指导学生朗读技巧，要求发声时嘴唇要用力，这样吐字会更清晰。老师随口举了一个例子：“爸爸。”结果有两个淘气的男孩立刻应和：“哎！”结果引得全班同学哄堂大笑。这位老师没有当众批评这两个捣蛋的学生，只是开玩笑地说：“既然你俩想给我当‘爸爸’，那么春节快到了，你俩要给我发红包哟！”故事听到这里，你们刚才的感受有什么变化吗？

**生**：有趣的、懂得尊重学生的老师，淘气的学生。

（板书）

有趣　尊重　淘气

**师**：这位老师向两个男孩索要了两个红包，一共是14.99元。她自己又添加了5元，买了一大包“旺旺仙贝”，新学期的第一节课送给全班同学分享，并且告诉大家：这是两个淘气的男孩对影响同学们上课表达的歉意。

**生**：这是一位有智慧、有包容心的老师。

（板书）

智慧　包容

**师**：同学们刚才所说的“尊重”“智慧”“包容”等话题，就是从不同角度挖掘这个素材的价值。这些都是从人物“老师”入手得到的，如果换成当事学生，那么又能挖掘出哪些话题呢？

**生**：可以挖掘“教训”“启迪”“感恩”“成长”等话题。

（板书）

教训　启迪　感恩　成长

**师**：如果我们从旁观者——课堂上的其他学生、老师的同事、当事学生的家长等方面入手，相信大家又会有不同的收获吧？

**生**：嗯。如果我是家长，那么我会感动于老师为我的孩子所做的一切。

**生**：如果我是这位老师的同事，那么我可能会震撼于她的教育方法。

**生**：如果这件事发生在我们班，那么我感受到的是和谐的师生的关系。

（板书）

和谐

**师**：一个“红包故事”，我们从不同人物角度看待问题，可以得到不同的感悟和启发，形成多个立意，这就是“一材多用”。

（屏显）

人物（当事人、旁观者、其他人），言行，心理，情感，品行

## 二、实践演练，灵活运用

**师**：请大家看看近年来广东省中考作文题。

（屏显）

1. 2019年：包含“瞬间”或“突破”
2. 2018年：《恒》
3. 2017年：《原来，____________》
4. 2016年：《我真想__________》
5. 2015年：《特别的________》
6. 2014年：《______是我制胜的魔杖》

**师**：大家看看，如果将这个“红包故事”作为写作素材，那么你们觉得它能用到哪年中考作文题中？

**生**：我觉得2019年的作文可以用这个素材，写我“瞬间”的感动

和成长。

**师**：哪个“瞬间”？

**生**：老师教育我的那个“瞬间”。

**生**：我可以把“老师向学生索要红包”这个素材用在2015年的中考题中，题目是《特别的“惩罚”》。

**师**：如果你的题目是《特别的“惩罚”》，那么你是从素材的什么角度挖掘了什么话题？

**生**：从人物“我”，也就是一个犯错误的男生的角度出发，挖掘的话题是“让我难忘的一次惩罚”。

**师**：《特别的“惩罚”》，这个题目很吸引人，好！在接受惩罚的同时，“我”也得到了教训，所以我们从“教训”即事件的意义角度思考，立意会不会更深刻些？还有不同的思考吗？

**生**：我用在了2016年的作文里，题目是《我真想为你点赞》，赞美这位懂得尊重学生、教育方法巧妙的老师。

**生**：我用在2014年的作文里，题目是《包容是我制胜的魔杖》，我把自己假想成了故事中的老师。

**师**：我们两个真是不谋而合呀！

（屏显）

1. 2017年：《原来，<u>惩罚可甜蜜</u>》

立意：老师“红包”的惩罚，让我甘之如饴，从心底感激老师的教诲。

2. 2016年：《我真想<u>为你点赞</u>》

立意：赞美老师春风化雨式的教育方式。

3．2015年：《特别的“惩罚”》

立意：老师特别的“红包惩罚”，让我明白了做人要谨言慎行。

4．2014年：《包容是我制胜的魔杖》

立意：因为“包容”，“我”把课堂“事故”演变成了“故事”。

**师：**你们觉得这个“红包故事”不适合用在哪一年的中考作文里？

**生：**我觉得2018年的作文题《恒》不适合这个故事。

**师：**为什么不适合呢？

**生：**“恒”的意思是“坚持不懈、有恒心、有毅力”，可是这个“红包故事”没有体现这层意思。

**师：**嗯，这样理解的人很多。“恒”可否理解成“持久、不变”呢？比如“保持初心”是不是“恒”呢？

**生：**可以。

**师：**我们再来看看这个“红包故事”，老师不仅没有当众批评学生，还以特殊方式教育学生，请你思考一下，这个“红包故事”从头到尾，什么是不曾变过的呢？

**生：**老师这样做是为了教育学生，“教育”不曾变过。

**师：**当众批评也是教育的方式，这位老师为什么不这样做呢？

**生：**尊重学生。

**生：**爱学生。

**师：**是的，你们说得都很准确，老师是出于对学生的爱，对工作的爱，所以，这位老师才采取了这种特别的惩罚方式。那么请你们说说，这个故事从头到尾不曾变的是什么？

**生：**爱！

**师：** 瞧，这样就可以用到《恒》这篇作文上了吧！我们刚才为什么想不出来这个角度呢？我想主要有两个原因：一是对“恒”的理解片面；二是没有从情感角度挖掘出“红包故事”中“爱”这个话题。

（屏显）

2018年：《恒》

立意：赞美教师敬业、爱生的初心。

**师：** 这些都是思维局限的表现。“一材多用”有助于拓展我们的思维。现在我们再来对比分析一下，“扶老奶奶过马路”这个素材经常在作文中出现，你们想一想它可以应用到我们今天研讨的“一材多用”吗？

（学生摇头）

**师：** 有什么区别呢？

**生：** “扶老奶奶过马路”是把一个素材用到多篇作文中，但都是为了赞美乐于助人的精神，而“一材多用”是从不同角度挖掘素材的价值，用到不同话题的作文中，话题之间可能存在很大差别。

**师：** 是的，素材不是平面的，而是立体的；不是死板的，而是充满活力的。打一个比方，我们手中有一条鱼，以前来了客人，无论他是哪里人，有什么不同的爱好，我们都给他提供一种口味的鱼。现在，我们会根据客人的不同口味提供不同口味的鱼。例如，客人是四川的，我们会提供——

**生：** 酸菜鱼。

**师：** 客人是东北的、广东的。

**生：**红烧鱼、清蒸鱼。

**师：**是的，素材的利用就如同这条鱼。我们不是把一个素材盲目地套用在任意作文中，而是要挖掘素材本身不同角度引发的不同话题、不同思考。同一个素材，思考角度不同，我们的感悟和启发就会不同，进而根据不同的立意就会写出不同的作文来，这就是“一材多用”。

**三、例文指路，明晰缺误**

**师：**有的同学把“红包故事”写成了作文，请大家点评一下。

（屏显）

### 最美“惩罚”

“不畏浮云遮望眼，自缘身在最高层”，朗朗的书声像往常一样响彻校园上空，但我没想到，不寻常的事情即将发生。

“同学们，你们朗读流利，声音洪亮，但是有几个字发音不准。我们不但要掌握字的读音，还要掌握发声的方法。”发声还有什么方法呀？不就是上嘴唇下嘴唇一碰就行了吗？老师又在故弄玄虚啦！我心里默默地吐槽着。“气息的调整，发音器官的配合，都是有讲究的。”看着班里一个个不以为然的眼神，老师说：“我们的嘴唇也是发音器官，大家千万不要让它在工作的时候偷懒，比如‘爸爸’这个词，我发两遍音，你们听听是否一样，‘爸爸’……”还没等老师的第二声“爸爸”出口，我就条件反射地张口应和了一声：“哎！”一瞬间的沉默后，教室里爆发出一阵笑声。

天啊，我干了什么啊！刚才那个人是我吗？“小威同学，你要给我当‘爸爸’?”就在我后悔之际，老师开口说话了。“我……其实……”哎呀，平时口齿伶俐的我现在怎么不会说话啦?“既然如此，那么春节快到了，你给我包一个红包吧。怎么样啊，小威‘爸爸’?”啊?这就解决了?“行，没问题，不就是一个红包吗?老师，我给你包一个大的!”我拍着胸脯应声道。一颗悬着的心终于安全着陆了。大年初一那天，我兑现了一半的承诺：给老师发了一个红包，但是只有5元。新学期第一天，老师带着一大袋“旺旺仙贝”走进教室，我们正诧异着，老师开口说话了：“这是用小威同学的红包换的，大家一起分享，作为小威同学纪律散漫扰乱课堂秩序的惩罚。”哈，原来是这样!

吃着我的红包换的“旺旺仙贝”，我心里甜甜的。

**师**：这个同学的构思如下：

(屏显)

题目：《最美“惩罚”》

主题：赞美老师对学生的包容与无私的爱。

略写：1. 课前读书。2. 老师对“我”的“惩罚”。

详写：课堂上老师指导朗读技巧，“我”捣蛋，心里惴惴不安。

**生**：这篇作文语言流畅、生动。

**师**：还有什么发现?

**生**：这篇作文只有题目出现了“惩罚”一词，文中好像没有出现。

**师**：没有吗?

**生**：有，比如，“这是用小威同学的红包换的，大家一起分享，作为小威同学纪律散漫扰乱课堂秩序的惩罚”，但是我觉得他描写得不够深刻。

**师：**这篇作文有六百多字，为什么还让人感觉主题不突出呢？

**生：**因为作者重点写的是自己犯错后的心理活动，不是“惩罚”这一主题。

**师：**看来作者是犯了详略不当的错误。我们如果帮他修改，那么应该如何安排详略？

**生：**略写犯错后的心理活动，详写惩罚的过程。

**师：**惩罚的过程可以写什么？请你说得具体一点。

**生：**老师惩罚“我”时的神态、语言、动作，“我”的反应，或用其他同学的表现进行侧面烘托。

**生：**“我”给老师发红包时的心理活动。

**生：**大家分享“旺旺仙贝”的场面。

**生：**老师教育“我”的话语。

**师：**经过同学们的现场修改，作文的主题“最美‘惩罚’”就更加突出了，所以灵活运用素材要注意详略得当的问题，我们写作文的时候，还可以根据需要对素材进行改写，比如对情节进行增、删、改。

（屏显）

1. 素材加工必须紧扣主题。

2. 人物的言行、心理、情感，事件的起因、经过、结果皆可进行增、删、改。

3. 要注意详略安排。

**师：**如果说积累素材像拍照，那么我们加工素材就是美化图片，这就需要我们突出重点，弱化、裁剪非重点。“一材多用”我们就研讨到这里了。老师送给大家几句顺口溜——

（屏显）

一材多用小妙招，挖掘加工不可少。

人物事件增删改，详略适当得分高。

**师：**今天我们的作业就是以“红包故事”为素材，自选角度写一篇大作文。

（屏显）

以“红包故事”为素材，自选角度写一篇大作文。

要求：1. 对素材的挖掘、加工要合情合理；2. 详略得当，突出中心；3. 不少于600字。

## 学生作品

### 最美“旺旺仙贝”

朗朗的书声像往常一样响彻校园上空，我却没想到，不寻常的事情即将发生。“同学们，你们朗读流利，声音洪亮，但是有几个字发音不准……”老师为我们做了点评，找出了我们的不足之处。老师“沙场秋点兵”般地扫视了全班同学，然后才继续讲起来，“我们不但要掌握字的读音，还要掌握发声的方法。”发声还有什么方法呀？不就是上嘴唇下嘴唇一碰就可以了吗？老师又在故弄玄虚，我心里默默地吐槽着。

“气息的调整，发音器官的配合，都是有讲究的。”看着班里众

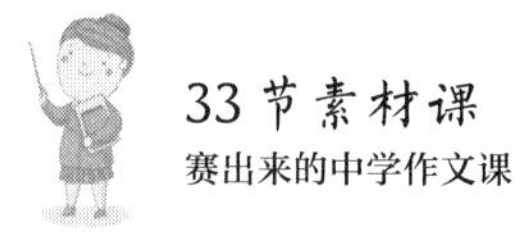


多不以为然的眼神，老师说：“这样吧，我给大家举个例子。”老师的斗志又被我们激发啦。“我们的嘴唇是发音器官，大家千万不要让它在工作的时候偷懒。比如‘爸爸’这个词，我发两遍音，你们听听是否一样，‘爸爸’……”还没等老师的第二声“爸爸”出口，我就条件反射般地应和了一声：“哎！”教室仿佛被强行按下了暂停键，随后教室里爆发出一阵笑声。望着老师还没来得及合拢的嘴巴，我心倏地一跳——完蛋！老师默默望着我，不出声，不出声……全班同学的目光也在我和老师身上来回徘徊，我干了什么呢！刚才那个人是我吗？为什么我全身这么热啊？为什么有汗珠从额头滚下来啊？“小威，你要给我当‘爸爸’？”就在我胡思乱想之际，老师开口说话了。“我……其实……”哎呀，平时口齿伶俐的我现在怎么不会说话啦？“既然如此，那么春节快到了，你给我包一个红包。怎么样啊？小威‘爸爸’？”啊？这就解决了？“行啊，没问题，不就是一个红包吗？老师，我给你包一个大的！”我拍着胸脯应声道。一颗悬着的心终于平安着陆了。大年初一那天，我兑现了一半的承诺：给老师发了一个红包，但是不大，只有5元。

新学期第一天，老师带着一大袋“旺旺仙贝”走进教室，我们正诧异着，老师开口说话了：“这是用小威同学的红包换的，大家一起分享，作为小威同学纪律散漫扰乱课堂秩序的惩罚。”哈，原来是这样啊！吃着我的红包——哦，是“旺旺仙贝”，心里甜甜的。“做人要谨言慎行。有些错误我们有机会弥补，甚至一笑置之；有些错误可能会导致终生的遗憾，永无弥补的机会。年轻不是放纵的借口，别人的包容也不是我们肆无忌惮的理由。”讲台上，老师望着我，望着全班同学，缓慢而又轻柔地说。此刻，仿佛有一股电流，让我的全身都震悚起来：原来，这是老师给我们上得特别的一课呀！

咽下最后一口“旺旺仙贝”，依然是那么甜香。我想，属于我的最美的“旺旺仙贝”不仅会停留在舌尖，也会永驻我的心田。

（此课例荣获“新作文杯”全国第四届作文教学“创课”比赛一等奖）

# 让“到此一游”走点心

湖北宜昌·李本银

## 创课缘起

一日，同事吐槽道：“以后我再也不出门旅游了。”旁人问道：“为什么?”答曰：“一上车就睡觉，一下车就拍照，回来一想，感觉像没有玩过一样。”一位同事一听深有同感，随声附和道：“一到景点，除了看人，就是拍照。”另一位同事则讲道：“我儿子一回家就用美图秀秀美化照片，并在每一张照片上添加文字，你们猜他写的什么?”众人一听，都感到好奇，聚精会神地听着，“写的是小文子到此一游。”我随口说道。众人哑然失笑。是啊，旅游已经成为许多家庭的“必需品”，然而游者却“游而无趣、游而无文”，实在是令人唏嘘。学生旅游的次数也不少，写下的游记却寥寥无几，仅有的游记，也是笔下无序、笔下无点、笔下无物，所以，我们何不从“序、点、物”三点入手，帮助学生既感受到旅游的美好，又写出优美的游记，让“到此一游”走点心呢?

## 创课思路

要想解决学生游记作文“无序、无点、无物”的问题，归根结底，应该是素材的问题。素材源于生活，唯有生活，才能让作文变得丰富多彩。当然，解决素材问题，不能靠枯燥的说教，需教师有意识地引导学生体察生活。为此，首先，我设计“以图配文”环节，有意识地引导学生观察生活、再现生活，让学生从旅游经历中寻找写作素材，以解决“写什么”的问题。其次，引导学生思考“怎么写”，从哪个角度写的问题。我特意提示了三个方向，帮助学生选点写作，力求帮助学生基于其丰富的旅游经历，达到有话可说、有事可叙、有情可抒的效果。最后，再辅之以适当的引导、提醒、激励，相信那些曾经的生活经历、感受都会成为学生作文的内容。有了这些，我想学生的游记就会拥有全新的模样，自然会呈现出新的状态。

## 教学现场

### 一、创设情境，引导激趣

（屏显一组神农架大九湖图片）

图一

图二

图三

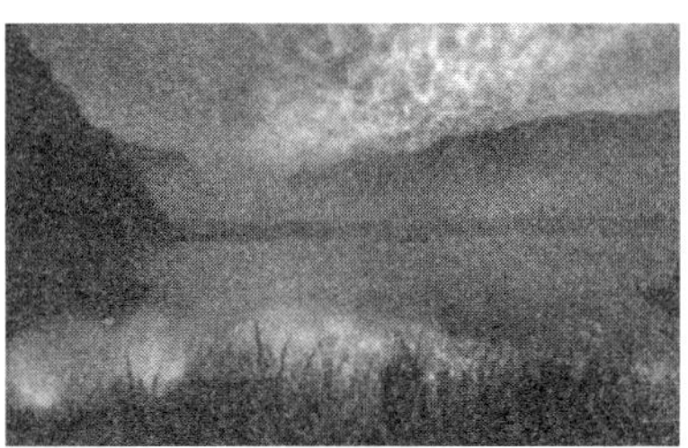

图四

**师：**大家知道这是哪里吗？你们可以为这些图片配上一段文字吗？（学生沉默）请大家先在小组内部交流，然后把你们刚刚所看到的、想到的内容用一句话表达出来。

**生：**今天的作文课是不是就是看图说话呢？老师的图片真的很美，这是神农架的大九湖，这个地方我去过。

**生：**今天成了美景欣赏课，老师是不是想带我们去旅游啊？这样的美景我在青海湖也看到过，不过那是在高原上。

**生：**这样的美景我很喜欢，可是让我配文字，感觉有点困难。

**二、交流表达，体验分享**

**师：**有的同学之所以很熟悉这张图片，是因为有的同学去过，有亲身的体验。如果让同学们讲述一下自己的经历，或者去过的景点，或者途中发生的故事，那么我想同学们一定会有许多话要讲。每个同学都可以用自己去过的景点图片来描绘或者讲述自己的旅游经历。不过，我们要先来说一说大九湖。

（学生可以再次进行交流，可以先讲给自己听，然后再与其他学生进行交流，最后推荐学生代表发言）

**生：**大九湖因其享有“高山平原”的美誉，被称为湖北的“呼伦贝尔”“神农江南”。

**生：**这张图片显示的是1号湖。上次去的时候，我们当天晚上一到达目的地，就去游览了1号湖，那天晚上1号湖的景色非常漂亮，站在盆地中央仰望苍穹，一轮下弦月悬在西边的天空，繁星点点，美丽极了。

**生：**你们从这些图片中可以看出大九湖其实就是一个山间盆

地，四周高山耸立，中间低洼平坦。

**生：**这些图片让我想起了身处大九湖的情景。当你漫步在湖边，尽收眼底的是一片湖光山色。恍惚中，日出、晨雾、晚霞、云雾，交相辉映，蔚为壮观，宛若仙境！

**生：**大九湖最美的景色应该是大九湖的晨雾，美得让人流连忘返，图四展示的就是大九湖的晨雾，大家看它雾气弥漫、如梦似幻。不过，晨雾并不常见，有时候住上半个月也未必能看到一次大九湖的晨雾。我也只是在去年秋季一次偶然的机遇，才领略到大九湖晨雾的美。

**师：**上述几位同学都说得非常好，不仅重点突出，而且语言优美，让我如临其境。我相信，同学们也和我有着同样的感受。看完大九湖的美景后，下面你们来说一说你们去过的景点，我给大家一点提示，你们可以从以下三个角度来说：

（屏显）

1 我来当导游。

2. 听我来说景。

3. 看图讲故事。

**生：**这些图片让我想起了我们一家人去梨花溪旅游的情景。一路上我们高兴极了，上午我们在梨花溪游玩，下午又去了梨花沟，那里简直就是梨树的世界，梨花的海洋。沟边溪边皆是梨树，房前屋后到处绽放着梨花，其中在土房子前的那棵梨树更是让人称赞不已，百看不厌。

**师：**你说得很好，你在叙述你的旅游经历的时候，层次清楚，脉络分明，但如果你能抓住其中一个景点，比如梨花溪，对此加以详细的介绍的话，那就更加完美了。

**生：**我沿着曲折的石桥向池心水阁漫步而去，那飞檐朱漆，画栋雕梁，即使被粉刷多次也掩不住百年的沧桑。它像一位鹤发童颜的老者，泰然注视着鱼贯而入的俗客。我看见它幽深的倒影皱着眉头，似乎在哀叹那不被人理解的寂寞。

**师：**看来你观察得很认真，既说了景，又抒了情。我们外出游玩，就是要用心去感受、去观察，写到文章里也是如此。

**生：**我过了亭东行便来到了经石峪，经石峪四面环山。龙泉峰耸峙于东，状如竹笋；炮高岭横亘于西，宛若睡螺。涧水从西北方的叉沟乱石之中泠泠而出，汇成溪，顺势向南流去。山路边经营茶水早点的摊主已撑开了大伞，似乎在等待着我们的到来。

**生：**这些图片让我想起了上个月的某一天，我和弟弟一起骑自行车去田野玩耍的情景。我们一到目的地，就被其美景深深地吸引。我和弟弟一边推着自行车，一边静静地走在田野边上，欣赏着田野的美景：眼前的油菜花在明媚的阳光的照耀下金灿灿的，油菜花中不时地传来“嗡嗡”的声音，仔细一看，哦，原来是早起的蜜蜂正在辛勤地劳动呢！一群漂亮的蝴蝶姑娘也在花丛中翩翩起舞。突然，看到前面有一块干净、清新的草坪，我和弟弟便欣然前往，躺在那草坪上，自由自在、无忧无虑地仰望着天空，在这里，似乎一切忧愁都被抛在了脑后。

**师：**你侧重于讲述你看到的田野之景，我觉得非常好。

**生：**我漫步在悠长的小巷里，看着旁边高高矮矮的围墙，上有苔痕斑驳，墙里人家后院，修竹森森，小径曲折回环，巷陌深深，异常幽静，泼墨处，恰如唐人常建所描述的“曲径通幽处，禅房花木深”的意境。（学生一边讲述自己去过的景点，一边展示自己拍的照片）

图五

**生：**有一次，我和妈妈去景区游玩，我们一起走进一个方形的缆车。这个缆车只有一个长排座椅，正当我担心这个缆车的安全问题时，一个护栏从上面滑了下来，缆车就飞快地向小岛奔去。刚开始缆车的运行还比较平稳，可是到中间的时候，缆车就开始摇晃了，海风越来越大，缆车也摇得越来越厉害，吓得妈妈都不敢看缆车外的风景，整个缆车里面的人都害怕极了，那一刻，我真担心缆车会掉下去。

**师：**你侧重于讲述你在游览中所见到的缆车，以及缆车上的经历，一听就知道这是你的亲身经历，真情实感流露其间。

**生：**上次我们去旅游，讲解员讲解山石的绝美画面仿佛就在眼前，第一块山石瓜果飘香，代表着有许多的瓜果蔬菜，有节瓜、大白菜、佛手瓜、苹果、葡萄、西瓜等。第二块山石是一个空地，你们可以称它为“水晶宫”。这里给人一种很奇妙的感觉，地面非常光滑，而且岩石摸上去，冷冰冰的。突然，现场关了灯，岩石上出现了五颜六色的光芒，像许多颗星星在地面闪烁，伴随着一声声古老的音乐响起，仿佛进入了人间仙境。之后又向前走了几个岩石洞，我们就到了“雄狮送客”，硕大的岩石上面，坐着一只威猛的狮子，好像在欢迎游客们的到来。

**生：**我和弟弟在亭前小憩的时候，有几个带着香烛和鱼食的阿姨断断续续地从我们眼前走过，并在我们面前不断地吆喝着，于是，我和弟弟就想着买点香烛和鱼食，这样既可以去敬香，也可以去喂鱼，这岂不是两全其美吗？这样也蛮好玩的。

**师：**看来大家的旅游经历不仅丰富，而且精彩。如果你们都能将其呈现在你们的作文中，那么一定会是一篇好文章。

## 三、选点写作，畅快表达

**师：**听了大家刚才的讲述后，我们不难发现，每个同学在讲述时，都是选择了一个切入点来讲述自己的旅行经历。如果要将自己的旅游经历写成文章，那么你们会拟定一个怎样的题目呢？我先给大家提供了几个示例和要求。

（屏显）

1．标题示例

（1）从讲述旅行经历的角度讲：《游览大九湖》《泰山游记》《夜游秦淮河》《游览长白山》等。

（2）从介绍重要景点的角度讲：《神秘的大九湖》《武侯祠》

《杜甫草堂》《金山寺》《黄鹤楼》等。

（3）从介绍旅行见闻的角度讲：《庐山行见闻》《难忘的那一幕》《车行贵州》等。

2. 写作提示

（1）注意自己写作的重点，讲旅行经历，就要注意游踪，学会移步换景，随着地点的变换，描写的景物也要随之发生变化。既要全面，又要突出重点。

（2）重要景点的介绍，要注意层次。可以先描绘整体，再分别介绍。要有主有次，层次分明。

（3）讲述见闻，旅行到了哪些地方，只是文章的一个线索，途中的见闻才是重点。可以选择其重点进行讲述，切不可面面俱到，尤其不要事事都写，一篇文章，最多写一件或者两件相关的事件，要注意详略得当。

**师：**同学们明确了要求，就可以开始构思，选点写作，我非常期待同学们的作品。

## 四、习作讲评，互谈收获

**师：**教师之所以会选择部分学生的作文进行讲评，是因为本次作文可以配图，所有学生的文章都可以上台交流。优秀习作的标准就是要有重点、有特色、有体会，所以在讲评中，发现这类作品，可以进行适当的点评。（教师指导学生读文章或者以图配文，并相机进行指导写作）

（屏显）

1. 本次作文训练可以图配文或者文配图。

2. 优秀习作的标准就是要有重点、有特色、有体会。

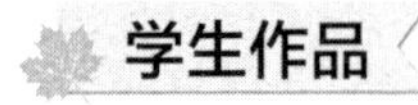

## 学生作品

### 夏游大九湖

冒着酷暑，我终于坚持上完了暑假的舞蹈课，还在最后的比赛中，一举夺魁，妈妈一高兴，就决定全家前往大九湖度假，我高兴极了。于是，我就开始在心里念叨着：“大九湖，大九湖，我终于要来了！”

第二天我们稍做准备，直奔大九湖。

一路上，我在手机上不停地搜索着关于大九湖的相关信息。原来，大九湖全称叫作“神农架大九湖国家湿地公园”，人们习惯称其为“大九湖”，虽然它与宜昌近在咫尺，但我还是第一次专程去揭开它神秘的面纱。大九湖平均海拔1700多米，高山环抱之中，拥有约4万亩平地，这在崇山峻岭的秦巴山区并不多见，且平地之上处处积水成湖……我越看越期待，越看越兴奋。

进入大九湖后，凉爽不期而至，我们仿佛一下子置身于清凉的世界。首先映入我眼帘的是遍地绿草成茵，青山，古树，草地，湖水……各种自然景观，交相辉映，浑然一体，让人目不暇接。

给我留下印象最深刻的是大九湖洁净的空气，空气中几乎没有灰尘，让人仿佛置身于天然氧吧，又仿佛置身于“世外桃源”“方外之地”，洁净、淡雅。但这对于我们这些孩子来说，还是缺少了一点儿乐趣，直到出现了下面这一番景象：一大群各种各样、大大小小的猪，在一大片草地上，撒欢似的奔跑，仿佛是原始社会的“猪世界”。你能想象那是一番怎样的景象吗？“猪在跑，人在叫，孩子们在欢笑。”原来，这是大九湖的另一道亮丽的风景线。

返回的路上，我望着渐渐远去的大九湖，脑海中不时地闪现这样的图景：美丽的大九湖仿佛一只小鸟，依偎在群山之间。串联在九湖之间的溪流又如少女之臂，温婉地将它们牵连在一起。大九湖，水的娟秀与山的苍翠相互结合，相互映衬，又好像一对情侣，缠缠绵绵，你中有我，我中有你，仿佛在深情地挽留前去的每一位游客，不要离去。

夏游大九湖，真的不虚此行。

（此课例荣获“新作文杯”全国第二届作文教学“创课”比赛一等奖）

# 打人其实不容易

上海闵行·许织云

## 创课缘起

课本剧教学一直是我们学校的教学特色，受到广大学生的热烈欢迎，而且效果非常好。那么，如何把课本剧用在写作课的情境创设和学生的体验上？如何让写作素材更丰富，写作过程更轻松，写作成果更丰硕呢？这次我们做了大胆的尝试：让学生在简单的课本剧表演之后再进行写作，要让学生感受到有话可说，感受到写作文其实也不难，甚至觉得写作文很好玩，于是就有了这次作文教学实践。

## 创课思路

2019年暑假，我们排演了一个话剧《一本珍贵的字典》，获得了上海市中小学暑期情景剧大赛二等奖。这个剧中有一个打人的片段，时长不到1分钟，排练起来却很费工夫。为了能够完成一次内容丰富、体验真实、有话可说、有情可抒的写作课，我们给学生安排了打人那个片段的表演和随后的写作，并设计了这节课本剧情境体验下的作文教学课。

首先，教师向学生介绍剧情和人物，然后让所有的学生自由分组、自选角色，自主地在课下排练这一片段，让他们亲自体验如何在舞台上打人或者是被打。其次，教师请学生交流排演的体会，在学生交流的过程中，教师及时地进行指导。最后，教师让学生依据表演过程来完成作文。

## 教学现场

### 一、课前准备

#### （一）剧情介绍

《一本珍贵的字典》讲述的是毛岸英、毛岸青流浪上海期间为了买一本字典学习，捡垃圾、擦皮鞋、卖报、帮人推车，历经千难万险，最后实现愿望的故事。剧中有一个老爷爷，他收留了当时只有12岁的毛岸英和11岁的毛岸青。他欠了债主的钱，管家带着两个打手上门要钱，可怜的老爷爷上个月因生病被东家扣掉7角钱，所以欠的钱就无法还齐。老爷爷哀求管家下个月一定补上，管家却说："给我打！"于是两个打手冲过来暴打老爷爷，毛岸英、毛岸青奋力保护老爷爷，然后众人围打在一起，后来毛岸英忍无可忍，大声说："住手！老爷爷欠的钱我来还。"最后他们把千辛万苦积攒下来买字典的钱拿出来帮老爷爷还债了。而学生任务的重点是表演这个打人的片段。

#### （二）任务要求

在课前，教师安排所有学生参与排演，首先是自由分组，每组六个人：管家、打手甲、打手乙、老爷爷、毛岸英、毛岸青。台词只有两句，管家：给我打！毛岸英：住手！老爷爷欠的钱我来还。表演时演员要注意舞台站位，角色的身份和年龄，打人的力度和速度，演员之间的配合和舞台呈现的美感，同时，要求学生排练期间一定要注意安全，态度要认真，要真切地体验在舞台上表演打人的各种感受。

## 二、学生表演

### （一）现场表演

上课前，课桌椅以马蹄状排列，中间留出表演的场地，教师简要介绍剧情导入新课，并再次强调表演时应注意的事项，同时课件展示表演的要求。全班学生参与，自由组合分成六组，每组六人，依次进行表演。

（屏显）

人物：管家、打手甲、打手乙、老爷爷、毛岸英、毛岸青

台词：

管　家　给我打！

毛岸英　住手！老爷爷欠的钱我来还。

### （二）教师指导

六个组的学生在依次表演时，教师可以逐一进行指导，也可以针对学生存在的共性问题进行集体指导，形式可以因人而异，特别需要说明的是，课本剧的指导比较简单，不同于专业的戏剧表演指导，但是表演的基本规则还是必须要做到的，比如不能笑场，尽量不要背对观众，台词要清晰，声音要洪亮等。

演出时演员要注意舞台站位，演员之间的距离要恰当，既不能聚在一起，也不能离得太远。舞台上聚成一团的现象是表演的大忌，离得太远也无法打人。表演要注意演员的身份，你是老爷爷就

得表演得像个老年人，你是打手就要做到凶悍野蛮，你是毛岸英或毛岸青就需要做到既疾恶如仇，又能体现出十一二岁孩子的年龄特征，不要演得像成年人一样既凶悍又善于打斗。

演出中演员要把握好打人的力度，既不能真的打痛同学，又不能打伤同学，因为这是演戏，但也不能表现得有气无力，那样就显得演得太假。要掌握好速度，注意团队的配合，打得不能太快，观众还没有看到你就演完了；也不能太慢，导致后面的动作衔接不上，打人结束时要注意站位问题。演员的表演要注意美感，至少不能背对观众，无论是站位还是台词，抑或是演员的调度，都要给人一种舞台表演的戏剧之美。

### 三、互动交流

演戏结束以后，是我们的评述环节，学生在交流时除了共性问题外，比如打斗时聚成一团，打得很假，经常背对观众，有学生笑场，观众看不清怎么回事，吐词不够清晰，动作不明显等。还发现了许多个性问题，比如，“老师，小张演戏时真的用力打我了，很痛的。”“好无语啊，那个老爷爷一点儿也不配合，我一打他，他就跑开了，还很得意。”“老师，我们这组两个打手从头到尾一直离老爷爷很远，根本打不到。”“刚才那组台词没有说，那个老爷爷一直笑。”“我们这组打手还没动手，老爷爷就倒下了，太假了。”“第三组的毛岸英、毛岸青太厉害了，打手都打不过他们。”“第六组乱改台词，老爷爷竟然说他就是没钱能把他怎么样！”……

每次的课本剧表演结束，我们都有一个交流评价的环节，这个环节很重要，因为一个人的火花可以点燃许多人的火花，交流评价过程就是共同反思的过程，是爆料表演趣事和寻找写作花絮的过程，是整理写作素材、确定写作主旨的过程。这些花絮都是珍贵的作文素材。

**四、视频对照**

学生表演和评价后，都了解了自己的不足，发现了自己表演中存在的问题。这个时候教师再让学生观看学校剧社表演的《一本珍贵的字典》打人视频片段，对照反思的效果就非常好。学校剧社这个节目排练得很仔细，获得了上海市中小学暑期情景剧大赛二等奖和闵行区第四届学生话剧展播活动最佳编剧的好成绩，剧中的毛岸青扮演者刘笑侠、管家扮演者欧阳汇铭和旁白李思远还获得了上海市第一届中小学生戏剧节优秀个人表演奖。学生将两者进行对比后，无不感慨万千，原来打人真的不容易！

**五、畅谈感受**

视频中的表演让学生深有感触，大家不再觉得打人很容易了，然后畅谈参加这次课本剧表演的感受。虽然表达得不尽相同，但学生还是达成了一些共识：表演打人看似简单其实很难，所以我们看待事物不能只看事物的表面，还要看得深入一些。当然，世上无难事，只怕有心人，只要我们用心去做也是可以做好的，我们剧社的节目能够拿奖就是最好的证明。

在同学们看到剧社表演的视频时，他们对那些参加演出的同学投来了艳羡的目光。虽然大家知道他们的排演很辛苦，但能够在颛桥文体中心和上海话剧艺术中心那样专业的演出场所演出，能够配上那么专业的舞台灯光和音效，能够拥有老师为他们精心购买的演出服和配乐，真的让热爱戏剧的同学们很羡慕。很多同学表达了对艺术的无比热爱之情，演员们也感受到了参加演出的自豪。

## 六、写作指导

本节课的最后环节是写作指导，教师进行了简略的总结，然后提出本次作文的写作要求，课件显示出写作的思维导图，题目自拟，重点自选，找出自己最感兴趣的内容来写：可以采用倒叙的手法，先描写打人的场面，然后叙述活动的经过；也可以从自身对于打人的认识开始写，本以为表演打人最简单，没想到演起来那么难；还可以先谈感悟，然后引出这次排演打人的这件事情。总之，写作手法各不相同，真情实感，内容充实，生动活泼的作文是统一的要求。

经过人人参与的表演和点评，学生之间互相交流学习心得，这次作文每个人都会有话可说。在写作中教师提供写作思维导图并进行个性化的写作指导，有了这样充分而有效的指导，学生高质量地完成本次作文并不是很难。

（屏显写作思维导图）

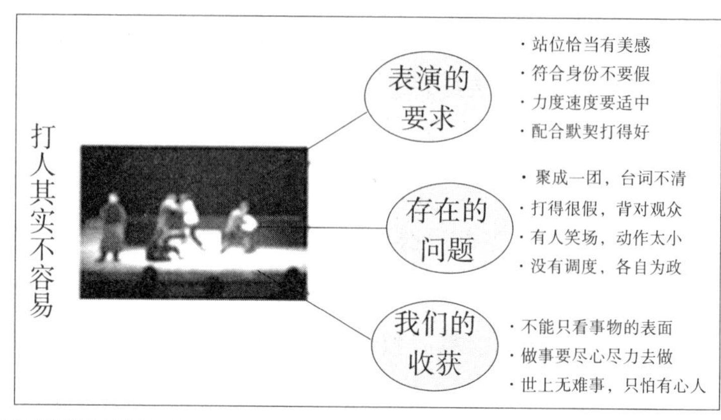


## 学生作品

### 打人其实不容易

在现实生活中，你也许觉得只要有力气，打人就很简单，演起来更容易，但其实排练打人很麻烦。

2019年暑假，我们排练《一本珍贵的字典》第二场戏：管家带着打手向老爷爷要债，老爷爷因为钱不够而遭到殴打，毛岸英、毛岸青奋不顾身地保护老爷爷，然后大打出手。戏虽然很短，但是排练花费的精力却很多，真的一点儿也不轻松。

在戏中，我扮演那个要债的管家，带了一个由高易凡扮演的打手去要债。我出场的第一句话就是："老东西，马上还钱！"那位老爷爷颤颤巍巍地走上前："上个月生病被东家扣掉7角钱，下个月我一定还。"于是我这个管家抓住老爷爷的领子就要打，可老师却说管家是带着打手来的，不用亲自动手，于是我只能袖手旁观。

这样，打人的任务就落在了打手高易凡手里，可高易凡却是一个特别温和的人，经过老师的多次示范调整，终于凶悍了点儿，但后来有几次突然加大力度，导致老爷爷和毛岸英都撞到箱子上去了，老师又说太危险了。

排练中，我们又发现舞台上一个打手太单调，就把杨政也变成了打手。在舞台上演员表演时要注意舞台站位，打起来了既不能聚成一团，也不能太过分散，没有变化。在排练时，当打手和毛岸英、毛岸青打在一起的时候，场面非常混乱，而且常常偏台。经过老师一个动作一个动作的指导，终于改变了混乱的局面，将打斗的场景在整个舞台铺展开来，舞台画面也变得更有美感了。

打人真的不容易啊，虽然我是演管家的，不用动手打，但我的舞台站位也很有讲究。还有我的嗓门高，一开始总是特别洪亮，老师说这样的表演方式和整个场面不协调，管家的阴险狡诈也不能充分体现。于是我努力改正，经过多次训练，终于表情和语调都符合角色身份了。

“台上一分钟，台下十年功”，通过一次次的排练，我终于体会到了这句话的深刻含义。功夫不负有心人，我们这个节目获得了好几个奖项，我个人也获得了上海市第一届中小学生戏剧节优秀个人表演奖。所以说，无论我们做什么，都要用心才行。

（此课例荣获“新作文杯”全国第四届作文教学“创课”比赛特等奖）

# 让我们美美地发朋友圈吧

湖南长沙·秦枭娜

## 创课缘起

暑假，旅游似乎成了“刚需”，游记也似乎成了语文作业的标配。当出游必须带上完成一篇或几篇游记的心理负担时，旅游的快乐可能就打了折扣。在放假之前，便有学生问：“老师，暑假作业可不可以不布置写游记?”我莞尔一笑。我想：时下发朋友圈成了常态，为了不让写作成为旅游的负担，那就引导学生发朋友圈，保持表达的欲望，让学生始终处于新鲜、激动的精神状态，充分调动学生说和写的欲望。于是，我给学生布置的暑假作业便变成了拍摄一张或几张美图，配上精美恰当的文字，发朋友圈。

如此，变游记为“给美图配美文”微写作，并配上热门的朋友圈形式，开学后的口语交际课和写作课便水到渠成。

## 创课思路

《义务教育语文课程标准（2011年版）》对学生的写作能力贯彻了这样一种思想：只有为学生的自主写作提供广阔的空间，减少学生对写作的束缚，才能实现个性化写作，使学生表达主观感受。基于以上观点，我将这节课的重点放在美点追踪上，让学生选择自己最想表达的点，并用恰当的方式表现出来。学生对美的感悟太宽泛，可表达的点很多，一节课内可能无法既提炼出美点又能用恰当的方式组织起来，所以，我把这节课设计为微写作课，即学写片段。

课前准备：我先让学生交回暑假作业，然后把学生拍的图片整理成课件，发至家长群，让学生先浏览后点评。

课堂步骤：

1. 创设情境。回味精彩的暑假生活，活跃课堂气氛。

2. 教学过程。教学过程分为三部分：感受美—赏析美—表达美。

3. 配图写作，小组推选，全班同学点评。

## 教学现场

### 一、畅所欲言说“美圈”

**师：**同学们，你们发给我的美图美文，再现了你们五彩纷呈的假期生活，相信也成了你们难以磨灭的记忆。那一次出行、那一处风景、那一刻驻足，无不令人心驰神往。今天，我特别想把大家收集的美图再现出来，让大家再来品一品、评一评，然后学会怎样配上美文发一个优美的朋友圈。（板书标题：美文“秘籍”，屏显学生朋友圈图片，此处略去）你们喜欢谁发的朋友圈？

**生：**我喜欢张子谦的“一点武汉”，这里的“点”字用得好，介绍的全是武汉美景的细节。

**生：**我喜欢游若兮的美文，“东江烟雾弥漫，恰似人间仙境”。

**生：**我喜欢华俊尔的美文，他是用文言句式表达的，好特别呀！

**生：**我喜欢李俊豪的描写，特别是“小风轻浮”。我们常说“微风”，他却用“小风”，这样描写更好地再现了当时风带给他的感觉。

**生：**我喜欢王伊娜的美文，她的美文富有深刻的哲理，表达了一种山水产生了文明，山水延续了生命的意蕴。

**生：**我喜欢徐依婷的美文，她的描绘不仅再现了美好的画面，也营造了一种意境，看了她写的美文之后我特别向往。

**生：**我喜欢王露的美文，她没有写有名的地方，而是写身边常见的景色，但她说，“生活中的美不就是这样吗？不是高贵华丽，而是温暖且治愈人心”。

……

**师：**孩子们，你们太棒啦！能对自己印象深刻的作品有如此深刻的理解，说明你们每个人都有自己独特的审美观，只是目前，你们可能还停留在初步感受阶段。为什么你们会觉得它美呢？我们看看别人是怎样给美图配上精美的文字的。

**生：**照片拍得好。（学生哄笑）

**师：**这是其中的一个因素，我们今天重点谈配的美文。

**生：**要选比较有特色的景，比如刘衍翔的“小树”，张子谦的“一点武汉”，这说明我们要关注景的细节，不可以什么都写进去。

**师：**你说得好，要从选材入手，选择景物的切入点要细，开口小，而且不能贪心！

**生：**用的词语要有个性，比如徐依婷说“喧嚣的寂静”，华俊尔用的是文言句式。

**师：**朋友圈能够呈现的文字比较少，要想写出自我独特的风格来，语言肯定得有自己的特色，用文言句式是一种不错的方式。此外，还有你说的“喧嚣的寂静”“明媚的忧伤”等，在网络上很流行，也确实很吸引人。

**生：**俗话说，一切景语皆情语。有情感蕴含其间就容易吸引人。

**师：**一切景语皆情语，一语破的，这叫“情趣”。

**生：**有哲理的话会提升朋友圈的档次，如徐依婷由小屋谈到人生，以及自己的愿景。

**生：**其实哲理也不一定要说得那么直白，比如，刘衍翔说荷是“经历了短短的一生，最后抚育了自己”，也很有道理。

**师：**你们两位都提到了哲理，能从自然景物中读出理趣来，这又提升了一个层次，为你们点赞。

**师：**那我们一起来梳理一下，你们提到的这些优美的朋友圈文字具备哪些特点？

（教师和学生一边梳理优美的朋友圈文字具备的特点，一边板书）

抓住细节、描写细致、用语精致、有情感、有哲理。

## 二、方法引领赏“美文”

**师：**同学们，看板书，这是文字的特点，但大家还得思考一下，你拍了美照，打算用来发朋友圈，那应该写图片的什么内容呢？要用什么样的方法才能使配图的文字恰当呢？

（屏显讨论要求）

小组讨论，归纳图配文的方法。

**师**：好，我们来总结一下，朋友圈的文字应该怎么表述？

**生**：对图片中的景色进行细致的描写。

**师**：非常好，我把你这句话这样来表述——对图片内容的再现。有没有同学能用我这个句式来表达的？

**生**：对图片内容的感受或者感悟。

**师**：好，也可以说是对图片内容的感受，你在后面加了个“悟”字，可见你还想表达图片能呈现出来的哲理或者理趣，是吧？（学生点头）也就是对图片内容的感受，阐述图片的意义。还有吗？

**生**：要抓住图片的一个重点来写，不能太宽泛，文字既要精练又要有特点。

**师**：好，也就是对图片内容的强调。

（屏显）

美图配文的方法：

1. 对图片内容的再现。

2. 对图片内容的强调。

3. 对图片内容的感受，阐述图片的意义。

**师**：有了素材，我们怎么把它写出来，并写得精彩，写得丰富，写得吸引人，这就成了关键。请看屏幕上两则材料。

（屏显老舍《济南的冬天》第四段的前半部分）

最妙的是下点儿小雪呀。看吧，山上的矮松越发的青黑，树尖儿上顶着一髻儿白花，好像日本看护妇。山尖全白了，给蓝天镶上一道银边。山坡上有的地方雪厚点儿，有的地方草色还露着；这样，一道儿白，一道儿暗黄，给山们穿上一件带水纹的花衣；看着看着，这件花衣好像被风儿吹动，叫你希望看见一点儿更美的山的肌肤。

**师：**大家思考一下，这段文字都是围绕哪个字来写的？找出这段文字的一个美妙之处。

**生：**它是围绕着“妙”字来写的，我觉得这句话写得妙，“一道儿白，一道儿暗黄，给山们穿上一件带水纹的花衣”，这是个比喻句，把“雪”比作“花衣”，而且“山们”写得多好，把很多山叫“山们”，运用了拟人的修辞手法。

**生：**我可以补充一下，这段文字用了很多修辞手法，如比喻、拟人，写出了小雪后山的美丽、动人。“看护妇”是比喻，“山的肌肤”是拟人，这些修辞手法的运用生动形象地写出了披雪的矮松和飘雪的山体那种美丽的风姿和神韵。

**师：**（掌声）你补充得非常好。比喻、拟人等修辞手法的运用，把雪山写得妙趣横生。

**生：**有很多口语化、情感化的词语，就好像正在和我们进行交谈一样，比如“呀”“看吧”，这些拉家常般的语言，给人一种平易近人之感。

**师：**拉家常般的语言，在平易朴实间，又时时闪烁着老舍先生非凡的智慧和语言方面的灵性。

**生：**“带水纹的花衣”运用了一种化静为动的手法。

**师：**你连化静为动都能发现，太厉害了，这是一种把静物显示出动态的一种表现手法，给静物以流动的感觉。其实，这段文字还

运用了以虚写实的手法，比如，“叫你希望看见一点儿更美的山的肌肤。”（主板书：个性表达）

（屏显）

美文之美：追求个性化表达，学会运用恰当的表达技巧，增强语言的表现力。

**师：**老舍真是喜欢这山、这雪啊，所以字里行间处处流露着温情与温暖。漂泊在外的马致远内心是孤独沉郁的，所以他的文字满是孤寂与愁苦，“枯藤老树昏鸦……”（学生跟背，教师主板书：真情表达）

（屏显）

美文之美：力求真情表达，听从内心的召唤，跟随自己的兴趣，用真情文字呈现你心中的美景。

**师：**我们再看看朱自清的《春》，除了写景外，结尾处还有哪些特点？

（屏显）

春天像刚落地的娃娃，从头到脚都是新的，他生长着。

春天像小姑娘，花枝招展的，笑着，走着。

春天像健壮的青年，有铁一般的胳膊和腰脚，他领着我们上前去。

**生：**运用了排比和比喻的修辞手法，把春天描写得生动形象。

**师：**是的，修辞手法的运用能使语言更生动形象。

**生：**结尾处还表达了作者对春的赞美之情，“刚落地的娃娃”“小姑娘”“健壮的青年”都是美好的事物，用来比喻春天，可见作者是真心地喜欢和热爱春天。

**师**：有写景，有抒情，还有什么呢？

**生**：春天像娃娃，是新的；春天像小姑娘，是美的；春天像青年，是有力量的。我想，作者应该是从春景中感悟到了新生事物生命力的强大。

**生**：我还可以补充一点，除了写景外，还有抒情，并蕴含哲理，作者写出了春天由新生走向强盛，使得人也充满了希望。

**师**：你们概括得很到位，《春》的结尾处，景、情、理三者有机统一，作者写出了春天由微小开始走向盛大的过程，表达出对自然的一种感悟，即春的生命力极其强盛，同时，又形成一种渐次高昂的情感波澜，使全文在热烈的情绪中收束。（主板书：深度表达）

（屏显）

美文之美：力求深度表达，学会透过人、物、事、景的外在美看到其内在美，发现其独特的文化内涵。

## 三、牛刀小试配“美文”

**师**：现在我来总结一下，朋友圈美文“秘籍”我们掌握了两招：内容上，美文是对图片内容的再现、强调和感悟；形式上，要追求个性化表达、真情表达、深度表达。既然你们已经掌握了“秘籍”，那么现在我准备用以下视频发朋友圈，请你们帮我配一段优美的文字，不得少于140字。

（学生观看视频写片段，预设10分钟）

## 四、交流分享评“美文”

（屏显：对照评价量表，先小组交流，后推荐优秀作品在全班同学面前展示）

| 评价项目 | ★★★ | ★★ | ★加油 |
| --- | --- | --- | --- |
| 美文是对图片内容的再现、强调和感悟 | | | |
| 个性化表达（抓住细节、描写细致、用语精致） | | | |
| 真情表达 | | | |
| 深度表达(可选) | | | |
| 书写认真，错别字少于3个，无病句 | | | |
| 教师或同学评语及修改建议 | | | |

**师：**请小组代表展示你们组最美的文字吧！配上音乐有感情地朗诵，其他同学对照评价量表，点评文字，推选出最美朋友圈。

（学生朗读）

清晨，我乘着小舟漫无目的地行驶在荡漾着涟漪的湖面上。随着太阳冉冉升起，我的目光渐渐移向天边已被初日点缀一层金边的云，这一朵朵云仿佛还被薄雾笼罩着，看不清它们是在窃窃私语还是优哉游哉地享受晨风。当太阳露出半边脸时，一只鸭子默默地游进我的视野中。对于一望无际的湖来说，它是那样渺小，但正是因为这只鸭子，才为寂静的湖带来了新的生命力。我想我知道答案了，我来到这里就是为了和那云、那湖、那初日、那鸭子一起享受轻拂的晨风和水的宁静。

**师：**谁来点评一下？

**生：**比如，“看不清它们是在窃窃私语还是优哉游哉地享受晨风”，运用了拟人的修辞手法，把天边的云人格化了，形象有趣。

**生：**比如，“我来到这里就是为了和那云、那湖、那初日、那鸭子一起享受轻拂的晨风和水的宁静”，写出了作者的舒适惬意，属于真情表达。

**师：**能做到有个性化的语言和真情表达，已经很不错了。如果能加上有深度的思考，就是锦上添花了，所有写景的文字我们都可以试试今天的朋友圈美文“秘籍”，这节课希望大家都能有所收获，下课！

## 学生作品

**片段一：**

一片湖水正随波流转着，似伊人满是风情地望着你。你对着它笑，它也对着你笑。你终于明白，再也没有比水更柔媚的东西了，那是骨子里的，正所谓柔情似水，真是一个非常恰当的比喻。

——李　洋

**片段二：**

在凌晨，朝阳还在赖床，美丽而梦幻。远处湖水与天还依偎着、拥抱着。在你的脚丫下，那水在微微地波动，可能是刚睡醒。再看看天边，出现了一抹红，这抹红把身边的云彩染成了紫色，似乎是用来衬托自己的艳丽。而这爱美的一抹红下有一只小鸭子，它一动不动，只是随波飘动，好像是游累了，在这舒适的水中歇息。这就像一幅画，一幅洞庭朝景图。

——邹佳美

**片段三：**

乘着小舟在湖面游荡，鱼肚白的天空染着一抹抹胭脂红，太阳已经整装待发了，一束束光照射着天鹅，它们从远处缓缓游来。朝霞披在她的身上，拖起长长的涟漪，像是在水一方的伊人。她是在寻觅着什么吗？垂着头望着水底，或是长眠使她感到些许饥饿了吧。水浪与小舟轻言细语，发出阵阵的笑声。看着那尚未苏醒的水边小镇，听着木桨与水的合奏，小船时不时地轻晃着，多想能一直在这宁静的湖中，感受清晨的安逸。

——刘嫒嫒

**片段四：**

其实，最容易被我们忽视的往往就是身边的人和事。从此我懂得，要擦亮眼睛去感悟生活，珍惜身边的美、爱，以及幸福。

——罗竞妍

（此课例荣获“新作文杯”全国第二届作文教学“创课”比赛一等奖）

# 送你一朵勿忘我

湖北荆州·陈　涛

## 创课缘起

都说毕业是多情的，也是伤感的，当一本本毕业册放在我面前时，意味着告别就在眼前。翻看这一本本记录着友谊的毕业册，看着这一个个熟悉的名字，这一别恐再难相逢，但那一句句记录着他们临别情感的赠言，让我产生了莫名的伤痛。这是孩子们的赠言吗？三年的交往，一千多个日夜的相处，留在心中的情谊竟是这一句句平淡的话语。我忽然有一个想法：用我的真情打动你的真心，利用一节作文课，写出你真心的赠言。

## 创课思路

当我看到学生写的赠言的时候，我非常震撼与自责，三年的学习，并未让学生在写作上有任何提升，反而让本应记载真情的赠言变得无趣与无聊。要想让学生的赠言写得具体感人，只有让学生远离无趣与无聊的写作状态，才能让学生写出真诚的赠言。白居易在《与元九书》一文中说，“感人心者，莫先乎情”，这句话告诉我们，赠言动人心者，在于潜藏在文字背后的真情。教师引导学生从回顾已学过的真情赠言，到赏析教师写给学生的真情赠言，这点点滴滴的文字不仅打动了学生，也激起了他们对三年共同生活的回顾，这正是写作的源泉。但仅有真情，不是好的赠言。这就需要教师教给学生一些创新的写作手法，让学生能够融会贯通地与生活的本真结合，能让赠言显示出动人的力量。当然，学生情感的深化，还需要一种诗意的表达，当学生明白生活本就应该充满诗意时，他们的文字就满载诗情。从某种意义上说，赠言不是一句简单的话语，它应是情感的真实表达，应是生活理想的真实表露。

## 教学现场

### 一、课堂导入，理解赠言

**师**：同学们，又到了即将分别的时候，互写赠言是学生时代的经历，但是你们知道什么是赠言吗？

**生**：是分别时互相赠送的话语。

**生**：是分别时互相勉励的话语。

**师**：不错。"赠言"一词最早出自《荀子·非相》："故赠人以言，重于金石珠玉。"从这句话中我们可以看出，古人对赠言是多么重视！那么，这里的"重于金石珠玉"指的是文字吗？

**生**：不。它指的是朋友之间的情谊比金石珠玉还要重要。

**师**：非常好。

### 二、出示案例，反思赠言

**师**：临别之际良言相互勉励，当为赠言。而今，即将别离的你们又拿怎样的良言相互勉励呢？那些落在纸上的文字，记录了你们三年的求学生涯，也记录了你们与同窗好友心与心的交流。很遗憾，当我读你们写下的文字的时候，既失望又难过，你们并没有向我传达出这样的情感。我想，这其中一定有某种误会，是不是同学们认为这样的赠言没有意义？

**生**：不是。

**师**：是不是很多赠言写得枯燥乏味，让我们读起来很疲劳？是不是觉得告别不应该如此煽情？

**生**：是的。

**师**：那么，今天让我们一起来探究一下如何写好赠言？（学生掌声）其实，一句好的赠言，能让朋友铭记一生；一句好的赠言，也能改变彼此的看法。我们先看看这句赠言。

（屏显）

我在天空中写下对你的祝福，却被风带走了；我在沙滩上写下对你的祝福，却被浪花带走了；我在雪地里写下对你的祝福，却被阳光带走了！但我还要祝你快乐！

（学生大笑）

**师**：笑过之后，同学们觉得这样的赠言写得怎么样？

**生**：这种赠言带有嘲笑的感觉，不适合别离的情境。

**师**：对的！赠言是严肃的，友情是真挚的，它不容许夹杂任何杂质，它是人世间最珍贵的宝石。那么我们一起来看看屏幕上呈现的赠言写得如何？

（屏显）

让风吹走你的忧愁／让雨洗掉你的烦恼／让阳光带给你温暖／让月亮送给你温情／让友情赋予你快乐！

**生**：这样的赠言写得很假！

**师：**说得好！赠言应是发自内心深处的呼唤，赠言应是出自你最真诚的祝福。也许你的笔是笨拙的，但你的心却是真诚的。赠言应是独一无二的，如同你们的友谊！那么，请你们看看屏幕上呈现的这则赠言写得怎么样呢？

（屏显）

祝你前程似锦！祝你考上理想的学校！祝我们的友谊地久天长！在告别的日子里，祝你永远健康快乐！

**生：**写得太简单了吧！

**生：**这样的赠言让人感觉千篇一律，没有新意。

**三、真情表露，感悟赠言**

**师：**也许写下以上句子的同学，他们也想表达自己最真诚的祝愿，但对于中学生而言，这样的赠言写得太平淡了。那好的赠言应该是什么样的呢？

**生：**好的赠言应是发自内心的。

**生：**好的赠言应是真情实感的表达。

**生：**好的赠言应有一定的新意，不能太平淡。

**师：**同学们总结得都很好。其实，我们已经学习了很多好的赠言，只不过都忽略了这些曾打动过我们心扉的句子。

（屏显）

李白乘舟将欲行，忽闻岸上踏歌声。桃花潭水深千尺，不及汪伦送我情。

——李白《赠汪伦》

**师：**多么让人感动的深情，千尺的潭水不及汪伦的情谊，其实像这样的句子我们学过很多。让我们一起来吟诵:“莫愁前路无知己,天下谁人不识君?”“劝君更尽一杯酒,西出阳关无故人。”“海内存知己,天涯若比邻。”“长风破浪会有时,直挂云帆济沧海。”……老师也用自己笨拙的笔记录下了与同学们在一起的那些往日时光,唯愿我真诚的祝福,能带给你们一生的快乐。

(教师一边读,一边交还学生留言册)

赠李倩:难忘你在赛场上奋力拼搏的身影,难忘你在郊游时的淡定从容的姿态,你的大将之风至今让我记忆犹新,愿你在今后的岁月中永远这般自信。

赠王诗意:三年来你灿烂的笑容是不变的风景,真诚地祝你在未来的日子里,笑口常开。

……

## 四、创新表达,提升赠言

**师**:在我写下这些话语时,浮现在我眼前的是一个个鲜活的面孔,这才是落笔时的真情。那么我们如何使自己写的赠言更新颖呢?其实写好赠言的方法我们都学过。

(屏显)

亭亭山上松,瑟瑟谷中风。
风声一何盛,松枝一何劲!
冰霜正惨凄,终岁常端正。
岂不罹凝寒?松柏有本性。

——刘桢《赠从弟(其二)》

**师**:这首诗运用了什么写作手法?

**生：** 这首诗采用了托物言志的写作手法。

**师：** 对！赠言中也可运用托物言志的写作手法，让我们的赠言更具诗意。比如《赠刘诗雨》："你天生就有娴雅气质，使得你在别人的心里长久存在。你像那山间的百合，清雅留芳，注定永恒。"当然，还有一些赠言写得比较诙谐，下面我们来看看屏幕上呈现的某高校的赠言。

（屏显）

虎狼声声啸，人生任逍遥。

——生物系

商海一声笑，滔滔两岸潮；挣赔随浪，只记今朝。

——经济系

**师：** 这样的赠言能够博得我们一笑，同时它又向我们传递了怎样的信息？

**生：** 写赠言时可以借用名言警句。

**生：** 借用别人的诗句创造出属于自己的赠言。

**师：** 说得好！它山之石，可以攻玉。只要出于真情，借用又何妨？关键是不要简单地复制别人的内容。现在我们一起来朗读一下下面这则赠言。

（师生共同朗读）

赠王豪："三军可夺帅也，匹夫不可夺志也。"你壮志在胸，理想在怀，纵然波浪滔天，也摧折不了你远航的桅樯！

赠陈丝雨：悲欢离合，千里婵娟共祝愿；心心相印，海内知己若比邻。

**师：**这则赠言就是借用名人名言来写的，很好地表达了自我的真情实感。现在我们再来看看某高校的离别赠言两则。

（屏显）

毕业时节雨纷纷，毕业生们欲断魂。试问前途何处有，学生遥指中关村。

——计算机系

去年今日此屋中，学生课堂相映红。学生即将离校去，课堂依旧笑春风。

——中文系

（学生再次大笑）

**师：**以上离别赠言给同学们又提供一种写好赠言的思路，那就是可以化用古典诗词创作小诗，这种充满诗情画意的小诗足以让人铭记一生。此处，还有自题小诗的形式。

（屏显）

赠李华：桃李不言气自华，下自成蹊无须夸。快马扬鞭自此始，他年前景美如画。

赠欧阳拓：男儿本应当自强，莫负须眉铁脊梁。拓本虽好缺情意，唯有开拓意味长。

**师：**通过以上写作示例，我们学会了很多创新方法，下面一起来归纳一下。

（板书）

创新形式——转借（化用）古诗词名句、名人名言、名言警句、俗语、自题小诗……

创新手法——骈散结合、托物言志、比喻、拟人、对偶……

## 五、诗意情怀，升华赠言

**师：**我们再来看看古人是如何将赠言写得充满诗情画意的。

（屏显）

武林门外送行舟，万种离情逐水流。今夜月明何处泊？天涯回首不胜愁。

——〔明〕蒲枋

**师：**诗人诗意地表达赠言会让人格外沉醉，人应当诗意地栖居，也应写出诗意的祝福。对于赠言，我们在注重唯美用词的同时，更重要的是赠言的内容。形式永远是为内容服务的，只有将形式与内容完美地结合，赠言才能更具魅力。所以，请让我们诗意地告别，记录我们共同走过的美好岁月，让它永远地停留在充满情意画意的文字里，镌刻在我们的记忆里。

（屏显）

如果还有什么值得留恋——在这杨柳依依的时候——那么，请用一首诗告别！让我们躲在词语的背后，谁也不用露面，隐藏起不由自主的失声，这样多好，至少，一部分被各自完好地珍藏；另一部分被我们忘得干干净净。

如果还有什么值得留恋——在这分分合合的时代——那么，请用一首诗告别！让我们变成一个个厚重的词语，一朵朵带雨的云彩，一颗颗忧伤的明珠，这样多好，至少，你的前半生有人疼爱，后半生有人牵挂。

**师：**让我们精彩地告别，留一朵绚烂的勿忘我，让彼此铭记一生。下课!

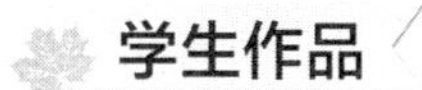

## 学生作品

### 离别赠言暖我心

回首已逝去的三年时光,几许离愁蓦然于心,那一句句饱含着师恩的“赠言”,已成为我最温暖的记忆。班主任很严厉,我们暗地里称他为“涛哥”。涛哥常说的一句话是:“我不会放弃任何一个学生。”班上的调皮鬼特别多,这不,熊传辉偷偷将老班放在讲台上的手套拿走一只。面对这样的窘境,涛哥不仅不生气,反而说:“这只手套看来会走路,我倒要看看它走到哪里去了。”全班同学哄堂大笑,弄得熊传辉不好意思了,只好将手套偷偷拿出,我们都以为老班会严厉地批评他,不承想,他只说了一句,“你们太调皮了”。但太调皮的又何止一个呢?刘政吃了熊心豹子胆,居然敢在涛哥的课上与后排的人说话,我们都以为他被抓住后一定会被涛哥批评一顿,然而涛哥只是微笑着说:“你回头做什么,是回眸?还是一笑?难道是回眸一笑百媚生?”我们被这种批评方式逗笑了,也正是在这样的笑声中,我们明白了一位班主任对学生的期盼。三年来,这种不气馁、不放弃的教育精神成为我们心中最动人的风景。

物理老师最有趣,我们直呼其名为“森哥”。森哥常对我们说的一句话是:“要保持对每门学科的兴趣。”而为了让我们保持对物理学科的热情,自黑式的“森式”幽默不断地上演着。记得有一次学平面镜成像知识，作业上有一道物理题是一只憨态可掬的胖熊猫抱着竹子在照镜子。正当我们苦思冥想如何表达自己的观点时，只见森哥突然叉开两腿，向下蹲，左手扶腰，右手举着黑板擦背对着我们，扭过头来对我们说："现在我就是那只胖熊猫！"全班同学瞬间被逗得开怀大笑，对这个知识点的印象也更深刻了。两年里，这样的笑声不断地上演着，这是值得我们铭记一生的"赠言"。

数学老师"昌玉姐"经常说的一句话是："一分耕耘，一分收获。"她的普通话不标准，让我们时常忍俊不禁。她一边比画一边说："这两个尖尖国（角）……"讲台下的我们一听到这里就笑了。"题目的条件都给出来了，就像我们拿碗一样，拿碗干什么？七（吃）饭啦！"我们笑得更欢了，其实心里都知道，老师不是不会说角ABC，而是为了让我们更好地理解知识点。说来也怪，每次做题只要看到比较尖的角时，总会不由自主地想到昌玉姐的"尖尖国（角）相等"，然后一边笑，一边根据题目给出的条件去"七（吃）饭"。我们明白，这正是她送给我们最好的"赠言"。

其实每一位老师的"赠言"都很感人。离别的笙箫已然响起，感谢这一路上有你们的陪伴，感谢那温暖我心的"赠言"！

（此课例荣获"新作文杯"全国第三届作文教学"创课"比赛特等奖）

# 摹山范水，游记情长

江西赣州·许志萍

## 创课缘起

古人说，读万卷书，行万里路。这句话告诉我们，“阅”水“读”山，是学生认识世界的一种方式，但现在很多时候旅游只是走一走，看一看，拍一拍，鲜有用文字记录足迹的。众所周知，唯有文字才能抒发情感，留下恒久不变、永不褪色的记忆。正如作家徐驰所说，“游记，这实在是一种了不起的文学体裁。它不仅可以让你留存记忆，让你常读常新，更可以让未曾游历的人跟随你亲历山水、一同感受”。那么，我们能否以游记为载体，教会学生摹山范水，游记情长呢？

## 创课思路

本节课的教学目标是以游记为载体让学生熟练掌握游记的写法。为此，首先，我通过贴近学生经历的谈话，激发学生对游记的学习兴趣和写作欲望；其次，用范文引路，引导学生边读边悟，通过对古今几篇游记的解读，找到游记的写作规律和特点，即抓住一条线索，展现一处美景，抒写一缕情思；再次，把写作空间还给学生，与学生交流，指导学生根据自己的游行经历，摹山范水，诉说情深意长，进行游记写作；最后，以学生的游记为范例，进行生生互评、师评游记，在学生的游记里“阅”水“读”山，感受游记里的情深意长，启发学生思考，让学生发现问题。

游记要想写得美好而自由，不是远离生活现场的“抽象写作”和“观念写作”，而是要从我们现实生活中去体验、去感悟。我期望借助游记，教会学生从心而写，自由抒发真情实感，写出情深意长的佳作。

## 教学现场

（说明：课前教师将印有《大理苍山开心游》和《记承天寺夜游》的资料发到学生的手中。）

### 一、谈山论水，唤醒记忆

**师：**同学们，我想你们一定都有这样的经历吧！领略祖国大好河山，亲近故乡的青山绿水。（学生自由汇报）每一次旅途都是一段美好的记忆，你们想把这样的记忆永久珍藏吗？

**生**（齐）：想。

**师：**那就让我们试着用文字去记录我们的足迹。因为唯有文字才能抒发情感，留下恒久不变、永不褪色的记忆。这节课就让我们一起来学写游记，珍藏那些宝贵的记忆。

（屏显）

游记是对旅行进行记录的一种文体，现在多指记录游览经历的文章，摹山范水，往往会展现一处美景，抒写一缕情思。

**师：**每一篇游记的背后都潜藏着一段或甜或苦的旅程，一处或明或暗的山水，一缕或喜或悲的情思！今天，就让我们走进游记，学写游记。

## 二、边读边悟，品析写法

范文一：

### 大理苍山开心游

我曾经观看过一支舞蹈《雀之灵》，它深深地吸引着我。一位婀娜多姿的舞者翩跹起舞，柔美而生动的舞姿，让我感受到艺术的美。妈妈告诉我，这位舞蹈家是云南白族舞蹈家——杨丽萍。从此，我知道了云南，并十分想去那彩云之南看看。

去年国庆节，我终于圆了彩云之梦。妈妈和我到达第一站——大理。据导游介绍，大理的自然风景可以概括为一幅画——风花雪月图：下关风，上关花，苍山雪，洱海月。我真想一下子就跳进画中。

上午，我们直奔苍山。仰望苍山，山势陡峭，拔地而起，山上怪石嶙峋，绿树成荫。我们乘坐索道车，一口气到了海拔三千多米处。远眺山间，传说中的玉带云神奇地出现了：山峦之间一条乳白色的云带，长长一片，像仙女织的锦缎，飘在半山腰，我们仿佛进入了仙境。我们继续攀登，乘着风，踏着云，不时传来几声小鸟的鸣叫，好似在为我们加油。

走着走着，远处隐隐传来"哗哗"声，我们赶紧加快脚步，我更是一路小跑，充当急先锋。突然，我眼前一亮，一股洪流顺着山崖直冲而下，在太阳的照射下，像是空中的彩练，珠花迸发，犹如巨龙吐珠，冲入潭中，激起无数的浪花。满是青苔的石壁上刻着三个大字——洗马潭。我把手伸入潭水里，一种冰凉的感觉瞬间遍布全身，爬山的劳累顿时消失得无影无踪。

说话间，我们来到了苍山顶峰。向远处望去，周围的山峰连成一片，像一支阵容强大的军队。远处山脚下的洱海，犹如一条银丝带，从遥远的天际蜿蜒而来；洱海又像一面梳妆镜，满天的白云和青山都倒映在镜中，云影在徘徊，山峦倒立在水中，一丝丝青色透出诗情画意。围在洱海四周的白族民居，守护着这片美丽的山水，此间山水顿时添了几分人气与活力。此时，我突然想到了唐代诗人杜甫的诗句："会当凌绝顶，一览众山小。"

随后的几天，下关山口，令人神清气爽的风吹着我的面颊；在上关，我躺在广阔开满鲜花的草原上，望着蓝天白云发呆；洱海边，在一轮玉盘般的圆月衬托下，我觉得世界是那样静美……我爱苍山洱海，我爱云南的好风光。

**师：**请大家自由朗读这篇《大理苍山开心游》，在朗读的过程中跟随着作者的脚步去感受大理苍山的无边美景。边读边思考：这位作者在游记里都写了些什么内容？是按什么思路来写的？你从中感受到了怎样的情感？（学生朗读并思考）哪位同学来回答一下老师刚才提出的问题？

**生：**作者给我们勾勒出一幅诗情画意的大理苍山风景图。

**师：**你能说得具体一些吗？

**生：**他选取了仰望苍山、亲近洗马潭、俯瞰苍山这三处具有代表性的景点，让我们领略到了彩云之南的民俗风情。

**师：**你概括得很到位，那他又是按什么思路来写的？

**生：**他是沿着自己旅行的路径来写的。

**师：**说得真好。确实如此，游记经常以自己的游踪为线索，这是写游记最简单的结构方式，其间要做的一项重要工作，就是对素材的取舍和详略的安排。很显然，去一趟彩云之南，可写的内容还有很多，而作者仅写了仰望苍山、亲近洗马潭、俯瞰苍山这三处有代表性的景点，来展现苍山之美。（板书：抓住一条线索，展现一处美景）谁还能说说你从文中体会到了怎样的情感呢？

**生：**文中作者写到“我爱苍山洱海，我爱云南的好风光”这样的句子，直接抒发了作者对苍山洱海、对祖国河山的热爱。

**师：**你真棒，抓住了文章的结尾句，读懂了作者抒发的情感。这种情感只能在这句话中读到吗？

**生：**不是，这种情感流露在字里行间里。

**师：**是的。我们要想把游记写得动人，还得融入自己的情感，抒写一缕情思，表达一份真情。

（板书：抒写一缕情思）

**师：**请同学们再来读一读课件上我们学过的课文《记承天寺夜游》，并试着从游记写作的角度来解读一下。

（屏显）

范文二：

### 记承天寺夜游

苏　轼

元丰六年十月十二日夜，解衣欲睡，月色入户，欣然起行。念无与为乐者，遂至承天寺寻张怀民。怀民亦未寝，相与步于中庭。庭下如积水空明，水中藻、荇交横，盖竹柏影也。何夜无月？何处无竹柏？但少闲人如吾两人者耳。

**师**：苏轼的这篇简短的游记是如何写的？请具体说一说。

**生**：此篇游记写作线索很清楚，而且运用多种写作手法，不仅有写景描写，还有议论、抒情描写。

**师**：是的，老师以前在课堂上讲过这些写作手法。由此可见，无论是古代大家之笔，还是我们的同龄之作，要想写好游记都应抓住一条线索，展现一处美景，抒写一缕情思。

## 三、摹山范水，提笔记游

**师**：游记，它不仅可以让你留存记忆，让你常读常新，还可以让未曾游历的人追随你的笔触亲历山水，一同感受山水带来的独特体验。如果你要写一篇游记的话，那么你想写哪方面的内容呢？

**生**：我想写和爸爸妈妈一起去黄山旅游的经历，它让我真正领悟到了“五岳归来不看山，黄山归来不看岳”的意蕴。

**生**：我想写故乡的山水。在我眼里，故乡是最美的。

**生**：我想写自己从小生活的农村老家。因为那里有我许多童年的记忆。

**师**：你真是个好孩子，这些都是你可以珍藏的美好记忆。接下来的时间交给大家，用笔去摹山范水，在游记里诉说你的情深意长。

## 四、“阅”水“读”山，游记情长

1. 生生互评游记：帮助学生更好地发现问题。一个教师的精力、时间总是有限的，大多数时间里不一定能做到面面俱到，难免会有疏漏，学生之间互评可以较高效率地挑出大毛病，更有助于教师发现问题。

2. 教师点评游记。

（说明：学生互评游记，教师选择优、差两种类型的游记进行点评，从优秀的游记里发现亮点，树立积极榜样；存在较大问题的游记，要在找典型不足的同时发现亮点，以鼓励为主。）

## 学生作品

### 宋城墙随想

春风徐徐拂来，杨柳依依飘起，城墙上铭刻的字符，诉说着宋城赣州悠远的历史。此情此景，愿一壶浊酒，长醉不复醒。

——题记

早就听说赣州有四古：古石窟，古浮桥，古瓷窑，古城墙。今天我来到仰慕已久的古城墙，终于可以一睹它的真容。赣州至今保存完好的宋城墙位于江西赣州老城区，章贡两江合流之处，由北宋时期孔宗瀚主持修筑。虽已是千年老人，却仍不减当年芳华，向人们悠悠诉说宋城曾经的辉煌！

远远望去，宋城墙犹如一条巨龙，蜿蜒曲折，环绕着赣州老城，好似温暖呵护孩子的母亲。而纵观悠悠历史，也确实如此。千年来，赣州城只为一人破，这使赣州赢得“铁城”之美誉。这环城护卫的城墙，用自己伟岸的身躯，为赣州抵挡了一次一次水火与硝烟的攻击，即使到了最后一刻，都不曾放弃自己的孩子，她是赣州城永远的母亲！

走上城墙，可纵览赣江美景，更令人惊奇的是可以看到章贡二水合流之胜境。清风徐来，水波兴起，让人拂面生凉，好生惬意。踩着脚下有些凹凸的砖石，漫步向前，感受着幽幽岁月间人们踏石留痕的印迹，伸出手掌轻轻触摸着青苔遍布的石墙，细细凝视，品味岁月流转中凝聚的心血，千载时光流逝，而这城墙始终屹立如山！

仔细看墙面砖体，可以发现上面刻着许多铭文字符“光绪庚子年重修城碑”，“乾隆伍拾壹年城碑”……为何宋城墙能历经风雨却屹立不倒？我想在“一砖一石皆留名”的严苛质量监督下，也倾注了工匠们的智慧与心血，将这一砖一石构筑成赣州特有的不可复制的瑰宝。心中的敬意油然而生——这是古代人民耗费巨大的人力、财力、物力所筑，历经千年不毁，是古代人民心血与汗水凝结而成的结晶！

走下城墙，沿河漫步，向上仰望宋城墙，更显宋城墙风姿，犹如一位庄严的学者。饱尝世间沧桑，阅尽人情世故，知晓前尘往事，静候未来风云。

不觉间，夕阳西下，斜晖脉脉，映照在宋城墙上，她犹如一位安详的老人。我愿宋城墙老人，福寿安康，容颜永驻，为我们的子孙，继续诉说这一段辉煌而悠久的曾经……

铭文砖砌赣州城，北宋砖早迟晚清，砖字写墙十三里，千年诉说史衰兴……

——后记

（此课例荣获“新作文杯”全国第三届作文教学“创课”比赛一等奖）

# “旧瓶”也能装“新酒”

云南昆明·和志茹

## 创课缘起

我所教授的对象是七年级学生，从每次的考试作文和平时的随笔写作情况来看，大多数学生写作中存在着没有主题或多主题，文、题不符等情况，但较为突出的是对立意与选材的关系认识不清的问题，针对这种情况，我认为很有必要就如何对命题作文的快速立意与选材，给学生上一次写作指导课。而要想快速立意，最好的办法就是从已知的一些主题入手，然后围绕这些主题，选择写自己的事，但是只有理论显然是不够的。

电影《我和我的祖国》的叙事结构，以及它在立意和选材上的构思，让我找到了教学的抓手。我把电影《我和我的祖国》要表达的主题当作一篇作文的立意，七个故事成为围绕这个立意的素材，向学生直观地展示电影的主题，即为“旧瓶”；而七个故事却是不为大众所熟悉的事例，即为“新酒”。这样，不仅能做到快速立意，而且立意较高，选材也不易跑偏。

## 创课思路

为了让学生的学习真实地发生，首先得让学生弄明白电影故事的立意与所叙述事件之间的关系，所以我以选材要围绕主题入手，调动学生学习的积极性。首先，我让学生为《夺冠》故事选海报，开启学习之旅；其次，我让学生找出电影中七个故事的关联点，引出对“‘旧瓶’也能装‘新酒’”的认识；再次，依据这样的思路，我再用电影《我和我的祖国》中的一个故事去帮助学生认识所谓立意之“旧”，和故事之“新”；最后，组织学生就立意与选材的关系，互评近期作文，再用2019年的几个较为优秀的作文题，帮助学生提升快速立意与选材的能力。

## 教学现场

### 一、回顾电影情节

#### （一）认清标题与选材的关系

1. 挑选海报

（屏显《夺冠》海报此处略）

问题：请选择一幅与《夺冠》故事内容最为契合的海报，并说说理由。

明确：通过这个活动，学生体验到电影宣传海报所描绘的画面与电影故事情节要表现的主题是息息相关的。一个故事的标题，恰恰是最能表现这个故事的中心思想，也就是我们所说的主题。明白选择什么样的故事来表达，是要依据故事的主题进行的，不能脱离或者游离在故事的标题之外。

（1）主题判断

选择一：画面的主角是小美母女。从母女情深、温情脉脉的样子来看，这幅海报的主题应该是讲母女亲情的，但它没有直观地表现“夺冠”这一主题，所以不选。

选择二：这幅海报的主角是成年后身着国家队运动服的东东。在电影中东东是贯穿整个故事的线索人物，《夺冠》这个题目与他息息相关。幼时为看女排夺冠，东东失去了与小美话别的机会。成年后，获得乒乓球冠军的东东不仅再次遇到小美，也见到了儿时的偶像——郎平女士。故事围绕明暗两条线展开，暗线是中国女排精神带给个人的激励作用，明线是围绕着东东个人的成长历程，从儿时的乒乓球队的训练到长大的乒乓球赛的夺冠。无论是明线还是暗线，都紧紧围绕“夺冠”这一主题展开，所以确定选这幅海报。

选择三：画面的主角是成年后的小美——一名优秀的海归物理学博士。主题讲述的是华裔青年如何自立自强成功成才的故事，也许也有她在物理学上的“夺冠”，但海报内容没有直观地表现出来，所以不选。

（2）总结归纳

综上所述，根据电影的内容，应该选择第二幅海报。这就告诉我们，要表达的观点，要与所叙述的事件密切相关，这样才能突出主题，让读者对你想表达的内容了然于心，并与你产生共情，这样的作文才有价值。

**（二）明确材料间的关联**

问题：谈谈七个故事间的联系。

明确：七个故事分别为：《前夜》《夺冠》《相遇》《北京你好》《白昼流星》《回归》《护航》。通过这个活动，学生认识到所叙述的故事是紧紧围绕主题展开的，其中最能表现主题的故事要进行详写，否则一笔带过。同时，故事的叙述要按照一定的顺序来安排，比如时间维度和因果逻辑关系。

1. 学习小组内梳理概括每个小故事的主要内容

活动支架：（6个学习小组分别填写空表格，并完成梳理）

| 故事 | 时间 | 故事背景 | 主要人物 | 主要情节 | 梳理共性 |
|---|---|---|---|---|---|
| 《前夜》 | 1949年9月30日 | 开国大典的前夜 | 工程师（黄渤饰） | 克服重重困难，保证完成任务 | 要表达的主题：个人命运与祖国命运是紧密相连的，我们要热爱我们的祖国，并为祖国的发展最大限度地贡献自己的力量。<br>关键词：奉献、不求回报、爱国 |
| 《夺冠》 | 中国体育走向强大 | 女排夺冠、乒乓球赛夺冠 | 东东（乒乓球冠军） | 为祖国的乒乓球事业奋勇拼搏，实现儿时的“夺冠”梦想 | |
| 《相遇》 | 20世纪60年代 | 造原子弹 | 研发原子弹的科学家 | 为祖国的核事业，主人公奉献了宝贵的青春和生命 | |
| 《北京你好》 | 2008年 | 北京奥运会 | 北京大爷 | 为祖国的体育事业，表现出北京大爷的担当 | |
| 《白昼流星》 | “神舟五号”回收 | “神舟五号”上天 | 扶贫干部 | 为祖国的扶贫攻坚工作，默默奉献，不求回报 | |
| 《回归》 | 1997年7月1日 | 香港回归 | 修表工匠 | 为了实现祖国的统一，小人物作出了巨大的贡献 | |
| 《护航》 | 10月1日 | 国庆典礼 | 女飞行员 | 为了国庆大典的圆满完成，放下个人的名与利，甘当“护航”员 | |

2. 梳理七个故事之间的逻辑关系

问题：导演为什么要把这七个故事放在一起来讲，它是按照什么顺序展开的？

明确：《前夜》《相遇》《夺冠》《回归》《北京你好》《白昼流星》《护航》这七个故事是按照时间顺序展开的，都表现的是个人命运与国家命运是密不可分的这个宏大主题，选取了那个时代背景下具有代表性的故事来叙述，而且每个小故事的内在逻辑都是因果关系。

## 二、命题作文的快速构思：“旧瓶”也能装“新酒”

### （一）看图说话：探究作文如何出新

通过观察图画（三个不同的酒杯，装有不同的酒），学生直观地发现，所谓作文的“出新”，就是在所选的材料符合立意的前提下，选取的事例是真实可感的。

命题作文如何快速构思，关键在于作文的核心——立意，选择大家熟知的一些道理来给作文立意，这样就会提高作文的深度，从而呈现出较高的写作价值。比如电影《我和我的祖国》的立意：个人命运与国家命运是密不可分的。这一观点学生在道德与法治课上早已学过，但是对初中生来说，去深度认识这个观点是需要体验的，电影就很直观地展现了这个观点，学生通过观看电影，可以真切地感受到这个观点的深刻内涵。这个已知的观点不过是个“旧瓶”，被装上了这样几个不为人所知的故事再讲述出来，观众不仅不觉得枯燥乏味，还被故事情节深深地打动。因此，除了明白“旧瓶”可以装“新酒”的道理之外，学生还要思考一下“新酒”如何出新。

### （二）“旧瓶”之旧，“新酒”之新

活动要求：在《我和我的故事》中所叙述的七个故事中，你任选一个故事，说一说，它的立意与所述的之事（选材）的关系。

1. 故事叙事

以《前夜》为例，表达了作者对工程师为了祖国的荣耀，兢兢业业地工作，克服重重困难，最终保证了开国大典这一庄严的历史时刻能顺利完成的赞美之情。围绕这个主题，作者主要写了三件事——

（1）升旗不能保证万无一失。（略写）

（2）客服重重困难，进行试验，找到问题所在。（详写）

（3）克服恐高症，在大家的帮助下，爬上旗杆，焊接金属球，保证了开国大典上升旗的万无一失。（次详）

2. 所叙述的材料，是按照时间发展的顺序来展开的，第二件事之所以详写，是因为它最能突出这个主题，并且在“重重困难”上下足了功夫，让人看到了工程师面临的各种困难，以及在克服这些困难的同时，工程师为国庆大典这一庄严时刻能顺利完成所付出的努力，也侧面让观众感受到团结的重要性。

3. 小结

所谓“旧瓶”之“旧”就是已知的观点和道理，而“新酒”之新，就是要在细节上细致刻画，打动人心。对于我们的作文而言，我们需要选取真实的事例，细致地描摹其细节，尽力地在细节上出奇制胜。

（三）近期作文点评

活动要求：就选材和立意的关系，学习小组内展开作文互评。

1. 以小组为单位，内部至少互评两篇，并给出意见。

2. 拿到自己的作文本，立足立意和选材，结合同学给出的意见，为自己的作文拟写提纲。

3. 小组代表交流、展示，教师点评。

## 四、课堂小结

1. 命题作文写作过程之搜索“旧瓶”

“旧瓶”为已知的观点、道理，搜索“旧瓶”就是依据题目，找到契合题目的立意。

2. 命题作文写作步骤之定位“新酒”

“新酒”为新近发生的事，定位“新酒”：依据立意找到能突出立意的新发生的或亲历的事，强调细节，组织材料（安排顺序、详略）。

## 五、作文训练场

在下列中考作文题中，你任选其中一个，写出它的立意与选材。根据作文题目，你从已知的认识中去寻觅恰当的立意，写在作文本上，并围绕这个认识，梳理并确定真实发生的事情，要注意安排好顺序和详略。

（屏显）

1.《做一个诚实的人》——2019年陕西

2.《谢谢你，使我成为更好的自己》——2019年山西

3.《钥匙》——2019年江西

4.《真的有意思》——2019年江苏盐城

5.《致敬奋斗的时光》——2019年江苏南通

## 学生作品

### 谢谢你！使我成为更好的自己

有人说，“好朋友就像一面镜子，能照出自己身上的缺点”。的确，从小佳身上，我学到了很多，让我成为更好的自己。

“小洁，你的东西又忘拿了！”小佳追上我，边说边一脸“嫌弃”地把东西递给我。

落东西这个毛病，对我来说，仿佛是与生俱来的，怎么都戒不掉。看着小佳汗涔涔的脸，我只能无奈地笑着说，“又多亏你了！不然明天交不上作业，我又得挨批啦”！

“让你放学的时候，对照着家庭作业本检查一遍，你怎么老记不住呢?”“我这不是有你吗?”我知道她又要开启“唐僧”模式了，赶紧打断她。在我面前，她好像总免不了“苦口婆心”一番。与她“抬杠”，也仿佛成了我的乐趣之一。都说“物以类聚”，其实，我和小佳并不是一类人。小佳是老师眼里的好学生，成绩好，纪律好，体育好，乐于助人……总之，好学生该有的特征，好像都被她占尽了，而且还长得漂亮。而我呢?只有我知道，为了考上这所学校，妈妈不知花了多少补课费，每个周末往返40多千米接送我。

进入初中后，我发现优秀的同学太多，像我这种“突击队员”就成了老师的重点关注对象。小佳就是老师指定给我的“学习伙伴”，换句话说，就是个“管”我的人。

一开始，我以为她每天“盯”我，就是为了完成老师的任务，所以很反感，可她好像不知道我的心情，总是一下课就让我抓紧时间做作业，甚至连上厕所都要经她“批准”，否则她会扯着嗓子大声喊“小洁，你的××作业做完了拿来让我检查一下”。我真的有点招架不住她，可是我的成绩却直线上升，所以，对她的管束我就只有“忍”了。

“小洁，你总是这样丢三落四的，不知道的还以为你总是找借口不认真学习呢，其实我觉得你比我聪明多了……”我是听错了吗？“是的呀，我几乎每个课间都在做作业，可是你虽然经常一下课就往外跑，但是依然能按时完成作业。而且，你知道吗，我觉得你的高谈阔论也很有意思，甚至有时候佩服你如此的见多识广。”我不由得看向她，刚好迎上了她的目光。她微微一笑，倒让我有些脸上“发烧”。“小佳，你的优点太多，我实在数不过来，你就不要调侃我了，我接受你的监督还不成吗？”“好了好了，不要相互吹捧了，快走吧！”她笑着挽起我的胳膊，我们一起向教学楼外走去。

我不由得暗暗佩服小佳，明明是那么优秀的学生，却能真诚地去赞美别人；明明是学习认真，却还反思自己效率不高；明明是老师布置的任务，却一直认真地坚持，我的成绩不就多亏了她吗？有这样的一位伙伴，真好！

走出教学楼，眼前的山茶花红得更加耀眼。小佳，谢谢你！使我成为更好的自己。

（此课例荣获“新作文杯”全国第四届作文教学“创课”比赛一等奖）

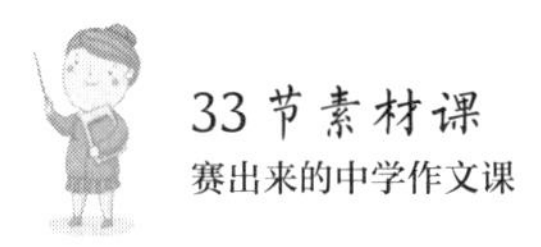


# 置物为线叙实事　以画促写抒真情

广东珠海·孙北平

## 创课缘起

为了激发学生观察生活、投入写作的热情，给学生提供写作视角和思路，训练和发展学生的写作思维，我校开展了初中语文“以物构思”作文微课程建设研究。本设计便是该校本课程的教学设计之一。“置物为线”是指借某种事物，作为思维起点，勾连记忆、展开叙事、抒发感情的一种作文构思方式。本节课，我结合了绘画和写作这两种表现方式，以画激情引趣，促写抒情言志，拓宽学生作文叙事视角的同时，增强学生素材加工、布局谋篇的能力，从而逐步提高学生的思维水平。

## 创课思路

课堂由四个教学环节组成，层层推进，呈螺旋式上升趋势。首先，教师以一个小物件为载体，即圣诞玩偶图书，让学生深入观察这个小物件，讲述其背后的故事，激发学生观察生活的兴趣，指导学生观察事物；其次，教师拿出自己的手绘画作，引导学生如何将绘画与写作有机结合起来，同时指导学生画一件自己熟悉的物品；再次，教师引导学生为自己的画写一段有人物、有情节的文字，并从立意的角度提炼出成长主题，抒发真情实感；最后，教师总结物件选取和设置物线的方法，让学生在写作中树立以物构思的意识，做到言之有物，提升其写作能力。在课堂训练的过程中，教师要注重引导学生观察生活，善于寻找身边的物件来参与叙事、塑造人物、推动故事情节发展，培养运用线索构思内容的写作意识，并能结合自身成长选取素材、布局谋篇。

## 教学现场

### 一、观物·激情引趣

（说明：教师分享圣诞玩偶图书背后的故事，激发学生观察生活的兴趣，即说一说。）

图一　教师作品——可以打开的书

**师：**同学们，看一下老师手中拿的是什么呀？初看，它是一个很平常的圣诞玩偶挂件。拉开拉链时，你会发现它是一本介绍圣诞节的英文绘本——它是我给孩子买的众多英语绘本中的一本。孩子刚看到这本绘本时，被圣诞老公公憨态可掬的外表所吸引，喜欢不停地拉开拉链，让我给她讲里面的故事。现在想来，陪孩子学习英语的情景还历历在目呢！

（屏显）

有些物件，搁在手里摩挲，唤起了一段往事。寻常的小物件之所以会让人念念不忘，是因为它承载的珍贵的事和情！大抵是些美好的、温暖的往事，才使得冷物有情。

**师：**这节课我们将借助身边寻常的小物件来学习写作。

（说明：置物为线，叙实事。教师抛砖引玉，激发学生观察生活的兴趣，引导学生手绘令自己印象深刻的小物件，观照自己的成长经历。学生在脑海中搜寻物件的同时，一幕幕故事场景鲜活起来，一个个人物形象站立起来。）

## 二、绘物·忆往抚今

（说明：教师拿出自己的手绘画作，引导学生回忆令自己印象深刻的物件，即画一画。）

图二　教师作品——可以打开的画

**师：**第一幅画，看起来画的是一辆普通的自行车，当老师把画展开时，同学们发现了什么呢？原来它是一辆多人自行车。它是我们一家人在海边散步时，孩子看到路边有个出租自行车的摊位，就吵嚷着要骑自行车，可当时他年纪太小，所以我们只能一起骑有后排座的篷车。后来，随着年龄的增长，他的脚终于可以踩到踏板了，便坐在我和他爸爸中间的座椅上骑行。为此，他高兴得不得了！

（屏显）

也许你也有这样一个可以打开的小物件，它可能是一封信，里面的内容已全然忘记，你只记得两个地址之间，曾有过一段友谊；它可能是一张证书，稀里糊涂的你成了三好学生，可是除了成绩好以外，其他的优点你都忘了；它可能是一件小玩意，已不复当年勇，已失去了当年的模样，这些全都拜你所赐……现在，就让我们一起来画一个只属于你自己的小物件吧！

（说明：以画促写，抒真情。以画促看，增强了学生的观察能力；以看促写，激发了学生的写作兴趣；以写促思，提升了学生的思维能力。绘图写作，是根据学生喜爱画画、想象丰富、好奇心强的特点，将画画与说话、写作有机结合的一种学习方法。努力挖掘“图”的作用，写作过程必将变得绚烂多彩，认真落实“文”的训练，写作教学才不会偏离自己的轨道。）

## 三、写物·分享成长

（说明：教师指导学生为手绘物品配文字，说明相关的人物、事件等，即写一写。）

**师：**有没有同学自告奋勇来展示一下你的绘画作品？

**生：**老师我可以。

师：请读读你的文章。

图三　学生作品——音乐盒

（学生作品成果展示）

我画的是一个粉色的音乐盒。我为它取名为“旋转天鹅音乐盒”，只要我轻轻地转动它，它就会奏出美妙的音乐声。我在上小学时，和死党韬韬住在同一条街上。我家开服装店，他妈妈在理发店工作，这两家店紧紧地挨在一起，这种缘分成就了我俩“战友”般的情谊。开理发店的叔叔有一个智力低下的女儿叫涵涵，少不更事的我们经常去抢她手里的东西挑逗她哭，结果被父母叫回家去臭骂一顿。顽皮的我们总在发掘身边的趣事，像拔酒店老板的盆栽，破坏邻居家的房屋等恶作剧早已是家常便饭。直到我们差不多把整个桂山岛的蚂蚁窝都踩遍了，愉快的童年时光也就这样宣告结束了。有一天，他突然说要走了，把一个粉色的盒子往我怀里一塞，我的泪水便决堤而出。时隔几年，当我再次转动音乐盒时，粉色的天鹅又舞动起来，喜欢的乐曲缓缓地响起，那一刻，我突然明白，原来我的喜好他一直都记得。

**师**：故事的架构已经出来了。由一个音乐盒回想起一个人，一段岁月，很好！整个作品人物形象刻画得也较为鲜明，但对于死党韬韬还可以再进行深入的刻画，比如，可以添加一些两个人成长的经历、分别的场景、自我的感悟等内容，这样就是一篇很好的文章！

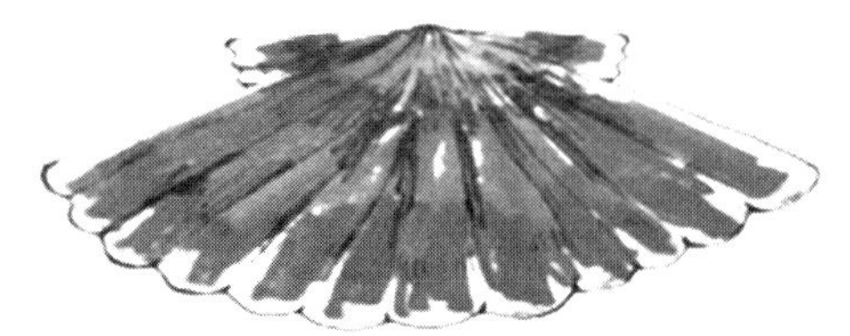

图四　学生作品——贝壳

（学生作品成果展示）

我们一家人漫步在沙滩上，一阵阵海风扑面而来，风中夹杂着海水的味道，让人陶醉其中。此刻，我想像风一样无拘无束地去自己想去的地方，便不由自主地撒开腿跑了起来。不时地传来奶奶的声音："阿丽，慢点跑！""哎哟！"我尖叫了一声——脚好像被什么东西割到了，好疼！低头一看，是一个贝壳，锋利的边缘沾上了我的鲜血。奶奶看着我手里的贝壳，说道："这是贝壳在向你表示歉意呢！你有什么梦想？告诉它，它会帮你实现的。"这的确是个可以助你实现梦想的贝壳。

**师**：此刻，在老师的脑海中浮现出一幅很有诗意的画面，一个小女孩正在沙滩上拾贝壳，风吹动着她的裙摆，身后的奶奶慈祥地看着她。你可以把这个故事完整地叙述出来吗？你是在什么情形下来到沙滩上的？沙滩上的景象又是怎样的呢？为什么会被贝壳割破脚，奶奶却说是贝壳在向你道歉呢？如何将眼前的贝壳联想成助你实现梦想的贝壳呢？请你把这些内容合理地补充完整，相信会是一篇很不错的文章。

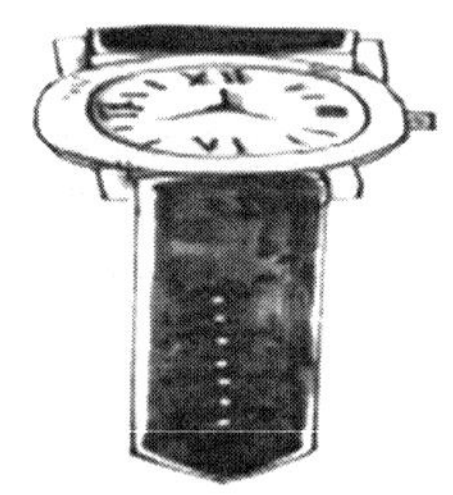

图五　学生作品——手表

（学生作品成果展示）

在我的书桌上，有一块精美的手表，那是我7岁时，妈妈送我的生日礼物。当时我正读一年级，有一天，放学回家的路上，我经过一家文具店，看到橱窗里摆放着各种款式的精美的手表，我便站在橱窗前看着那块手表，任凭妈妈怎么拉也拉不动我。几个月后，我自己已经全然忘记这件事了，可到了生日那天，妈妈变魔术似的变出了这块手表，我高兴得合不拢嘴，天天把它戴在手上，直到有一天我一不小心把它撞坏了，才恋恋不舍地把它放在了书桌上。

**师：**我听到的是一个由一块手表传递出来的母爱的故事。但是我建议你适当运用欲扬先抑或误会的写作手法，这样能够使文章更有波澜。比如妈妈一开始不理解“我”的痴迷，着急回家的妈妈斥责“我”不懂事，“我”以为妈妈不会给“我”买手表，结果她却在“我”生日那天，把手表作为礼物送给“我”。如果你在写作时，能够结合妈妈故作神秘的情态、语言，以及“我”看到手表时表现出的那种喜出望外的情状，那么妈妈的人物形象就更加立体鲜明了。

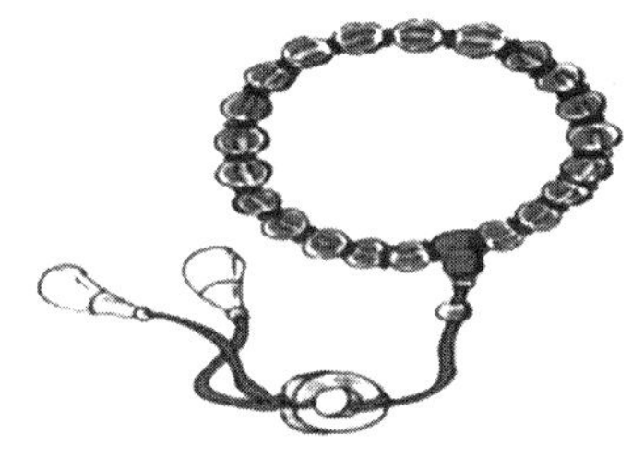

图六　学生作品——手链

（学生作品成果展示）

我画的是一条红色的手链，那是父亲三年前送给我的。由于父亲工作很忙，我被寄养在叔叔家里，他只有周末才能回来看我。有一次，父亲说要带我去爬山，我高兴坏了。好不容易爬到了山顶，我累得气喘吁吁，连声说要休息。父亲见状便给我买来了水，我大口地喝着，目光却被一旁摊位上的红色手链所吸引。它是由红丝线编织而成的，串起的珠子粒粒饱满，泛着清冷的光。我扯了扯父亲的衣袖，父亲领会了我的意思，立刻为我买下了它，并给我戴在手上。此刻，身后是山峦间绯红的云霞，呈现一派无限美好的景象。

**师：**一条红色的手链承载着满满的父爱。老师留意到，你今天也戴着它。它会令你回忆起和父亲一起登山的经历，想到你是如何在父亲的鼓励下攀登到山顶的。面对生活中的种种困难，相信有了父亲的陪伴，也能使你更加勇往直前、不畏艰难地面对。结尾处，你描写了山上的景色，如果你能做到以物叙事、借景抒情，将二者紧密结合起来会更好，那么你试着把这些内容都补写上吧！

（说明：善良的孩子在成长。成长是生命的主题。草木成长需要阳光雨露，孩子的成长也离不开那些有情的物、有趣的事、有爱的人。一个旧物，回忆一段往事，思念一个亲人。孩子的成长是一个漫长的过程，作文思维能力的提升也不是一蹴而就的。“写作”这个具有创造力的活动，伴随着孩子自我意识的成熟、想象力的驰骋，必将开拓一方属于他们自己的天地。）

## 四、思物·总结提升

**师：**看同学们的画作，听同学们的叙述，我了解到同学们已经能够做到借助一个物品，回忆一件往事，抒发一种情感，来书写自己的成长轨迹。

（屏显）

“以物构思”中的“物”不单指物件、物品，也可以是景物、人物、建筑物等，一切有形无形之物，有生命无生命之物，它都具有更加广泛的意义。它不仅可以作为线索贯穿文本，也可以是衬托，是背景。它可以参与叙事，帮助塑造人物形象，推动故事情节发展。它能聚合文本多种要素，使之形成一种思路明晰、意蕴丰富、情韵悠长的叙事风格。

那么，如何选取线索物件呢？怎样设置文章的物线，使文章更加生动？大概需要注意以下两个方面：

### （一）要小，以小见大

“以小见大”也称“小中见大”，是一种常见的写作方法。顾名思义，就是用小的表现大的，可以通过部分看出整体，可以通过小事悟出道理。在文学作品中，可具体理解为通过小事件和细节来揭示重大主题的写作方法。它有如下特点：

1. 从材料选取上看，所抓住的一事一物、一情一景都是小的选取对象。作者以独到的想象抓住一点或一个局部，加以集中描写或延伸放大，是对形象的强调、取舍、浓缩，能够更加充分地表达主题思想。

2. 从写作手法上看，立意要高、大处着眼，却要在微小之处予以体现。“以小见大”的“小”，是描写的焦点，它既是写作创意的浓缩和升华，也是写作者匠心独具的安排，是小中寓大、以小胜大的高度提炼的产物。

3. 从表达效果上看，作者深入挖掘，为读者创造一个比现实生活更为广阔的艺术境界，以获得生动的情趣和丰富的联想。所以，“以小见大”的“小”，不是一般意义的“小”，而是作者文从简洁、立意深远的艺术追求。

### （二）有情，借物抒情

“借物抒情”是一种以描写具体事物来表达自己思想感情的写作方法。运用时要找准所借物品特点与自己情感引起共鸣的地方，使物品与情感相统一，使情感有所依托。

1. 作者平时要多留心身边事物，用多角度观察生活，善于捕捉事物的特征，运用多种手法状写事物，或进行介绍说明，或以物忆事，或以物喻人，或咏物寄意等，力求有创意地表达想法。

2. 在叙事的过程中，可以让线索物品在行文的各个阶段得以重复出现。如开头设置悬念、引出下文；中间制造波澜，推动故事情节发展，塑造人物形象；结尾扣题，升华主旨，彰显自我成长的心路历程。

3. 作者对物品的描绘，要紧扣与物品有关的人、事变化，蕴含着真切动人的情感。在描写物品时，把情感寄托在对事物的爱憎之中，借物品的形象含蓄地抒发自己的情感，浸染人物的喜怒哀乐。

## 五、课后作业

本节课学习了“以物构思”的写作方法，请同学们将这篇习作整理成一篇大作文。

（屏显）

物件很小，日月星光下，万物皆小。物件很大，那是一棵树，那是一座山，那是一片湖……它藏在你眼里，长驻心间。请你围绕一个小物件，回忆一件助力你成长的往事。写出小物件的特征以及与这一小物件有关的人和事，借物抒发自己的情感。

## 学生作品

### 外婆的竹篮

虽说雁过无痕，风吹无影，但往日的情怀如同一只放飞的大雁，它的停歇、飞翔，点点滴滴都永驻心头。

刚从农村进城的爸妈，为了创业，把还在襁褓中的我托付给了外婆。于是，“外婆”就成了我第一个会说的词。童年的我，简直是外婆的影子，而外婆也将我视为她生命的全部。

记得，还在蹒跚学步的我经常依偎在外婆的怀里，看她摆弄着各种各样的竹编。外婆把她编好的一只小巧的竹篮伸到我面前晃了晃，说：“妞儿，拿着！”我高兴极了，搂着外婆撒娇，把外婆的老花镜都快摇掉了。

从那以后，每当我从外面玩耍回家，外婆总将这只小竹篮递到我面前。小竹篮里装满糖果，甜甜的气息扑鼻而来。我很贪心，总想多拿点，一双小手使劲撑大，像两张网盖在糖果上，糖果从我的指缝里漏了出来。外婆坐在旁边，咯咯地笑着。外婆哄我入睡时，轻抚着我的背，哼着小调：“摇啊摇，摇啊摇，摇到外婆桥……”我靠在外婆的臂弯里，闻着手中小竹篮散发出来特有的清香渐渐入睡。

时光荏苒，日子如往常那般安稳。外婆一如往昔提着装满糖果的小竹篮走向我，眼神却黯淡了许多。直到有一天，爸妈来接我回城里读书，我才明白了一切。我扯着嗓子哭喊着，眼泪不停地往下掉。外婆也泪眼婆娑，把小竹篮塞在我手里，说：“妞儿，要听爸妈的话，好好读书。”我抱着那只渐渐泛黄的小竹篮，不停地点头。越过爸爸的肩背，我看到了散落一地的糖果……

再好的东西都有失去的一天，再深的记忆也有淡忘的一天。

后来，在我上九年级的时候，有一天，我放学回家，正准备放下书包，一个熟悉的身影出现在我面前，是外婆来了！她拉着我的手，从头到脚打量了一番，看着看着，泪水便簌簌地落了下来。外婆拿着一个满是裂痕、污渍斑斑的竹篮，装满了糖果递给我，说这是我小时候最喜欢吃的糖果。我一脸茫然。她叹了口气，说："妞儿，你大概已经忘了吧！"我在房间写作业，外婆捧着一把糖果放在我的床头，蹑手蹑脚地走了。看着糖果，我鼻子一酸，起身去找外婆。她坐在沙发上，蒙着一块白头巾，微低着头，两手熟练地编织着一个崭新的竹篮。

阳光透过窗帘呈现斑驳的倒影，竹篮翻转漏下岁月的痕迹。我紧挨着外婆坐在沙发上，慢慢地剥开一颗糖果，像小时候那样，外婆一颗，我一颗……

（此课例荣获"新作文杯"全国第三届作文教学"创课"比赛特等奖）

# 让论据带着表格跳舞

山西太原·牛菲菲

## 创课缘起

传统的作文讲评课，教师精心准备，学生静心欣赏。作文讲评皆从审题讲起，进而选择分析论据，最后选读优秀习作。于是，学生的参与只限耳朵听一听，爱表达的评一评，全班同学鼓鼓掌。学生欣赏了他人的美文之后，也认识到了自身的不足，可是却未从根本上解决自身存在的问题——写不好的依然写不好，不会写的依然不会写。一堂作文讲评课过后，收获最多的是那些平时作文写得好的学生，而大多数学生依然没有收获。所以，我想上一堂让每一个学生都有所获的作文课。

可作文教学从哪里入手呢？我想到，2018年8月，我校高三学生参加了山西省K12联考。在这次作文批阅中，我深感学生的作文中存在无话可说、话不会说的问题，所以想借这次的作文讲评课，以“如何选择及使用论据”为中心，不仅要帮助学生掌握正确的选择及使用论据的方法，还要帮助学生构建积累素材的模式方法。

## 创课思路

在第一课时审题立意的基础上，第二课时我选择的是论据的选择与使用。本节课我将带领学生仔细阅读自己的作文，搜集问题论

据，分类整理，让学生从自己的问题出发，通过讲评后改写，解决问题。第一课时的审题讲评距第二课时的论据分析已经一周。这一周内，学生根据教师课堂上所讲的审题点，重新搜集论据，完成教师给学生下发的“论据搜集一览表”。教师在课堂上逐一呈现学生重新搜集的问题论据，先让学生进行深入解剖论据的问题，接着教师做补充讲解，从而帮助学生掌握正确地选择及使用论据的方法。

在学生认识到如何正确地选择论据后，进入本堂课的重点环节——小组交流“论据搜集一览表”。小组成员互评表格填写内容，然后小组推荐学生代表，由学生代表为大家展示“论据搜集一览表”，并简要地介绍习作构思，其他学生可以根据他的展示进行点评，教师做适当地补充。

## 教学现场

### 一、师生有备而来

**师：**下面老师出示作文题——

（屏显）

阅读下面的材料，根据要求写作。

最近，××大学附近的一个煎饼摊在网上引发热议，只因摊主是一个法学专业毕业的海归。很多网友说，不留学、不读书也能卖煎饼！读那么多书有什么用？浪费！就算能挣钱，也对不起父母辛辛苦苦挣钱送其出国留学的付出。也有人说，难道留学就只是为了赚钱吗？××大学卖煎饼的海归女说：“我会一直做下去，因为自己喜欢。”针对这件事情，你有什么样的思考？

要求：结合材料内容及含意，选好角度，确定立意，明确文体，自拟标题；不要套作，不得抄袭；不少于800字。

**师：**上周我们已经讲了这个作文的审题点，哪位同学可以表述一下，它的审题角度是什么？

**生：**这个作文题有三个审题点：第一，高学历可以低就业，选择自己所爱，实现人生价值；第二，高学历低就业是教育资源的浪费；第三，高学历低就业要学会辩证分析。

**师：**我们班一共51人，这次的考场作文有49人选择的是第一个审题点，所以我们今天就以第一个审题点为例来分析该如何正确的选择与使用论据。接下来，请大家看论据一，思考一下这则论据运用得是否恰当？

（屏显）

×××，流行歌手，在爆红后被雪藏十年，可这十年里他懈怠、颓废了吗？他没有。他选择经营自己的副业以供自己音乐上的开支，苍天不负有心人，最终他实现了自己成为一线歌手的梦想。

作家××，因无文字功底，却热爱写作，他向出版社投稿失败所用的稿纸排满了一整面墙，可他放弃了吗？没有。他最终成为一名语言质朴、风格独特的优秀作家。

从以上事例我们可以看出，一个人的成就一定是在自己热爱的领域，心之所向，梦之远航，所以做自己喜欢的事才能更好地获得成功，更好地实现人生价值。

**生：**无论是×××喜欢唱歌，还是××喜欢写作，都与高学历低就业无关。

**师**：是的，这两则材料都属于不扣题，都存在审题偏离的问题。作者只注意到喜爱这个主题，却没有突出“高学历与低就业”这个话题，所以论据与材料中的海归女卖煎饼构不成类比关系。（板书　论据使用的问题：不扣题）请大家看论据二，思考一下这则论据运用得是否恰当？

（屏显）

我身边有这样一个例子：父亲朋友家的女儿从小热爱动漫，她唯一的梦想就是去日本学习动漫，但这在父辈眼里是不务正业。如今的她是美国一所常青藤名校的物理系博士，可她却说：“没能坚持理想是我最大的遗憾。”她在众人眼中“务正业”的路上越走越好，可是没有人知道她心里一直向往的是那条“羊肠小道”。

**生1**：这个论据也和高学历低就业没有关系。

**生2**：我觉得她和高学历低就业有关系。她学习很好，考上常青藤名校，算是高学历，但是不能选择自己喜欢的动漫，因为在父辈眼里她选择学习动漫属于低就业，所以她只能选择传统的物理学专业。

**师**：听了你的分析后，这则材料如果表述再切题些，选材还是扣题的，那么它的问题究竟出在哪里呢？

**生1**：我感觉这则材料中的核心人物是编的。

**师**：你说得非常好。在习作中，选择“我的哥哥”“我的邻居”“我爸爸的朋友”等，这类素材无法作为典型论据，因为它不够真实，很容易被认为是为作文而“创作”出的论据。（板书　论据使用的问题：不真实）请大家看论据三，思考一下这则论据运用得是否恰当？

（屏显）

李叔同，民国时期的翩翩公子，受到很多人的喜欢。同时，他在戏剧和美术方面造诣颇高，他也曾远渡重洋，留学日本。学成归来之时，他也没有选择待遇很好的工作。他年轻时，风华正茂。当家庭和事业正值巅峰之时，他却选择了遁入佛门，在佛学方面也取得了巨大成就，因此有人评价他说："做一样，像一样。"确实，李叔同在很多方面都颇有建树。只因自己的喜爱，在人生有限的长度内，创造了自己无限的价值；只因自己所爱，不顾别人的冷嘲热讽，坚持做自己喜欢的、想做的事情；只因自己所爱，海归女才会自己创业卖煎饼。

**生1：**这则论据看不出高学历和低就业有什么关系。

**生2：**叙述啰唆。

**师：**嗯。大家知道李叔同在皈依佛门后法号是什么？

**生2：**弘一法师。

**师：**那么我们来分析一下，这则论据是否和材料构成了类比关系。关于李叔同年轻时出家的原因有很多说法，比如破产说、遁世说、幻灭说、政界说等。无论哪种说法，以他当时的社会地位，选择出家都是不会被众人所认可的，且令人无法理解，所以这则论据可以称为"高的社会地位"选择了不被世俗认可的"低就业"。那么，这则论据的问题究竟出在哪里？

**生1：**他在叙述时，没有突出他选择皈依佛门的不被众人理解，没有写出他在这个职业下实现了人生价值。

**师：**这个论据表述属于不切题。（板书　论据使用的问题：不切题）请大家看论据四，思考一下这则论据运用得是否恰当？

（屏显）

前几年，一则北大学生合伙卖猪肉的消息引发社会热议。很多人认为，身为北大学生，应该立下更高的目标，而不是做市井小生意。然而，当事人面对舆论的压力并未产生动摇，恰恰相反，他们立足于生态产业，生产绿色猪肉，他们的猪肉品质高，产量高，最终得到了大众的认可，赢得了大家的赞誉。

**生：**这则论据选择得挺好，属于典型的高学历低就业。

**师：**很好。老师将继续出示论据，请你们谈一谈这则论据运用得怎么样？

（屏显）

和××相似的，还有当年轰动一时的北大学子卖猪肉事件。从北大一毕业，就转身走进了猪圈，他的做法一直被人认为是不务正业。在他开第一家店后，许多人说，他一个文绉绉的大学生是不可能终生与屠夫为伍的，然而如今他的店已经开到许多一线城市，吸引了大批中高端消费人群。谈及自己的成功，他说每当自己想要放弃时，就会看看自己身后的猪，想到自己当时选择卖猪肉时的初衷，就有了坚持下去的动力。

**生：**很多人在写，并且把熟知的事情详细地写，没有新意。

**师：**你说得很好。这则论据没有偏题，但是在这次阅卷中，我发现大多数人都写到了类似的故事，这就是我们所讲的论据选择的最后一个问题：无新意。（板书　论据使用的问题：无新意）刚才我们分析了几种论据选择中的问题，下面请大家拿出自己重新搜集整理的“论据搜集一览表”，小组成员之间相互交流，看看哪些论据恰当？哪些论据不恰当？为什么不恰当？请说明理由。

## 二、学生小组交流表格

（学生展示表格，并做介绍）

<table>
<tr><td>作文题目</td><td colspan="5">人才的责任</td></tr>
<tr><td>中心论点</td><td colspan="5">人才确实有能力承担更多为社会做贡献的责任，但卖煎饼并不意味着浪费人才。</td></tr>
<tr><td rowspan="4">事实论据</td><td colspan="2">内容简括</td><td colspan="2">论据属性</td><td>资料来源</td></tr>
<tr><td>经典类</td><td>著名足球明星×××在绿茵场上表现突出。他平时训练认真，在赛场上更是奋力拼搏。人们只知道他是一名优秀的球员，却不知他还是一名名副其实的“富二代”。他早年踢球时，遭到他父亲的极力反对，父亲让他继承家族产业。然而，他怀揣着对足球的梦想，不顾父亲的反对，顶住所有的压力，成为一名杰出的足球运动员。</td><td>古今中外</td><td>正反</td><td>平时积累</td></tr>
<tr><td>时政类</td><td>同样是高学历，×××是一位手持美国绿卡的生物学博士。2012年，他毅然决然地放弃了美国的优越生活，回到河南老家，开始承包土地种田。他运用所学的知识，凭借自身的不懈努力，让他家乡的农业发展走上了一条高效生态之路。</td><td rowspan="2">古今中外</td><td rowspan="2">正反</td><td rowspan="2">平时积累</td></tr>
<tr><td>自身经历</td><td>我的一位远房表哥，梦想成为一名飞行员。迫于父母压力，并未实现心愿，如今虽为IT精英，但他心中仍有对蓝天梦未实现的遗憾。</td></tr>
<tr><td>道理论据</td><td colspan="2">职业是人类在共同生活下的一种确定的互助行为。职业平等无高下，无贵贱，苟有益于人群，皆是无上上品。<br>——黄炎培</td><td>古今中外</td><td>正反</td><td>作文素材期刊</td></tr>
</table>

（备注：资料来源包含作文素材期刊、新闻、搜索引擎、平时积累、师长交流等。）

三、学生随堂修改，展示表格

**师**：根据大家搜集整理的论据，我们可以尝试着改写一个片段，时间为10分钟，要求表述切题，内容翔实，语言生动。

（学生作品展示）

网友认为“读书之后卖煎饼是一种浪费”。我不以为然。一个能力大的人去从事一个门槛较低的职业，并不是荒废自己的价值，而是坚持自我，勇于追求自己真正热爱之事的体现。明代思想家王阳明年少时才华横溢，早早考取功名，世人都认为他应去官场一展身手，取得荣华富贵，但他没有去。官场的混浊纷乱，不是他真正向往的，他心中所热爱的是对真理的探求，于是，他选择了一条在世人眼中荒诞的艰苦路——游学天下，探求真理。放弃高官厚禄，忍受周遭地不解与嘲笑，王阳明就这样在贫苦之中靠着内心的热爱悟出“知行合一”的心学，流传千古。王阳明做了真正的自己，已考取的功名并没有妨碍他坚持自己的热爱。虽然他贫穷，但是他收获了精神上的富足；虽然饱受质疑，但是他的付出得到了后世的认可。同样坚持自我的还有北大毕业却去做网络写手的八月长安、放弃高学位回故乡为百姓做实事的最美村官秦玥飞等，他们都做了真正的自己，并取得了一定成就。

**师**：与先前写的片段相比，这次改写突出了王阳明的高社会地位——“早早考取功名”“可以在官场一展身手，取得荣华富贵”，但是他选择“世人眼中荒诞的艰苦之路”，靠着热爱与不懈地努力成为名传千古的“王阳明”。所以这次改写表述切题且段落叙述详略得当。

## 四、课堂收获

本节课我们根据大家的习作来发现论据的选择和使用的问题，也通过利用自己重新搜集整理的论据来改写片段。希望大家平时也能借助“论据搜集一览表”来构建自我的论据整理模式，学习多角度、准切题、有新意地选择论据。无论考场作文是怎样的题目，但我们平时养成的构建论据积累习惯，都会让我们的考场作文轻松一些；无论考场作文是怎样的题目，“论据搜集一览表”都会帮助我们有效地检验论据的有效性。

## 学生作品

**片段一：**

做自己喜欢的事让自己愉悦地处在个人层面，好之且为国，此乃伟大之举。清末状元张謇践行自己“实业救国”的理想，放弃高官厚禄，为那时落后的民族工业带来一线生机；最强大脑清华数学系毕业生杨易投身基础教育，做了小学数学老师，只为从小培养孩子们的数学思维；最美村官秦玥飞，来到乡村田间地头，创办公益基金，为贺家山村带来可持续发展的影响。他们的选择绝非为名利钱财，只因自我的热爱。

**片段二：**

或许留学意味着高收入、高就业，但它背后代表的更应该是高品格、高修养、高抱负。留学不意味着赚钱，卖煎饼不意味着世俗，不意味着浪费文凭，更不意味着牺牲父母的血汗钱，就像北大学子为梦想选择当特种兵，研究生女孩为了家族传承甘愿做“守鹤女孩”

一样。这是一个鼓励大众创业、万众创新的时代。如果读书只是为了高官厚禄的话，那么这个社会的价值观才是真正出问题了。

（此课例荣获“新作文杯”全国第三届作文教学“创课”比赛特等奖）

# 定格、聚焦、赋形，从生活到美文

四川成都·黄明丽　刘　勇

## 创课缘起

开学第一次作文课，学生大都无从下笔，问其为何，答曰："生活很平淡，没什么可写，写出来也没有多大意义。"许多教师也认为作文首先应当有意义，这种想法本身没有错，但一开始就直奔"意义"，这对初中生而言就不切合其学情了。

如何让写作与生活紧密联系？教师需要改变观念，从重结果到重体验，从教方法到教思维，从有意义到有意思，才能真正让作文回归自然，回归生活，回归本真。可以创设写作情境，延长写作体验，丰富写作情感，于是就有了定格、聚焦、赋形：捕捉一个生活场景，这是定格镜头，培养直觉思维，采撷写作的触发点；即兴创作一首小诗，这是聚焦想法，培养灵感思维，培育写作的创作源；还原真实的生活，这是由诗成文，培养赋形思维，完善写作的生活场。

## 创课思路

初中生对世界充满惊喜、探索和好奇之情。中秋节放假期间，教师要求学生用手机或相机定格一个片段，第一时间采撷、珍藏，可以让瞬间变成永恒，让回忆永远鲜活，这是写作的选材环节。

学生是天然的诗人。他们的语言纯真，没有雕琢的痕迹；思想单纯，没有套路的伤害。诗歌两三句即可，最快、最真实地记录美好的记忆，真实而灵动，小巧而精致，这是写作的立意环节。

采用写作支架，激活学生的思维。当学生面对这张照片、吟诵这首小诗时，过往画面会历历在目，从而写出内心的体验和感悟，让文章有意思、有意义，这是写作的构思环节和起草环节。

## 教学现场

### 一、镜头回顾，捕捉画面美

**师**：放假前，老师曾让大家用手机或相机捕捉一个生活画面：这张照片可以是最有趣的，可以是最感人的，可以是最可爱的，可以是最令人沉思的。旁边还要求写一首小诗，或者写两三句话亦可，记录下你们当时真实的感受和想法。现在请同学们来展示自己的作品。

（说明：学生快速上台进行课件展示，照片和小诗丰富多样，大致可以分为三类：一是吃月饼的场景；二是外出游玩的所见；三是个体在生活中的偶然所得。教室里不时传来学生的掌声和笑声，此刻他们的眼睛特别明亮。）

### 二、小组合作，修改小诗

**师**：同学们展示的照片多种多样，充满了生活的气息；同学们展示的小诗情味盎然，充满了天真的味道。谢谢你们精彩的展示，谢谢你们用心的准备。我们看了这么多照片和小诗，应当有所感悟。接下来，请同学们分小组切磋。如何切磋呢？你们可以将写小诗的缘由与大家分享，也可以对小诗进行修改。然后，请每个小组推荐一位同学来展示一幅作品，并代表本组发言。

（说明：在“面”铺开之后，这个环节聚焦于“点”上的突破。思路打开了，学生自然有话可说；记忆鲜活了，对话自然有料可论。）

### 三、全班分享，推敲诗意美

**师**：请各小组代表自由发言。

（屏显第一组分享的照片并要求小组代表朗读小诗）

**太　阳**

我站在十二楼顶楼上
仰视着天上的太阳
一会儿金黄，一会儿暗红
望着，望着
我忧郁的心一次次在夕阳下纾缓
天慢慢暗淡了

**生1**：我们组推荐的作品是文诚意的《太阳》。这是文诚意同学观察夕阳落山时的情境及当时的感悟，我们觉得有意义！

**师**：有意义，这的确是我们写作时需要考量的内容，但是谁说吃月饼、赏月亮就没有意义呢？或许它们更有趣，更是我们想要的生活。

（学生纷纷点头）

**生**2：我认为这张照片很有意思——圆圆的、红红的落日即将隐没于重重的山峦之中，太阳没有了正午刺眼的光芒，仿佛也害羞了，朦胧的群山也营造了一种意境，让人安静下来。

**生**3：我们组认为可以将诗修改为“我站在十二楼的屋顶／望着渐渐西沉的落日／一道儿金黄／一道儿暗红／心绪也慢慢安静下来”。

**师**：请作者来说说，你为何忧郁？你同意他的修改建议吗？

**生**4：我其实也没有什么特别忧郁的，就是觉得写诗嘛，要忧郁点才有感觉。（其他学生大笑）后来，我又觉得有点矫情，但是心情确实有些变化。刚放假时特别兴奋，想着怎么玩，有什么好吃的，但是爸爸妈妈很晚才下班，我只能在阳台上一直望着太阳落山，又想着要完成老师的作业，就拍了这张照片。后来看着太阳落山的情境，心绪就平静了许多。谢谢同学们的修改，经过这样的修改，诗歌内容表述得更简洁、更准确了。

（师生报以热烈的掌声）

**师**：感谢你的分享，感谢小组的智慧与奉献。正是有了对日常生活的用心观察，才会有真实的感悟；有了对体验的反复推敲，才会有准确的表达。请同学们继续分享。

（屏显第二组分享的照片并要求小组代表朗读小诗）

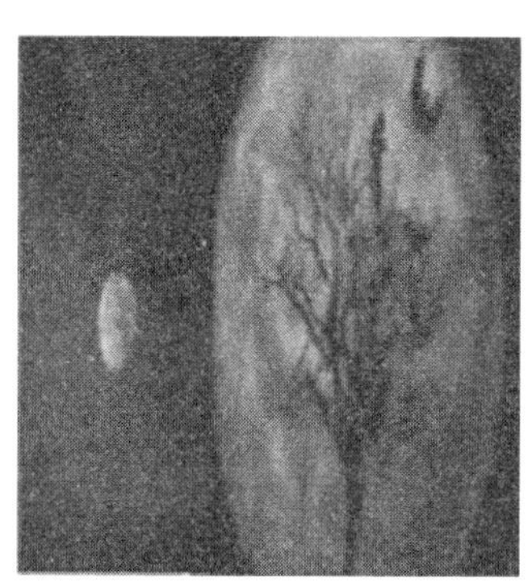

月

静立于楼台间
遥望黑幕中演着独角戏的月亮
银光泻下，枯木遮挡
嗅着空气中的淡淡幽香
想——
明天，月亮就圆了吧

**生1：**我们组认为这些照片虽然不是用相机拍摄的，但是很有意思。中秋月圆，人也团圆，但是宋萍想到了“月有阴晴圆缺”。

**生2：**我们组认为可以将诗修改为“遥望黑暗的苍穹／月亮正不知疲倦地演着独角戏／从月缺到月圆／银光泻下，枯木遮挡／我嗅到了淡淡的幽香”。

**师：**请作者来说一说你的构思。

**生3：**我一边吃着月饼，一边看着月亮，我想月亮不是一直都是圆的，就像人一样不会一直都一帆风顺。我想到了我学习上的烦恼，所以“从月缺到月圆／银光泻下，枯木遮挡”。刚开始月饼是圆的，慢慢地变成半圆，最后月饼被我吃的没有了，但是月亮会一直月圆、月缺循环往复，由此我又想到了父母，所以才有了“月亮正不知疲倦地演着独角戏”“我嗅到了淡淡的幽香”。我在修改的过程中，也更加明白和清楚了它在不断地变化中蕴含着深刻的哲理，因此，我觉得还可以写成一篇作文。

（师生报以热烈的掌声）

**师**（笑）：太好了！你怎么知道老师下一步要布置写作文呢？（全班学生表情不一，有的叹气，有的高兴）写作，并不复杂。在生活中积累写作素材，这是最丰富、最鲜活的路径。曾两度入围诺贝尔文学奖、创造了独特的湘西世界的沈从文说过：“永远不灰心，永远充满热情去生活、读书、写作，三五年后一成习惯，你就会从这个习惯看出自己生命的力量。”由此可见，最好的积累是热爱生活、爱上阅读！

（屏显第三组分享的照片并要求小组代表朗读小诗）

**一只猫**

深深地蜷缩在藤椅上

阳光

从叶间偷窥

古老的城墙

光滑的青石板

**生1：**这张照片很独特，很有意境，唤起了我们很多人的回忆。这首诗也挺有意思：有猫，有阳光，有城墙，有青石板，营造了一种古老、宁静的氛围。

**生2：**我们组在小诗的最后加了一句：一只猫／深深地蜷缩在藤椅上／阳光／从叶间偷窥／古老的城墙／光滑的青石板／河水潺潺。我们认为，有了河水潺潺，就能够显示出这张照片古老的味道，突出岁月的悠长，像河水一样从古至今奔流不息。

**师：**不错，但我想问问，猫到哪里去了？

**生3：**我刚要拍照，猫就被我吓跑了。（其他学生大笑）

**师：**请作者说一说这张照片和小诗的来历。

**生3：**今年中秋节，爸爸妈妈带我回老家。我想起小时候我最喜欢去的河边，现在那里成了古镇。我漫步在河边走着走着，看见河边的一把椅子上面躺着一只猫，我正要过去拍照，那只猫就被我吓跑了。后来我躺在那把椅子上，就成了那只惬意的猫，真舒服。小时候，我几乎摸遍了那些古老的城墙，走遍了那些光滑的青石板。如果我写文章，我就写我慵懒地晒着太阳，可以吗？

**师：**当然可以，这是一种真实的体验，也是一种生活态度。好惬意的一只猫！“偷得浮生半日闲”，真羡慕你的闲暇时光，这才是真正的度假。

（师生报以热烈的掌声）

（说明：照片，让瞬间变成永恒；小诗，让回忆永远鲜活；分享，让写作充满快乐。交际情境写作中的情境、对话、读者和意图都融入了其中。）

**四、借助工具，赋形思维美**

**师：**电影《死亡诗社》的男主角说过一句令我特别欣赏的话，“没错，医学、法律、商业、工程，这些都是崇高的追求，足以支撑人的一生，但诗歌、美丽、浪漫、爱情，这些才是我们活着的意义”。所以，让我们热爱生活吧！思考和体验生活的意义，在生活的“画”与“诗”中沉醉，在阅读与表达之中升华。大家拍摄的最多的是公园或大自然，面对着这些照片，吟咏着创作的小诗，过往的画面会历历在目。想想捕捉画面的情绪和创作小诗的冲动，我们可以构思整篇文章，从而写出一篇美文。如何构思呢？我们可以运用赋形思维，对自己所要写的文章的主题进行渲染、造势。我们可以了解一下赋形思维，反复（复复）与转折（对比）是赋形思维的基本操作模型，但它绝不是简单的反复与转折。在具体的写作中，可以通过相同、相似、相近的文章因素（词汇、句子、段落、结构单元、文章材料等）或者相反、相对、相背的文章进行谋篇造句、以使文章主题渲染化、清晰化……

我们还可以利用小时候玩过的九宫格来做完形填空游戏。

（屏显）

| 景 |  | 人 |
|---|---|---|
|  | 美 |  |
| 事 |  | 情 |

**师：**需要怎样发散思维呢？沈从文曾说过一句比较经典的话：“写作的经验世界原有两种方式，一是身临其境，一是思想散步。”所以，写这类作文，一般是“两物一情”，即景物+人物+感情，如此而已。比如，朱自清先生在一个月夜，独自到湖边去透一口气，却来到了月光下的荷塘——一个澄澈、充满诗意的荷塘。此时，荷塘还是那个荷塘，但朱自清先生已经不是平常那个忙碌不堪、喜欢热闹的朱自清了，他唤醒了自己的所有感官，找回了内心的自己。所以，确定写什么是第一位的，文中所有的技巧都是为了表达此时此刻心中的感受，呈现自己的生活和灵魂，那么，接下来请我们进行构思，完成一篇作文。

（说明：一图，是创作的泉眼；一诗，是创作的思想；一文，是创作的呈现。这样的写作，是有感而发、水到渠成，是先有意思然后才有意义。）

## 学生作品

### 小镇·阳光

阳光透过青砖绿瓦，用温柔的手抚摸那布满青苔的斑驳女墙。

——题记

我坐在河边的藤椅上，独自享受着安谧的午后，刹那间抬头，流水悠悠，岁月静好，轻盈、柔和、曼妙。

一抹轻纱般朦胧的光线，在青布窗帘拉开的一刹那泻下，映在洁白的床单上。我站在斑驳的窗棂前，闻到了阳光的味道。

旧旧的瓦片，窄窄的巷儿，那飘满古香的小镇，悠悠长长。

天亮伊始，阴冷，晦暗，蝉虫伏在肥绿的叶儿上，拉长声音鸣唱着。

微亮的天边，太阳随着朝霞徐徐上升。阳光，在那一刻，一寸，一寸，散发着清光；一丝，一丝，驱走了阴暗。随即车轮压着石子路的清脆声，开水沸腾时的汽鸣声，人们伸懒腰的窸窣声，都逐渐清晰起来，伴着阳光，吵醒了熟睡的小镇。

一刹那，吆喝声如急雨般袭来。阳光，淡淡地释放它的能量，慵懒却为小镇带来了新的活力。

曾几何时，我还在那片阳光中徜徉。站在巷口，不时传来悠扬的琴声、风铃声以及流水声。它们若有若无、似近似遥，只有细细地听，才能发现它们相互和着柔柔的声调。那个午后，阳光淡淡，隔壁那扇朱红木的门午睡着，愈发安详。

我没有太多华丽的辞藻来形容这样的阳光：蛋黄色，如纱般轻、薄，像是为青瓦盖上了一层朦胧的薄雾。

没有波澜，却有一种淡定，平静而隐约地笼罩着树、房屋和巷口那只白色的猫，让人沉浸其中，久久伫立，不肯离去。我总是固执地认为：味道比相貌更容易使人铭记。阳光亦如此。小镇的阳光，是那种清幽的柠檬味和薄荷味，它们略微有些苦，却使人久久回味残留舌根的一丝甘甜。

午后，阳光漫步在小镇的每一个角落，我在河边的藤椅上悠悠睡去。

（此课例荣获“新作文杯”全国第三届作文教学“创课”比赛一等奖）

# 生命应绽放，妙笔可生花

湖北枝江·潘彬斌

## 创课缘起

高中生的作文课堂，教师更多的是训练应试技巧，通过学习优秀作文引导学生如何获得高分，但是近几年全国各地的高考作文命题，不约而同地存在一种命题思维，那就是对社会现实的思考及评论，因此，高考作文备考的方向，也应是关注时代生活，思考时代困境。

写作不仅是为高考服务，也是为学生一生的人文素养发展奠基。具体来说，就是要“风声雨声读书声，声声入耳；家事国事天下事，事事关心”，也就是说，圣贤书要读，天下事也要关注。只有把写作的触角牢牢扎根于广阔而深厚的现实大地上，作文才能绽放灿烂的思想之花，结出饱满的思想硕果。基于此，教师引导学生做一个有思想的人，放眼社会，关爱生命，升华人格，同时一步步引导学生学会思考，打开思路，我手写我心。

## 创课思路

冰心说：“能表现自己的文学，是充满了特别的感情和趣味的，是在经历了生活的触发与感悟后而成就的心灵里的笑语和泪珠。”由此可见，触发、感悟是导引写作的基础。在教学过程中，首先，教师创设情境触发学生感悟，引导学生关注生命；其次，教师结合时事点燃学生的思维火花，通过独立判断、求证对话、质疑批判和连缀文字的方式启发学生感悟生命，引导学生珍爱生命、敬畏生命、悲悯生命，进而升华自己对生命的认识，不断提升自己的人格；最后，教师结合本节课的内容要求学生以“生命”为话题写一篇作文，引导学生关注生活，关爱生命，并把自己的思想付诸笔端，实现我手写我心。

## 教学现场

### 一、时事导入，关注生命

**师：**今天就让我们以网友对一则新闻的评析为载体，共同探讨如何找回写作中的生命气息。

（屏显）

（故事梗概：8月25日下午，因嫌弃楼外施工电钻声太吵，正在八楼屋内看动画片的10岁男孩一气之下用小刀将正在安装室外景观灯的施工者小刘下方的安全绳割断，致使小刘悬在半空动弹不

得，听到此消息后，贵阳观山湖消防大队紧急出动后，才将其安全救下。）

**师：**对这个孩子割断安全绳的行为，你们怎么看？

（学生自由发言）

## 二、独立判断，让思考迸发火花

**师：**大家对这个现象做出了独立判断。什么是独立判断呢？（板书：独立判断）请看屏幕。

（屏显）

独立判断：是判断的一种形式。个人在做出某一判断时，不依靠别人的指导或帮助，不受现成答案或结论的限制，不受周围气氛或他人意见的影响，完全通过自己的思考而独立做出的判断。

**师：**同学们之所以对同一个现象有不同的看法，是因为每一个人的生活阅历、知识储存、立场观念、兴趣偏好、视野角度等不同。当你关注社会生活、思考问题时，就是内在积累被激活的过程。视频中的小男孩为什么要割断别人的安全绳？请你们独立思考2分钟。

（显屏）

漠视生命

## 三、求证对话，让思路延伸触角

### （一）学校教育

1. 对话

**师：**这个孩子漠视生命的原因是什么呢？请同学们深入思考，互相交流。

**生：**缺乏生命教育。

**师：**谁应承担生命教育的责任呢？

**生：**学校。

**师：**漠视生命造成的悲剧不只这一件，它还造成了哪些类似的事情发生呢？你关注过相关的社会事件吗？

（学生交流后明确）

2. 求证

**师：**漠视生命除了漠视他人的生命外，还表现在哪些方面？

**生**（齐）：漠视自己的生命。

**师：**为什么连自己的生命都会漠视？

**生：**因为人格不健全，所以会做出践踏自己生命的行为。

**生：**因为不懂得如何保护自己的生命而做了无谓的牺牲。

**师：**要见义智为。需要在不使自己受伤的前提下，坚守自我的底线：一方面不能无视自己的生命；另一方面不能做出无谓的牺牲。

**生：**有的学生是因为学习压力太大，心理承受不了就选择跳楼自杀；有的学生是因为同学间产生一点小摩擦就蓄意杀人。

**师：**这些正处于花季的青少年在还没有绽放的时候就这样凋谢，我们不禁要问：面对生命，他们为何如此轻率？因为不懂生命的可贵和美丽，过分强调了生命的自我意识，不懂得生命的神圣性，不懂得对自己的生命负责，不懂得敬畏生命，所以轻易割断了自己的生命之绳。

（显屏）

敬畏生命

(二) 家庭教育

**师**：除学校教育外，家庭教育是否也应该承担一定的责任？

**生**（齐）：是的。

**师**：我们的家庭教育怎么样啊？

**生**：与学校教育类似，都是唯成绩论。

**生**：孩子缺乏关爱，就不会关爱别人；孩子缺乏教养，就会形成自私的品格。

**师**：一个孩子如果长期缺乏父母的关爱，性格就会变得内向、孤僻、自卑、不合群、不善于与人交流，或者脆弱、脾气暴躁、冲动易怒。家长用金钱补偿爱的方式会导致孩子逐渐形成金钱万能的价值观和逍遥享乐的人生观。由此可见，没有播下爱的种子就结不出善的花朵。

（显屏）

金钱万能的价值观和逍遥享乐的人生观。

(三) 其他原因

1. 对话

**师**：社会上还发生过哪些漠视生命的事情？

**生**：醉驾、公交车爆炸。

**生**：食品安全、房屋质量等问题。

**生**：参加蓝鲸游戏自残，甚至自杀。

**师**：对。还有2016年12月新华社《漠视生命，违规操作——广东佛山早产儿“被死亡”事件调查》。2017年9月产妇自杀事件，

《长江日报》为此还发表社论《漠视生命才是最大的痛点》。

2. 求证

**师：**为什么会有人明知醉驾危险偏要铤而走险？为什么会有人明知奶粉有毒还要大量销售？为什么会有人怀疑至亲却对网络深信不疑？为什么会有人面对鲜活的生命却视而不见？

**生：**有些人觉得自己没有出头之日，是因为自己遭受了不公正待遇，于是就把普通人甚至未成年人当作报复对象，甚至拿他们生命开玩笑。

**生：**社会法制、道德体制不健全，他们无视交通法规。

**生：**动画片的误导。

**生：**游戏的虚拟性、血腥性，网络的虚假性，导致人与人之间的疏离。

**师：**现在我们小结一下——

（显屏）

从情、理、法各个方面去分析。

3. 追问

**师：**生命是平等的，每个人只有一次，当灾难来临时你会怎么选择？你是选择保全自己，还是选择放弃自己？

**生：**如果灾难来得太突然，那么我觉得我没有选择的机会。

**生：**我认为那种舍生忘死的英雄是存在的。

**师：**你有可能是吗？

**生：**我觉得很有可能。（其他学生报以热烈的掌声）

**师：**我认为小孩、妇女遇到突发事件和危难时，怎么能最大限度不使自己的生命受到伤害才是最重要的。所以我希望同学们都能成为一个热爱生命、尊重生命的人，同时也能成为舍生取义的好青年。

人类在面对巨大灾难所带来的对生命的伤害，甚至毁灭时是那么无能为力，在这种情况下，你如何理解珍爱生命呢？（学生沉默）灾难来临时我们深感无能为力，但是人类是不是只能被动接受，而无所作为呢？

**生：**可以选择保护环境，改善环境。

**生：**医务工作者、无数志愿者冒着生命危险，奋不顾身地战斗在第一线。

**师：**他们是站在珍爱生命、关爱生命的角度去付诸行动，说明他们有着崇高的责任感。

**四、质疑批判，让思想震撼心灵**

（一）假设命题

**师：**请同学们跟着老师一起这样假设：如果新闻中那个孩子看到绳子另一端悬挂着的不是穿着工装、全身灰蒙蒙的农民工，而是能给他礼物的圣诞老人，或者是坐着直升机来看他的偶像，哪怕外界的声音再大，他还会割断绳子吗？（学生摇头）我想对普通劳动者被漠视的现象，应发出这样的疑问："在价值的天平上，生命是否等值呢？"

（二）现场辩论

（学生自动分成两组：认为生命等值的为正方；认为生命不等值的为反方。自由辩论。）

**生：**对每个个体生命而言，生命是等值的，没有尊卑贵贱之分，没有优劣轻重之别。生命的价值不会因为出身、门第、学识而有所差异。

**生：**学生的生命价值如果用分数来衡量，那么在老师和家长眼里就不等值。

……

**师：**正方认为生命等值，主要是从关注普通劳动者的生命状态，尊重他们的人格，承认他们的价值，感恩他们的奉献的角度出发的。这是一种悲悯情怀。值得推崇。（板书：悲悯众生）反方认为生命不等值，主要是从社会地位高低、能力大小等角度提出来的，基于此，他们指出了社会上很多不公平、不公正的现象，也有一定的道理。

## 五、连缀文字，让思维绽放生命之花

（一）权威导引

（屏显）

批判精神不是置身事外的冷嘲热讽，不是痛快一时的情绪宣泄，而是破与立的对立统一、批判与建设的相得益彰。批判精神，是呼唤进步的闪耀火花，它证明至少我们还没有沉沦；批判精神，是追求真理的神圣之光，它证明至少我们还没有堕落；批判精神，是面向未来的热切向往，它证明至少我们还没有绝望。

——《人民日报》

### (二)教师示范

(屏显)

莎士比亚曾对生命嘲讽道:“充满了声音和狂热,里面空无一物。”的确,这是一个喧嚣的时代,青春的生命容易浅薄于外在的灿烂,迷失的生命往往热衷于外在的功利和浮华。其实,人应该建构内在的生命。我们用独立的个性绽放生命,这是生命的亮度;我们用丰富的情感润泽生命,这是生命的温度;我们用忠诚的奉献拓展生命,这是生命的深度;我们用健全的人格升华生命,这是生命的高度。(板书:升华人格)

### (三)学生习作

请你以“生命”为话题写一篇作文。

## 学生作品

### 生如夏花劝君惜

10岁男孩的冲动行为致使施工者命悬一线,这则新闻让我惊异万分。一根“纤细”的安全绳,是一位高危职业工人的生命链。只因施工时吵闹的电钻声打扰了这个“天真”的孩童观看有趣的动画片,他在一气之下竟然“毅然决然”地“想方设法”割断了他人的生命链。一个生命对另一个生命的冷漠与残酷实在让人寒心,尤其犯错者竟是在大众看来本应是“纯真”“善良”的年纪时,这种悲哀无疑更甚。

泰戈尔说:“生如夏花之绚烂。”生命不论以何种形式出现都是美妙的，不凋不败。但是，生命绝不仅限于其外表的精致和片刻的灿烂，每一次沉重或灿烂的呈现都是由无数现实堆砌而成的，看似不起眼的一分一秒都会成为细碎的沙粒与砖瓦，最终组成一幢独一无二的楼宇——生命。热爱生命是一种生活姿态，生命不分高低贵贱，珍爱自己的生命，同样也要珍爱他人的生命。

前些天，跳下高楼的女孩更是带给我们沉重的生命之痛。人们用冷漠的围观与残忍的嘲讽把一个年轻的生命推向了终结，却仍自以为是位于道德高地的批判者，消防队员的痛哭声才让其如梦初醒。为何我们对生命的敬重与沉思要留在悲剧发生之后？为何在物质水平飞速发展的今天，人们的怜悯与敬畏还需要用悲哀的现实与英雄的垂泪来唤醒？在生命面前，人人都不应丢弃敬畏的心态与能力。敬畏一个生命的强大，证明了我们的追求与信仰；敬畏一个生命的脆弱，意味着我们的博爱与悲悯；敬畏一个生命的不同，表现出我们的胸襟与包容；敬畏一个生命的平凡，说明我们正渐渐明白，平凡的生命与伟大的灵魂往往是共存的。

新闻事件的热度最终会消退，但是我们对生命的思考不能停止。我们珍惜生命，是因其短暂与有限；我们热爱生命，是因其苦难与幸福；我们敬畏生命，是因我们的思想与灵魂，能够超越时间与苦难，成就坚毅且伟大的人格。我深信，唯有如此，每个生命才能如夏花般绽放。

（此课例荣获“新作文杯”全国第三届作文教学“创课”比赛一等奖）

# 让《朗读者》为写作教学服务

广东珠海·邹冬梅

## 创课缘起

作为中央电视台2017年热播节目《朗读者》的粉丝，我敏锐地觉察到，自己可以做一个大胆的“拿来主义者”，让它为自己的写作教学服务，因为它每一期的主题设计、朗读的篇章、采访嘉宾的故事等都是极好的作文教学素材，内容丰富，与时俱进，且有思想深度。以下将介绍我用《朗读者》第一期《遇见》的素材进行写作教学的设想和具体操作方法。

## 创课思路

学生写作文时普遍存在的问题是选材无新意、立意无深度、语言无活力，教师可以借助《朗读者》节目丰富的素材，在作文课上采用先读后练、边读边学的形式，使学生在选材、立意、语言等方面得到有益启发。

每期《朗读者》节目时长都超过1小时，因此我每次教学都安排2课时，且用连堂课。

“教学现场”环节对各教学内容的叙述并不完全等同于教学环节的安排。如在完成教学内容时，教师可随时操作“暂停观看”，及时穿插讲解“教学现场”中第二、三、四部分的内容。而对“教学现场”第三环节的讲解，考虑到课堂时间有限，无法做到过细讲解。教师可提前印好配套讲义，分发给学生，让学生边看电视节目，边听教师讲解部分的批注，而课堂上未能讲解的其他批注则安排学生课后自读。

## 教学现场

### 一、导入

师生一起观看《朗读者》节目第一期《遇见》的视频，了解朗读者（嘉宾）的人物故事，丰富学生的素材积累，感知所朗读的材料，提高学生的思想认识。学生观看时，教师可随时按暂停键，穿插讲解第二、三、四部分的内容，或给学生提供摘抄佳句时间。

### 二、审题

教师指导学生从《遇见》中学习选材与立意。

（屏显）

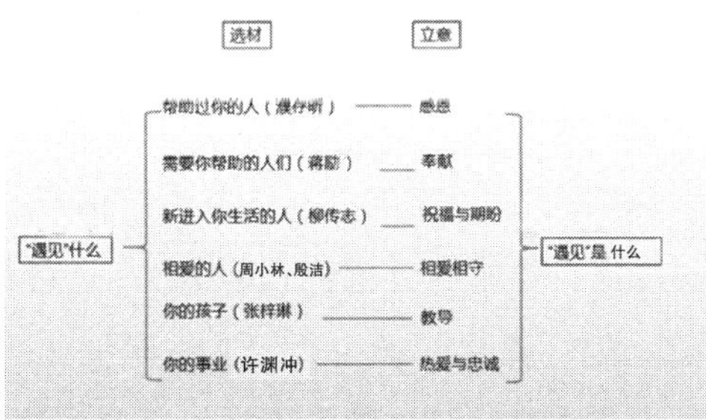


教师出示上图是为了提示学生：所谓选材，就是文章里要写清

楚"遇见"什么。凡写作文，可选的是"什么"，即材料。不外乎"人、事、物、景"。仅"人"就有多种多样，可以是单数，也可以是复数；可以是进入你生命中的人，也可以是进入他生命中的人……但最好是与你的生活息息相关的人。这样写不仅内容可控，而且更容易表达真情实感。《遇见》中的六个例子选取了六种选材角度，分别是朗读嘉宾遇见了"帮助过你的人""需要你帮助的人""新进入你生活的人""相爱的人""你的孩子""你的事业"。这些选材角度丰富，能给予学生很好的启发。

而说到立意，就需要根据你的选材，对作文标题的主题词"遇见"进行一个言之有理、言之有情的解释，即写清楚对你而言"遇见"是什么。人人都可以有不同的解释，所以这个立意有极为丰富的选择。比如，对演员濮存昕来说，他选择讲述的是自己遇见荣国威大夫的故事，或在他的读本中，老舍先生写他遇见宗月大师的故事，都是为了表达一份感恩之情，因此，"感恩"就是对这种"遇见"具体、合理的解释，即文章的立意。

**三、赏析例文**

教师讲解六段朗读材料，如老舍的《宗月大师》、［美］鲍勃·迪伦的《在风中飘扬》、柳传志的《写给儿子的信》、朱生豪的《朱生豪情诗（节选）》、刘瑜的《愿你慢慢长大》、林徽因的《别丢掉》等可圈可点之处（本文节选几段均有讲解批注），既能帮助学生理解文本中的难点内容，又能教学生赏析文章词法、句法、写法之妙，并提示学生有意识地将学到的方法迁移到写作中。

（屏显）

## 宗月大师（节选）

作者：老舍

朗读者：濮存昕

母亲很爱我，但是假若我能去作学徒，或提篮沿街卖樱桃而每天赚几百钱，她或者就不会坚决的反对。穷困比爱心更有力量。（批注：精辟的句子充满哲思，道破生活真相。）

有一天刘大叔偶然的来了。我说“偶然的”，因为他不常来看我们。他是个极富的人，尽管他心中并无贫富之别，可是他的财富使他终日不得闲，（批注：用一两个议论句，尤其是画横线的词句，直接点明人物具有可贵的精神品质：待人平等、爱周贫济苦、慷慨大度、毫不利己、专门利人）几乎没有工夫来看穷朋友。一进门，他看见了我。“孩子几岁了？上学没有？”他问我的母亲。他的声音是那么洪亮（在酒后，他常以学喊俞振庭的《金钱豹》自傲），他的衣服是那么华丽，他的眼是那么亮，他的脸和手是那么白嫩肥胖，使我感到我大概是犯了什么罪。（批注：看画线词句，学构段法——这里用了“总—分”结构来构段，前面的“极富”是个总起词，后面四个“他的”引起的排比句对应“极富”。作者观察细致周全，描写细腻可感，角度丰富多样。）我们的小屋，破桌凳，土炕，几乎禁不住他的声音的震动。等我母亲回答完，刘大叔马上决定：“明天早上我来，带他上学，学钱、书籍，大姐你都不必管！”我的心跳起多高，谁知道上学是怎么一回事呢！（批注：画线句描写得生动、细致，“我”自卑、惊喜之情中潜藏着深深的感恩之情。）

第二天，我像一条不体面的小狗似的，随着这位阔人去入学。学校是一家改良私塾，在离我的家有半里多地的一座道士庙里。庙不甚大，而充满了各种气味……学生都面朝西坐着，一共有三十来人。西墙上有一块黑板——这是“改良”私塾。老师姓李，一位极死板而极有爱心的中年人。刘大叔和李老师“嚷”了一顿，（批注：这里不用“说”“讲”这些平常字眼，而用“嚷”字，画面感十足，活画出刘大叔的个性，也能照应前文表现刘大叔大气为人、自信十足的“富贵”之态。）而后教我拜圣人及老师。老师给了我一本《地球韵言》和一本《三字经》。我于是，就变成了学生。

## 愿你慢慢长大（节选）

作者：刘瑜

朗读者：张梓琳

亲爱的小布谷：

今年“六一”儿童节，正好是你满百天的日子。

当我写下“百天”这个字眼的时候，着实被它吓了一跳——一个人竟然可以这样小，小到以天计。在过去一百天里，你像个小魔术师一样，每天变出一堆糖果给爸爸妈妈吃。如果没有你，这一百天，就会像它之前的一百天，以及它之后的一百天一样，陷入混沌的时间之流，绵绵不绝而不知所终……我希望你是个有求知欲的人，大到“宇宙之外是什么”，小到“我每天拉的屎冲下马桶后去了哪里”，都可以引起你的好奇心；（批注：教导女儿要热爱学习与求知。）我希望你是个有同情心的人，对他人的痛苦——哪怕是动物的痛苦——抱有最大程度的想象力，因而对任何形式的伤害抱有最大程度的戒备心；（批注：教导女儿要爱世间万物、爱自己。）我希望你是个有责任感的人，意识到我们所拥有的自由、和平、公正就像我们拥有的房子车子一样，它们既非从天而降，也非一劳永逸，需要我们每个人去努力追求与奋力呵护（批注：这是一个受过良好教育、正直开明的母亲，她想借启蒙女儿的机会，表达自己的普世价值观。）我希望你有勇气，能够在强权、暴力、诱惑、舆论甚至小圈子的温暖面前坚持说出“那个皇帝其实并没有穿什么新衣”；（批注：这也是借启蒙女儿表达着自己的普世价值观。女性的铮铮铁骨令人肃然起敬。）我希望你敏感，能够捕捉到美与不美之间势不两立的差异，能够在博物馆和音乐厅之外、生活层峦叠嶂的细节里发现艺术；（批注：教导女儿要注重追求有品位的审美。）作为一个女孩，我还希望你有梦想，你的青春与人生不仅仅为爱情和婚姻所定义。（批注：教导女儿学做现代女性，懂得自珍自爱，独立自强，有自己的世界，不被男人和家庭捆绑。）这个清单已经太长了是吗？对品格的寄望也是一种苛刻是吗？好吧，与其说妈妈希望你成为那样的人，不如说妈妈希望你能和妈妈相互勉励，帮助对方成为那样的人。（批注：这是给天下妈妈的重要提示，母亲的成长和孩子的成长同等重要。）

……

小布谷，愿你慢慢长大。

愿你有好运气，如果没有，愿你在不幸中学会慈悲。

愿你被很多人爱，如果没有，愿你在寂寞中学会宽容。

愿你一生一世每天都可以睡到自然醒。

（批注：从“慈悲”“宽容”里可见作者博大的胸襟和柔婉的坚强、爱人爱己的清醒；“自然醒”的本质是教导女儿拥有心胸坦荡、豁达开朗、一无挂碍的品性。这其实是一篇清晰传达现代女性、现代公民应有价值观的说理文，10次“希望”加“愿”的排比段是文章主体，所持观点发人深省，令人敬佩。每一个观点都可直接被学生借鉴，成为作文中拿来可用的成熟、深刻的立意。）

布妈

## 四、佳句撷英

让学生摘抄整个节目中出现的优美句和哲理句，包括主持人的开场词、串场词、嘉宾的谈话、六篇朗读材料、节目结束前歌曲中的歌词等。这样的摘抄能够让学生积累丰富的语言材料，吸纳真知灼见，填充思想的空隙，丰满表达的羽翼。

学生可抄录的句子整理如下：

（屏显）

1. 古往今来，有太多太多的文字，在描写着各种各样的遇见。“蒹葭苍苍，白露为霜。所谓伊人，在水一方。”这是撩动心弦的遇见；“这位妹妹，我曾经见过的。”这是宝玉和黛玉之间，初次见面时欢喜的遇见；“幸会，今晚你好吗？”这是《罗马假日》里，安妮公主糊里糊涂的遇见；“遇到你之前，我没有想过结婚；遇到你之后，我结婚没有想过和别的人。”这是钱锺书和杨绛之间，决定一生的遇见。（董卿）

2. 记住那些帮助过你的人，不要以为是理所应当；也记住在

自己有能力的时候去帮助别人，不要认为是事不关己，这是做人的道理。(董卿)

3. 人生的不可预测，告诉我们在任何时候都要抱着一份希望。(董卿)

4. 我一天一天明白你的平凡，同时却一天一天愈更深切地爱你。(朱生豪)

5. 我们相爱一生，还是太短。(沈从文)

6. 世间一切，都是遇见。就像冷遇见暖，就有了雨；春遇见冬，有了岁月；天遇见地，有了永恒；人遇见人，有了生命。(董卿)

7. 生活的每一天都能欣赏，失败有失败的美。(许渊冲)

8. 人生最大的乐趣是创造美、发现美。同样一句话，我翻得比人家好或者翻得比自己更好，在我就是乐趣。这个乐趣很大，别人是夺不走的。(许渊冲)

9. 一切办法中最好的办法，延长白天最好的办法，是从夜晚里面偷几点钟。(托马斯·穆尔)

10. 生命并不是你活了多少日子，而是你记住了多少日子。你要使你过的每一天都值得记忆。(许渊冲)

11. 中兴业，须人杰。(西南联大校歌)

12. 穷困比爱心更有力量。(老舍)

13. 一个人要走过多少路 / 你才会称他是人？(鲍勃·迪伦)

14. 加农炮弹要飞多少回 / 才会永远被禁止？(鲍勃·迪伦)

15. 是啊，一些人能存活多少年 / 在获准自由之前？(鲍勃·迪伦)

16. 一个人能掉头多少回 / 假装什么都没看见？(鲍勃·迪伦)

17. 是啊！一个人要有几只耳朵／才听得到人们哭泣？（鲍勃·迪伦）

18. 如果女性的美丽只是简单地用来做展示，也许它的意义不是那么大；但如果美丽转化成一种能力，去帮助更多的人，甚至让自己变得更好，那它就是很有价值、很有意义的事情了。（董卿）

19. 我希望你是个有同情的心人……因而对任何形式的伤害抱有最大程度的戒备心。（刘瑜）

20. 我们所拥有的自由、和平、公正就像我们拥有的房子车子一样，它们既非从天而降，也非一劳永逸，需要我们每个人去努力追求与奋力呵护。（刘瑜）

21. 我希望你有勇气，能够在强权、暴力、诱惑、舆论甚至小圈子的温暖面前坚持说出“那个皇帝其实并没有穿什么新衣”。（刘瑜）

22. 作为一个女孩，我还希望你有梦想，你的青春与人生不仅仅为爱情和婚姻所定义。（刘瑜）

23. 与其说妈妈希望你成为那样的人，不如说妈妈希望你能和妈妈相互勉励，帮助对方成为那样的人。（刘瑜）

24. 愿你有好运气，如果没有，愿你在不幸中学会慈悲。（刘瑜）

25. 愿你被很多人爱，如果没有，愿你在寂寞中学会宽容。（刘瑜）

26. 愿你一生一世每天都可以睡到自然醒。（刘瑜）

27. 情不知所起，一往而深，生者可以死，死可以生。（汤显祖）

28. 一样是明月，一样是隔山灯火，满天的星，只有人不见，梦似的挂起。（林徽因）

## 五、布置作业

学生练习写作文，题目为《遇见》。借用本节课“佳句撷英”里的哲理句来立意，或借用其中的优美句来美化语言。不少于600字，文体不限。

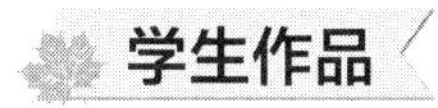


### 遇　见

世间一切，都是遇见。就像冷遇见暖，就有了雨；春遇见冬，有了岁月；天遇见地，有了永恒；人遇见了人，有了生命。

——题记

当语言遇见音乐

老师说，中国古代的诗词就是语言遇上音乐的天作之合。

想想“蒹葭苍苍，白露为霜。所谓伊人，在水一方……蒹葭萋萋，白露未晞。所谓伊人，在水之湄……蒹葭采采，白露未已。所谓伊人，在水之涘……”这里的押韵、换韵，有音乐的音韵和谐之美，荡气回肠；这里的重章复沓，有音乐一唱三叹的反复之美，余音绕梁。

当音乐遇见数学

数学之美，美在规律。而我们所听到的每一段动人心弦的旋律，其中一定有音乐遇见数学的美——那些美好的音乐像数学一样极有规律，整饬地编织着每一个音符，让它们循律而来，随规则而和谐视听。

数学之美，美在简洁。很多传唱不息的歌曲深受大众喜爱，往往因之遇见了数学的简洁——它并无复杂、怪异的音符、音律选择，只需几个简单易记、朗朗上口的音符，便组成了像《北京欢迎你》那样经典的曲目。整首曲几乎没有一个半音阶的4音和7音，简单到不怕你唱不准调，美到你一听就会哼唱，一唱就印象深刻，让你难以忘怀。

当数学遇见文学

人们一般会认为，数学是冰冷、枯燥、无趣的，殊不知当数学遇见文学，它可以变得那么情意缠绵、生趣盎然——我忍不住还想说说中国古代的诗词，如五言律诗，古人赋予它一系列数学式冰冷的严谨和枯燥的格条律令——每句只需5字，全诗共写8句，40字；第3、4句之间，第5、6句之间必须对仗；第2、4、6、8句必须押韵，押韵的字调必须是普通话声调中的第一声或第二声；每句中每字的声调（平仄）必须按严苛的规定选择……可聪明机智的中国文人却特别喜欢玩这种“戴着镣铐跳舞”的游戏，安排了无数场数学与文学的遇见，用成千上万的经典堆叠出连绵起伏的文学的喜马拉雅；用“乡书何处达，归雁洛阳边”思念亲人；用“海内存知己，天涯若比邻”抚慰友情；用“灭烛怜光满，披衣觉露滋”怜爱情人；用“感时花溅泪，恨别鸟惊心”忧愤国政……

（此课例荣获“新作文杯”全国第二届作文教学“创课”比赛一等奖）

# 于生活细微处让笔尖生花

## ——“抓住细节”的方法指导

湖北宜都・吴艳宏

## 创课缘起

生活处处有细节，而随着生活节奏的加快，信息环境的繁杂，我发现我的学生往往容易忽视生活中的细微之处，不注意留心身边的事物，缺少对生活的感悟，导致写出来的作文总是枯燥无味、言之无物。我认为，传神的细节描写源于写作者对生活细致入微的观察和体验，而这除了学生先天的能力之外，还需要后天的训练，包括课堂上教师指导下的观察体验活动。因此，本节课我的教学目的在于教会学生做生活的有心人，时时留心生活的细节，处处用心感悟生活，常常精心提炼生活的细节，写出真挚的性灵之文。

## 创课思路

写作要实现其特定的目的和功能，比如细节描写的目的是塑造人物或推进故事情节发展。如何实现有目的的细节描写？一个有效的办法就是创设情境，让学生感受并分析细节描写的对象、目的、场合等，然后基于这些语境要素，进行合情合理的细节描写。在本节课中，我围绕吃瓜子设计了“我”体验的动作、“我”看到的动作、“我”想象的动作三个活动板块，力求在每一次活动体验中让学生习得抓住细节的方法与技巧。

## 教学现场

### 一、吃瓜子聊天激趣

（教师让学生课前尝一尝瓜子）

今天我们要学习的主题是抓住细节。细节描写指的是对人物、景物、事件等的表现对象进行细微的刻画，往往能起到以小见大、画龙点睛的作用。究竟怎样才能写好细节呢？我们今天就以吃瓜子为例，共同探讨细节描写的方法。

### 二、写“我”体验的动作

**师：**你在吃瓜子的过程中运用了哪些动作？

（学生答，教师板书）

**生：**“拿”“咬”“尝”“嗑”“吞”。

**生：**“掰”“吐”“嚼”“放”“咬”。

**师：**请大家运用这些动词把吃瓜子的过程写成一段文字。

（学生写作，教师巡视指导）

**师：**我们一起来交流一下。

**生：**我拿起一颗瓜子，夹在两颗牙齿中间，轻轻地嗑了一下，紧接着那粒醇香的瓜子仁便被我咬碎在口中吞了下去。

**生：**“嗑”字用得特别好，很准确。

**生：**我捏起一颗瓜子，放在唇边，用牙齿轻轻地嗑了一下，然后嚼了嚼瓜子仁吞了下去，把手中的瓜子壳放在桌上。

**生：**多了放瓜子壳的动作。

**生：**我抓起一把瓜子，捏起一颗放入嘴里，轻轻地一嗑，那饱满的瓜子仁便落入口中，随后我便将瓜子壳扔向一边，咀嚼口中的瓜子仁，阵阵清香在舌尖蔓延。

**生：**这个“捏”字的运用，将捏瓜子的动作写得更加形象、传神。此外，还运用了一些形容词，将瓜子的香味描写得更加细腻。

**师：**对。这位同学运用的动词将“我”吃瓜子的动作写得更加准确、细腻。有一位大师叫丰子恺，他也写了《吃瓜子》。我们一起来读一读他是怎么写的。

（屏显）

她们用兰花似的手指摘住瓜子的圆端，把瓜子垂直地塞在门牙中间，而用门牙去咬它的尖端。“的，的”两响，两瓣壳的尖头便向左右绽裂。然后那手敏捷地转个方向，同时头也帮着微微地一侧，使瓜子水平地放在门牙口，用上下两门牙把两瓣壳分别拨开，咬住了瓜子肉的尖端而抽它出来吃。

——丰子恺《吃瓜子》

**师：**大师足足用了一百多个字，他是怎么做到的呢？下面我们跟随丰子恺的文字和你吃瓜子的动作，一起来感受一下吃瓜子时的状态。

（一个学生朗读，其余学生做动作）

**师：**写得真妙啊！丰子恺描写吃瓜子，比我们多用了哪些动作？

**生：**有更多的细节描写。比如，“用门牙去咬”“用手去捏”“头还歪歪的”，从他的描述中，我感受到这个人吃瓜子时全身都动了起来。

**生：**大师关注到发出动作的身体部位。

**生：**还用了比喻的修辞手法，比如，“兰花似的手指”。

**生：**“摘”这个动词给人一种很轻巧的感觉。

**生：**“的，的”这个拟声词传递给我们两层含义，第一次咬开，第二次把瓜子仁抽出来，从他的描写中，我感觉她们很享受吃瓜子。

**师：**大师把吃瓜子的动作放得更慢，拆分得更细，选用的动词也更精准。来，我们一起来齐读一下第一个锦囊——

（屏显）

聚焦关键人物，细化动作过程，选准动词。

**三、写“我”看到的动作**

**师：**瓜子真是太好吃了。我们过年看电视剧的时候也经常吃，可是有时吃着吃着突然就吃到一颗怪味瓜子，那是怎样一番场景呢？请同学们上台来演一演。（一个学生上台表演后，其余学生鼓掌）你表演得很棒！现在请大家把你们刚刚看到的过程写下来，并形成一段文字。（学生写作，教师巡视）老师发现一篇很有意思的习作，现在请原作者来读一读。

**生**（读）：他一边看着电视剧，一边吃着瓜子。突然，他愣怔了一下，眼神立马变了，脸色也变得很难看，眉头皱了起来。他吐出那粒已经被嚼烂的瓜子仁，又吐了几口口水，把舌头伸了出来。他厌恶地看着那吐出来的东西，撇了撇嘴，把剩下的瓜子都扔进了垃圾桶。

**师：**谁来说一说这位同学写得如何？

**生：**他运用神态描写和动作描写把吃到怪味瓜子时的神情、动作写得非常形象、生动，并且很有画面感。

**师：**我们总结一下，这次写的吃瓜子和第一次写的吃瓜子有什么不一样？

**生：**描写的重点不同，第一次重点细写了吃的过程，第二次重点把笔墨放在动作上，真实地还原了吃瓜子的情境。

**师：**不错，这一次我们不是简单地还原吃瓜子的动作，而是根据情境取舍动词，放慢吃瓜子时的动作。下面我们一起来读一读第二个锦囊——

（屏显）

依据情境主题，调整动作详略，取舍动词。

## 四、写“我”想象的动作

**师：**说起瓜子，老师想起一个感人的故事，请大家先观看大屏幕上的一段视频。

**师：**这个视频里有两位主人公，分别是从老家跋涉而来送瓜子仁的父亲和在外打拼两年未归家的女儿。其实还有一位主人公，那就是未到场的母亲，因为身体原因，她不能和父亲一起来看女儿，只能将满腔思念融入这袋沉甸甸的礼物——布袋里装的是母亲亲自为女儿剥好的瓜子仁。想一想，这次写母亲“吃瓜子”与前两次相比难点在哪里？

**生：**我们没法亲眼看见母亲剥瓜子的场景。

**生：**母亲剥的瓜子仁里蕴含着母爱。

**师：**不错，母亲吃瓜子的动作是想象中的。不同的人物吃瓜子的动作是不同的，而且每个人吃瓜子的动作都具有个性化，其中蕴含着他们吃瓜子时丰富的情绪、情感以及深沉的心理。请大家看一看学案中，大师们是怎么利用一系列的动作描写来表现人物个性的。

（学生各自独立阅读学案中莫言的《童年读书》、丰子恺的《吃瓜子》、曹雪芹的《红楼梦》中三个有关动作描写的片段，然后小组讨论）

学案中名家名作动作描写片段展示：

1. 他看书时，我就像被磁铁吸引的铁屑一样，悄悄地溜到他的身后，先是远远地看，脖子伸得长长，像一只喝水的鹅，看着看着就不由自主地靠了前。

——莫言《童年读书》

2. 他空咽一口唾液，再选一粒来咬。这回他剥时非常小心，把咬碎了的瓜子陈列在舱中的食桌上，俯伏了头，细细地剥，好像修理钟表的样子。

——丰子恺《吃瓜子》

3. 刘姥姥便不敢过去，且掸了掸衣服，又教了板儿几句话，然后蹭到角门前。只见几个挺胸叠肚指手画脚的人，坐在大板凳上，说东谈西呢。刘姥姥只得蹭上来说：“太爷们纳福。”

——曹雪芹《红楼梦》

**生：**曹雪芹的《红楼梦》中“蹭”这个动词，写出了刘姥姥这个人很胆小，而且形象地刻画了她内心的卑微。

**生：**丰子恺的《吃瓜子》中通过精准的动词和慢动作描写，表现出吃瓜子人的职业、性格、心理状况，一个小心翼翼、十分细致又耐心的吃瓜子男子的形象跃然纸上。

**生：**莫言运用了比喻的修辞手法，比如“像鹅一样”，将主人公偷偷看书的动作形象生动地表现了出来。

**师：**大家分析得都很好，除了前两个环节中提到的锦囊，大师们还运用了精准的动词、巧妙的修辞等技法，淋漓尽致地将人物的个性化特点表现了出来，这样写出的动作更真实、动人、传神。下面我们一起来读一下第三个锦囊——

（屏显）

想象人物情境，融入动作情感，着重渲染动词。

**师：**有了老师给的这三个锦囊，那我们就试着写一写图中母亲准备瓜子仁的情景吧。

## 五、小结

这节课我们“三吃瓜子”，第一次是在平常的生活状态下吃瓜子，动作描写得细致、精准；第二次是在课堂上表演看电视剧时突然吃到怪味瓜子仁的情境；第三次是想象描写——思念女儿的母亲剥瓜子仁时的情境，再加上人物的个性色彩的描写。同学们，想一想，还可以在怎样的情境下吃瓜子？下课后我们可以围绕“人物、情境、个性特点”这三要素，运用今天学到的三个锦囊，写一段在其他场景下吃瓜子的情境。一瓣花中知乾坤，一粒沙里看世界。其实，大的生活，是由无数个小的细节构成的。让我们用双眼发现生活细节，用心灵感悟生活细节，用文字珍藏生活细节，留住生活中的点滴之美。

## 学生作品

**片段一：**

母亲坐在炕上，面前的小桌子上放着一大袋瓜子，旁边是一个篮子，篮子里面垫着一块干净的碎花布。她细细地挑选那些个头大的、饱满的瓜子，然后小心翼翼地剥着，生怕把里面的瓜子仁剥碎了。她一粒一粒慢慢地剥着，密密的汗珠亲吻着她的额头。过了很久，她终于将那些好瓜子剥完了，来不及伸个懒腰，又起身将篮子里的瓜子仁用玻璃罐密封起来，放到柜子里。回到炕上，母亲有些舍不得那些“不合格”的瓜子，抓起一把就嗑起来，偶尔吃到一两颗怪味的，也不吭声。她一想到女儿吃到瓜子仁时的开心模样，幸福的笑容便洋溢在脸上。

**片段二：**

夜晚，万籁俱寂。暖黄的灯光下，母亲正在为远在他乡的女儿剥瓜子仁。一大袋瓜子摆在面前，母亲眯着眼，认真地挑选饱满的瓜子。一会儿，瓜子被分成了两批——饱满的和干瘪的。她拾起一小把饱满的瓜子，俯下头细细地剥着。一粒胖胖的瓜子仁呈现在眼前，她小心翼翼地将它放在罐子里。夜渐深，罐子里已有大半瓜子仁，面前的瓜子壳堆成了一座小山。虽然大拇指指头已经磨红了，但是母亲依旧剥着。很久之后，瓜子仁终于填满了罐子，母亲长长地舒了口气，满意地点点头，这才起身走到窗前，望着天空中那轮明月，揉了揉酸痛的肩颈。

**片段三：**

秋日的阳光暖烘烘地照着大地，母亲坐在院子里给远在他乡的女儿剥着瓜子仁。母亲坐在小凳上，面前的椅子上放着一大袋瓜子和一个装着半罐瓜子仁的玻璃罐子。只见母亲熟练地拣起一颗饱满的瓜子，放到嘴边轻轻一磕，拿下来，两手的拇指从那磕出的小缝里灵巧地掰出一颗散着熟香的米黄色瓜子仁，母亲满意地把它择出来放进透亮的罐子里，丢掉手中的瓜子壳，接着再去择瓜子。“你说你非要给她剥瓜子仁，这得剥到什么时候，她在外面还买不到几斤瓜子吗？你看你这等会儿剥的满地都是瓜子壳，扫都不好扫！”父亲倚在大门口吐着烟圈抱怨道。

母亲并没有抬头，只专注于自己手里的瓜子，动作未停，笑着说："外面买的哪有我自己种的、亲手炒的香，姑娘最爱吃我给她备的瓜子仁，地等会儿我自己扫，你别管，我还没说你烟灰难扫呢！"父亲皱了皱眉头，掐了烟头，转身进了屋。母亲瞥了父亲一眼，加快了手中的动作。不一会儿，父亲搬了一张小桌子出来，放到母亲旁边，哝声道："起来坐在椅子上剥，不然等会儿又要喊腰疼！"母亲揉了揉腰，站起身来，这才冲父亲笑着说道："你放心，我剥得快，剥完收拾好就去烧饭，你去看看还有什么干货可以给她带一些。"父亲点了点头，进了屋，母亲坐在椅子上继续剥起来。罐子渐渐满起来了，母亲的嘴角悄悄地上扬，脸上洋溢着幸福的笑容。

（此课例荣获"新作文杯"全国第四届作文教学"创课"比赛一等奖）

# 把小说改成剧本

## ——一次功能性写作的探索和实践

江西赣州·谢　琼

### 创课缘起

功能性写作理念强调教学情境、教学元素、教学支架。教学情境是基于学生真实的生活经验和可获得的材料而设计的教学任务。这样的情境有明确的目的指向，能快速激发学生的写作欲望，调动学生的写作兴趣。教师则根据学生的写作经验和写作水平，为学生搭建学习支架，教给他们实用的学习方法，以帮助他们完成写作任务。

此次写作任务是为完成学校元旦艺术节话剧表演比赛而设置的，并结合统编版初中语文教材九年级上册第六单元的作文训练课《学习改写》，学习如何把小说改写成剧本。这是一次大胆的探索和实践。

### 创课思路

剧本的类型很丰富，我们改写的剧本为话剧剧本。

话剧剧本的最终目的是为舞台演出服务，指导演员说什么、做什么。课堂内容主要抓住剧本的形式、剧本和小说的区别、剧本人物对话、舞台提示等方面来把小说改写成剧本。为了不断激发学生的改写兴趣，在教学过程中教师采用游戏升级的模式，从剧本概念、舞台提示、人物对白等方面逐步完善剧本，并总结小说改写成剧本的具体写作策略。

## 教学现场

### 一、出示情境，激发兴趣

（屏显）

第九届校园艺术节活动方案（节选）：学校将举办话剧表演比赛，各年级各班需准备一个话剧节目进行参演。话剧内容要求主题积极、内容健康，鼓励同学们结合校内校外生活，自己创作话剧剧本，或者积极改编课本上选编的小说。每个班的表演时间不得超过5分钟。

引导学生根据以上方案提取关键信息：

1. 话剧表演，必须准备话剧剧本。（话剧表演需要准备什么）
2. 剧本可以原创，或者将小说改编成剧本。
3. 话剧表演时间不得超过5分钟。（注意话剧内容的取舍）

### 二、出示范本，搭建支架

**师：**同学们，今天我们一起来学习第六单元的写作专题训练课《学习改写》，这节课的主要任务是学习把小说改写成剧本。你们见过真正的剧本吗？

**生：**没有。

**师：**下面我们来看一个非常熟悉的动画片的剧本片段。

（屏显）

《熊出没》第一集剧本（节选）

人物　熊大、熊二、光头强

时间　白天

地点　光头强的小木屋

[熊大、熊二鬼鬼祟祟地从窗口往里瞧]

熊二　呀？光头强今天咋没出去砍树呢？

熊大　[小声] 这么大声干吗？想让光头强发现咱们？

……

（学生阅读剧本，教师提示学生阅读剧本时需注意剧本涵盖的内容）

（提示：教师需带领学生分析并圈画出一个剧本中必须包含的要素：对话台词、舞台提示，并归纳出示剧本的概念。）

（屏显）

剧本是一种文学形式，是戏剧艺术创作的文本基础。编导与演员根据剧本进行演出。剧本主要由人物对话（或唱词）和舞台提示组成。舞台提示一般指人物说话的语气、说话时的动作，或人物上下场、指出场景或其他效果变换等。

**师：** 请同学们回忆我们学过的小说的相关内容，从表现手法、塑造人物、情节、时空限制、节奏等方面来分析小说和剧本有什么不同呢？

**生：** 从表现手法上看，小说主要是叙事、讲故事，而剧本则主要是对话。

**生：** 从塑造人物上看，小说可以从语言、动作、心理、外貌等方面来塑造人物。剧本则主要是通过人物的语言和动作来塑造人物。

**生：**从情节上看，小说的情节比较复杂，而剧本的情节比较简单。

**生：**从时空限制上看，小说展现的时空比较宽广，剧本展现的时空主要集中在舞台上。

**生：**从节奏上看，小说的节奏比较慢，剧本的节奏比较快。

**师：**你们说得非常精准！你们已经了解了剧本的格式、小说和剧本的不同。现在老师交给你们一个任务，把《范进中举》中“范进进学，胡屠夫贺喜”这个片段改写成剧本。

（学生现场改写剧本，教师展示初步改写成果，并出示初步改写版本1.0版）

（屏显）

人物　胡屠夫、范进、范母、范妻

时间　中午

地点　范进家

[范进进学回家……范进向胡屠夫作揖，坐下]

胡屠夫　我自倒运，把……我所以带个酒来贺你。

[范进唯唯连声……母亲自和媳妇在厨下造饭]

胡屠夫　你如今即中了相公，凡事……免得惹人笑话。

范进　岳父见教的是。

胡屠夫　亲家母也来这里坐着吃饭。老人家……可怜！可怜！

[说罢，婆媳两个……千恩万谢。屠户横披了衣服，腆着肚子去了。]

## 三、游戏升级，完善剧本

### （一）回望1.0版，升级舞台提示，展望2.0版

**师：** 同学们，我们刚刚完成的剧本1.0版，可以用来排练吗？

**生：** 不可以。

**师：** 为什么呢？请说一说你的理由。

**生：** 因为这个版本中大部分都是对话，如果我们的演员站在舞台上只是单纯地对话，就变成了相声表演。

**师：** 这位同学一针见血地指出剧本1.0版中存在的问题，那你有什么好的建议吗？

**生：** 我觉得演员对话的同时，应该附着相关的动作、表情等细节。

**师：** 动作、表情等都属于剧本中的——

**生：** 舞台提示。

**师：** 不错。下面请大家找一处你觉得最应该添加舞台提示的地方加上舞台提示，完成后和大家分享。

**生：** 我添加了"胡屠夫将一只脚提起来搭在板凳上，用手招呼"这一动作。

**生：** 我添加了"范进不住地点头哈腰"这一动作。

**师：** 这些舞台提示添加得好吗？请同学们来评价一下。

**生：** 非常准确。因为这两个动作的描写把胡屠夫那种傲慢、粗俗无礼的形象和范进那种唯唯诺诺的性格展现了出来，并且这些动作特别符合他们的身份。

**师：** 所以我们添加舞台提示要注意什么呢？

**生：** 要符合人物的身份、性格特征。

**师：** 确实如此，好的舞台提示有利于塑造人物性格，推动故事情节发展，同时有利于排练和表演。

**（二）** 基于2.0版，升级人物语言，再攀3.0版

**师：** 同学们，我们再来回顾一下这次话剧表演的活动方案，大家还发现了什么细节？

**生：** 我觉得演员说的话应该是大家都可以听懂的，而且听起来是非常有趣的。

**师：** 这位同学非常细心，提出了一条建设性的建议，就是人物的语言不仅要通俗易懂，还要幽默风趣。《范进中举》本身是一篇清代的文言小说，有很多词已经慢慢消失在人们的视听中，很多语言的表达方式让人陌生。下面请大家看大屏幕上的这些词，我们一起来看看它们是什么意思。

（屏显）

倒运、累、甚么、带挈、相公、行事、见教

**生：** 倒运是倒霉的意思。

**生：** 累是连累的意思。

**生：** 甚么是什么的意思。

**生：** 带挈是提携的意思，见教是教的意思。

**生：** 相公是秀才的意思，行事是行当的意思。

**师：** 看来同学们对课文内容掌握得很好。现在请同学们选择剧本2.0版中你最想改写的一句人物对话，把它改写得更加通俗易懂、幽默风趣。

**生：**我选择的是胡屠夫的第一句话。我是这样改的：是我自己倒了大霉吧！把一个这么宝贝的女儿嫁给你这个阿达宝穷鬼！这么多年了，就知道拖累我。现在不知道是不是我最近少杀了几头猪，积了德，竟然让你沾我的光考上了秀才，所以带个酒来祝贺你！

**师：**这个改得非常具有赣州特色，阿达宝是我们的赣州口语。其他的同学呢？

**生：**我选择的是胡屠夫的第二句。我是这样改的：你既然考中了秀才，那么凡事都要像点样子，有点规矩。比如像我这些杀猪的老板们，都是有头有脸的人物，你怎么敢在我面前装老大呢？你怎么也要给我留点面子吧！你家门口这些作田的、扒粪的，不过就是个普通人，你若跟他们平起平坐，就是坏了规矩，连我都觉得丢人。你就是个没有用的家伙，我今天说的这些话都是为了教你，免得你出去丢人现眼，惹人笑话！

**生：**我改写的是胡屠夫的最后一句。我是这样改的：亲家母啊，你别忙了，快点来吃饭。你看你瘦得像杆子一样，每天只吃腌菜拌米汤，还没有我的猪吃得好！我可怜的女儿，当初就不该把你嫁过来。

**师：**同学们通过使用对比、方言、夸张、幽默化的方式将人物语言变得更加具有舞台效果，也更加通俗易懂。同学们改得非常有趣，老师也尝试了一下。我想请同学们看一看，我改的这一处用词是否准确？

（屏显）

胡屠夫　……女儿啊，你也来吃点。自从你嫁过来，十几年了，忍饥挨饿，可怜！可怜！

**生**：“忍饥挨饿”这个词用得不好。

**师**：为什么？

**生**：因为“忍饥挨饿”是个成语，而胡屠夫是一个市井杀猪之人，没什么文化，应该说不出这么文雅的词。

**师**：请大家把掌声送给这位细心的同学。所以我们改写人物语言时要注意什么呢？

**生**：要符合人物的身份、性格特征。

**（三）** 以点带面，形成完整演出剧本3.0版

**师**：同学们，经过刚才的升级，我们基本上完成了一个比较完整的短剧本。可是我们知道，在5分钟的演出中，这些内容是不能够完全表演出来的，那么我们就要对整个故事进行筛选，分成若干幕，或者扩充一定的对话台词。这个任务留给同学们课后去完成。大家可以根据一定的舞台演出需求增删内容。在下课之前我们一起来回顾一下把小说改写成剧本要注意的内容：一是改变文体；二是增加舞台提示；三是改变语体；四是增删内容。

## 学生作品

### 《范进中举》第一幕“屠户贺喜”

人物　胡屠夫、范进、范母、范妻

时间　中午

地点　范进家

[范进进学回家。胡屠夫提了酒肉大摇大摆地来到范进家。范进连忙出来向他作揖。]

胡屠夫　[叹了一口气]是我自己倒了大霉吧！把一个这么宝贝的女儿嫁给你这个阿达宝穷鬼！这么多年了，就知道拖累我。现在不知道是不是我最近少杀了几头猪，积了德，竟然让你沾我的光考上了秀才，所以带个酒来祝贺你！

范进　[不停地点头]是是是……

[范进母亲和妻子做饭，热气腾腾]

胡屠夫　[傲慢语气]你既然考中了秀才，那么凡事都要像点样子，有点规矩。比如像我这些杀猪的老板们，都是有头有脸的人物，你怎么敢在我面前装老大？你怎么也要给我留点面子吧！你家门口这些作田的、扒粪的，不过就是个普通人，你若跟他们平起平坐，就是坏了规矩，连我都觉得丢人。你就是个没有用的家伙，我今天说的这些话都是为了教你，免得你出去丢人现眼，惹人笑话！

[范进妻子端菜上来，范进连忙给胡屠夫倒酒]

范进　[不住地点头哈腰]岳父大人说得对。

胡屠夫　[一只脚提上来搭在板凳上，用手招呼]亲家母啊，你别忙了，快点来吃饭。你看你瘦得像杆子一样，每天只吃腌菜拌米汤，还没有我的猪吃得好！我可怜的女儿，当初就不该把你嫁过来。

[胡屠夫吃完摸了摸肚子，大摇大摆地走了……]

（此课例荣获“新作文杯”全国第四届作文教学“创课”比赛一等奖）

# 最炫民俗风

## ——记叙文创意写作指导

江西赣州·郭建华

### 创课缘起

有一天，我在街上看到某店门口有一个铜炉，一个女子正慢慢地往里面烧着纸钱——原来这是当地的风俗。当地人每个月初二都要在火光中祷告，希望生意兴隆。我在旅途中也常看到他乡不同的民俗，有的是服饰，有的是礼节，有的是婚俗。这样不断地穿梭在人与事的走廊上，让我的心灵受到冲击，也慢慢地抚慰了我。当我听到广场上播放《最炫民族风》时，突然萌发了一个念头，那就是寻觅文字中的民俗，让这些民俗变成一篇篇记叙性散文。

### 创课思路

语文课堂要想浸润文化，呈现“最炫民俗风”，就需要教师在教学过程中引导学生对民俗加以选择、甄别与裁剪。写作前，教师要让学生了解民俗“曲风”，为片段训练做铺垫。之后让他们浏览“民俗风貌”，回归课本，在写作中梳理民俗课文，鉴赏“民俗风景”。接着教师让学生领略“民俗风采”，将“民俗风采”转化为写作素材，并从四个角度进行片段训练，随后课堂内容以“民俗风气”作结尾，从片段写作过渡到整篇写作，最终呈现一篇待升格的记叙文——《家风》。最后布置作业，进行巩固与迁移。

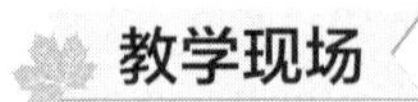

## 教学现场

### 一、导入

同学们，民间歌谣、民俗风物在日常生活中俯拾皆是，它们有传统文化的余韵，也有现代时尚的回响。民俗文学在作家的笔下鲜活而生动，隽永的文章里几乎都能寻觅到民俗的身影，仿佛熟悉的场景重现，宛若陌生的景象初见，最炫莫过于民俗风。在记叙性散文里，我们可以让民俗风如山间、街区的风吹拂，吹入心田，化作“民俗风貌诗、民俗风景画、民俗风情美、民俗风采秀”。同学们，让我们今天学习民俗如诗歌的音符、如画卷的色彩，让民俗与人物、事件水乳交融，在描写、叙事中光彩夺目。

### 二、民俗风貌

《诗经》有十五国风，每个国家都有自己的民俗，目前我国的每个地名几乎都对应一种民俗。民俗是从远古吹来的风，浸润着当时的社会文化，反映着当时的社会风貌。《诗经》中描绘了一幅幅物质、精神、社会生活的风景画，比如，《氓》里“抱布贸丝”是社会生活图景；《蒹葭》里的伊人在水一方，是婚恋风俗；《木瓜》里包含了饮食民俗，因此，《诗经》被人誉为“永恒的精神故乡”，真可谓包罗万象。我们可从下表中窥见其风貌：

（屏显）

| 物质生活 | 精神生活 | 社会生活 |
| --- | --- | --- |
| 物质<br>（如：衣、食、住、行） | 语言<br>（如：方言） | 家庭<br>（如：家风） |
| 空间<br>（如：城市、乡村） | 民间智慧<br>（如：歇后语、谚语） | 社团<br>（如：广场舞、三里屯） |
| 经济<br>（如：货币、器具） | 艺术<br>（如：剪纸、戏曲、唢呐） | 组织<br>（如：东北大娘、朝阳区群众） |

## 三、民俗风景

我们的教材里有很多饱含民俗特点的记叙文。请同学们小组合作，把相关篇目列出来，并找一篇你自己熟悉的文章加以赏析，以下两篇做参考。

（屏显）

1. 江苏——汪曾祺《端午的鸭蛋》

端午节，我们那里的孩子兴挂“鸭蛋络子”。头一天，就由姑姑或姐姐用彩色丝线打好了络子。端午一早，鸭蛋煮熟了，由孩子自己去挑一个，鸭蛋有什么可挑的呢？有！一要挑淡青壳的。鸭蛋壳有白的和淡青的两种。二要挑形状好看的。别说鸭蛋都是一样的，细看却不同。有的样子蠢，有的秀气。挑好了，装在络子里，挂在大襟的纽扣上。这有什么好看呢？然而它是孩子心爱的饰物。鸭蛋络子挂了多半天，什么时候孩子一高兴，就把络子里的鸭蛋掏出来，吃了。端午的鸭蛋，新腌不久，只有一点淡淡的咸味，白嘴吃也可以。

孩子吃鸭蛋是很小心的。除了敲去空头，不把蛋壳碰破。蛋黄蛋白吃光了，用清水把鸭蛋壳里面洗净，晚上捉了萤火虫来，装在蛋壳里，空头的地方糊一层薄罗。萤火虫在鸭蛋壳里一闪一闪地亮，好看极了！

2. 台湾——琦君《春酒》

我喝完春酒回来，母亲总要闻闻我的嘴巴，问我喝了几杯酒。我总是说："只喝一杯，因为里面没有八宝，不甜呀。"母亲听了很高兴。自己请邻居来吃春酒，一定每人给他们斟一杯八宝酒。我呢，就在每个人怀里靠一下，用筷子点一下酒，舔一舔，才过瘾。

春酒以外，我家还有一项特别节目，就是喝会酒。凡是村子里有人急需钱用，要起个会，凑齐十二个人，正月里，会首总要请那十一位喝春酒表示酬谢，地点一定借我家的大花厅。酒席是从城里叫来的，和乡下所谓的八盘五、八盘八不同（就是八个冷盘，当中五道或八道大碗的热菜）城里酒席称之为"十二碟"（大概是四冷盘、四热炒、四大碗煨炖大菜），是最最讲究的酒席了。所以乡下人如果对人表示感谢口头话，就是"我请你吃十二碟"。因此，我每年正月里喝完左邻右舍的春酒，就眼巴巴地盼着大花厅里那桌十二碟的大酒席了。

## 四、民俗风采

同学们，作家把民俗变成景物，化作人物，成为事件，还寄托了情思。我们身边的民俗也同样充满着风采。让我们开展民俗采风活动，并进行片段训练，看民俗如何在记叙文中生动、鲜活起来。

（屏显）

1. 风物——用民俗写景

用民俗写景，就是在景物描写中加入民俗风物，具有地方特色。比如白居易写“大林寺桃花”，沈从文写“吊脚楼”，冯骥才写“天津码头”；再如写洛阳牡丹、北京国槐、上海梧桐。在景物描写中镶嵌地名、文化坐标，运用修辞手法，可让文章熠熠生辉。

2. 风情——用民俗抒情

民俗中包含了风情，适当的抒情可以让记叙文的主题得到升华。比如《社戏》里鲁迅对童年乡村生活的怀念，《故都的秋》里郁达夫对北国之秋的讴歌，《背影》里朱自清对民国服饰和铁路的还原，这些文章都在民俗符号中融入了情思，灵活的再现让民俗在记叙文中焕发光彩。

3. 风度——用民俗写人

不同民族、不同省份、不同文化背景的人，决定着人的个性特征、不同风度。《老王》和《孔乙己》里的人物并不相同，是因为他们生活在不同的社会环境和民俗氛围中。因此把人物放在民俗的时空下进行细节的描写，就能展现其独特的风度。

4. 风华——用民俗叙事

记叙文叙事，有时可以记录完整的事件，比如年俗、婚俗、葬礼。在《平凡的世界》《穆斯林的葬礼》这些作品中，有一些片段详细地记录了民俗事件，叙述现实和事实的经过，并在顺序、节奏、详略、主次上加以安排，让叙事风华尽显。

（学生分成四组，分别选择一个角度进行写作，大约10分钟，然后再用10分钟进行分享、点评与修改）

## 五、民俗风气

片段连缀成文章，就能让记叙文变成“最炫民俗风”。下面这篇网络上的记叙文——《家风》（文中地名根据学情稍做了改编），请同学们从风物、风情、风度、风华这四个方面任选一个角度，修改语句，并为文章添加民俗文化内容，让它光彩夺目！（小括号部分提供参照）

（屏显）

### 家　风

“嘿呀、嘿呀……”是哪家在漆黑的深夜还点着通明的灯在辛勤地操劳？是我们家。这盏黑夜中的明灯，在社区，不，在赣州，是一束最闪耀的光芒。（加入赣州本地的俚语，或者城市建筑描写）

告诉你，我们可是这个社区里小有名气的勤劳之家，四代祖传，代代勤勉。

这得从我的奶奶说起。我的奶奶虽已是耄耋之年，但还是忙个不停。在我们各自外出学习、工作之时，她总是利用这段时间，做家务，从没闲着。（加入奶奶的服饰或者首饰，带有民俗味）

早晨，奶奶起得很早，她帮我们准备好早餐，就开始干其他活。我每天一起床就注视着奶奶的一举一动，她拖地时声音十分轻，生怕打扰我们睡觉。

我知道，奶奶的身体不是特别好，她为我们累垮了身体。瞧，奶奶的动作虽缓慢，但她拖地拖得很干净，如果有一点不干净，她就会紧皱眉头，摇摇头，然后拿着拖把反复地拖直到把地拖干净为止。奶奶，您为我们付出这么多，我们都心疼您，感激您！（对赣南生活场景的描绘，加入家居布置或者加入饮食民俗）

在奶奶的影响下，妈妈成为一个勤勉的人。白天在单位她工作认真，正因为这种态度，所以每年都被评为“优秀共产党员”。妈妈下班到家时，我总能听到她匆匆的脚步声和气喘吁吁声。妈妈一手提着包，一手提着为我们准备晚餐的菜。晚饭后，妈妈放弃了娱乐项目，也没有倒头休息，而是帮着奶奶做家务活。白天奶奶干，晚上妈妈抢着干，让奶奶休息。（运用方言，让语言更加生活化）

在奶奶和妈妈的影响下，我也变得很勤劳。在学校我可是卫生大组长，不仅劳动响当当，成绩也不差。一次，林老师作业布置得很少，但要求我们认真完成。是的，只有一两项是常规作业，另一项是作文。那次我写了两个小时，作文写了五页，完成得很认真。也许是平时课外书看得多，拿起笔来，灵感突发，越写越有劲。那次作文，我被当众表扬，那也是勤劳的结果呀！（加入场景描绘，比如学校、教室内景）

我们家的家风——勤劳之风，愿它常驻我家。愿那勤劳之风，飘在中华民族的上空，飘进千家万户！

（学生先用七八分钟修改，然后再用三四分钟让四个学生从上述四个不同侧面加以升格，并分享示范）

踏遍青山人未老，故乡是一支清远的笛。民俗寻根，能让我们的记叙文充满新意与创意。

2016年，北京卷高考作文是以《老腔，何以令人震撼》为题，写一篇议论文。2017年全国卷Ⅰ作文是写一篇文章，帮助外国青年读懂中国。可见，作文中写好民俗，大有裨益。无论从生活还是学习来看，民俗都离我们并不遥远，让我们将民俗风情注入笔端，带着作文去旅行，让“最炫民俗风”伴随我们每一天。

## 六、布置作业

（屏显）

总有一个地方，让你心驰神往；总有一段往事，让你热泪盈眶。边城是沈从文的家园；鲁镇充满了鲁迅的想象；咸鸭蛋让汪曾祺念念不忘……我们的身边充满着生活的细节，充满着民俗的芬芳。民俗，勾起了心灵深处的美好，飘动着无限的情思。

请根据上述材料，写一篇800字左右的记叙文，题目自拟，文体自选（诗歌除外），不得抄袭，不得套作。

## 学生作品

### 无声聆听

父亲是个寡言的人，是个地道的闽南男人。

每天的饭桌上，我总是叽叽喳喳讲个不停。网上看到的新消息、最近读的新故事和发生的事情我都想和爸爸分享，可爸爸似乎并不怎么领情，总是机械地夹菜、扒饭、埋头吃，他甚至连看都懒得看我一眼。我的好兴致瞬间也就没有了。

久而久之，我才意识到，一贯安静的爸爸兴许是不爱听我“唠叨”。俗话说“食不言，寝不语”，一个女孩总是这样念叨，也难怪爸爸会反感。这样想着，心里不免有些难过，但我就是抱着一种赌气的心理："你不愿搭理我，我也不愿和你分享！"

接下来的几个晚上，我便克制着自己，尽量少说些无关紧要的话，偶尔说上那么几句，也是干巴巴的，不带任何感情色彩。我原本以为爸爸会察觉我的异样，可爸爸却毫不在意，仍旧静默地自己提筷吃饭。渐渐地，我在餐桌上再也不讲话了，变得和爸爸一样，安静而专心地享受闽南特色美食——反正说了也没人听，何必白费口舌呢？但，令我吃惊的是，爸爸却在那个晚上破天荒地开了口。

"最近这么沉默寡言，是遇到什么不开心的事吗？"他问道。

我有点诧异，但仍回答："没，没有。"

"怎么没有！爸爸话少，不会说，但每天听你讲还真是一种享受。听你讲最近读的书，做的事，可以了解你的一切，别提我有多幸福了！可我不敢回答你，是怕说错，你现在不说了，我倒还有些心慌……"爸爸语气缓慢地和我说着。

我惊呆了，原来爸爸并不是没有在认真聆听我的每一次"牢骚"，只是他怕自己嘴笨，会影响了我畅谈的兴致。我一直以为是爸爸厌恶我，但我从没注意到我大笑时那一束愉快的目光；从没注意到爸爸扒饭时那一抹上扬的嘴角；从没注意到爸爸以他独特的方式偷偷地爱着我！想到这些，我的眼睛逐渐湿润了。

现在的饭桌上，经常能看到我和爸爸互相交谈、开怀大笑的场景。我重新拾回了话语，但更重要的是，我拾回了一个道理：事情远不止你所看到的、感觉到的那样，有一些爱，藏在无声处。

（此课例荣获"新作文杯"全国第二届作文教学"创课"比赛一等奖）

# 选材立意“长宽高”

## ——情境作文选材与立意的辩证思考

四川成都·薛　晴

### 创课缘起

古希腊学者普罗塔戈拉曾说：“头脑不是一个要被填满的容器，而是一把需要被点燃的火把。”情境作文教学就是教师以适当的情境作为引导来点燃学生写作火把的一种模式。良好的情境作文教学能根据学生的真实生活情境创造自由的写作空间，培养他们的想象力，最终达到降低写作难度、点燃写作激情的目的。因此，近年来在全国各地中考语文试卷上，这类情境作文题目赢得了许多命题者的青睐。选材立意是写作的关键，本节课旨在探讨在情境作文中如何指导中学生选材立意。

### 创课思路

1. 从课内情境写作到中考情境作文。回顾教材，教师要梳理教材中情境写作的范例，以此理解情境作文要素，消除学生对情境作文的陌生感。

2. 解答情境作文的选材立意问题。教师通过巧设情境、巧引导，解答情境作文题的取材立意问题，探索总结情境作文取材立意的有效方法。

## 教学现场

### 一、从课内情境写作到中考情境作文

#### （一）思维引导

**师：** 情境写作贯穿我们教材的始终，对我们来说并不陌生。请同学们根据以下习题，分析情境写作要素。

（屏显）

1. 七年级《天上的街市》，朗读并背诵这首诗，用自己的话描述诗中想象的世界。

2. 九年级《我的叔叔于勒》，想象一下，假如菲利普夫妇在船上发现已经成为百万富翁的于勒，他们会有怎样的表现呢？试写一个300字左右的片段。

**师：** 我们可以归纳出情境写作要素：第一，出题者设置一个特定情境（情境可以是文学作品中的，也可以是现实生活中的）；第二，需要学生结合这个情境进行合理的想象和联想。

#### （二）中考中的情境作文示例

（屏显）

（2017·四川成都）“我不由得停住了脚步”，是宗璞文章《紫藤萝瀑布》的开头。一树盛开的紫藤萝花吸引“我”驻足观赏，使“我”浮想联翩……生活中你是否有过“不由得停住了脚步”的经历？你又有怎样的感受与思考？请以“我不由得停住了脚步”开头，自拟题目，写一篇文章。

**师：**这样的情境作文要素与课内情境写作要素基本一致，既有一定的情境限制，又让学生有自由联想发挥的空间，易于考查出学生的写作水平。生活如此多彩，怎样避免在情境作文中取材立意的千篇一律呢？今天我们就一起探讨情境作文中的选材立意问题。

## 二、情境作文的选材立意

（一）指导训练材料

清明节到了，请你结合生活实际，发挥联想、想象，以《清明》为题，写一篇600字左右的文章。

（二）走进情境，选材立意

**师：**这则材料设置了一个怎样特定的情境？

**生：**清明节。

**师：**仔细想想，在这一天，你会做什么？比如，你会和谁一起？天气如何？又会发生什么特别的事情？

**生：**我记得当时的风特别大，外公的墓在山上，所以当我们上山的时候，我们带的花都被大风吹散了，我想要重新采一束野花，但是外婆却让我就这样拿上去。

**生：**目前我只祭扫过一次，因为外公今年刚离开我们……那天晴空万里，父母带了白菊，而我带了一株金线菊和一筒竹酒，因为外公喜欢喝酒。

**生：**我们一家人一起去祭扫。我们会带上纸钱、香，还有玩具麻将……

**师：**你们回答得都不错。最好的写作素材源于真实的生活，要注意交代清楚人物、事件、环境等要素，或者基于现实进行适当加工，文章自然就有了长度。(板书　选材——真实生活场景还原加工长度）老师还注意到一个细节，你们扫墓时带的东西都不一样，能不能分享其背后的原因?

**生：**可以。外公生前可以算是半个花匠吧，他什么花都养，并且也都能养活，但他最爱野花。外公生前经常和我念叨说，“野花只要给它浇水，给它土地，就能够生长起来”。

**师：**你再想一想，还有没有其他原因?

**生：**我想这也许代表着外公那一代劳动人民身上特有的品质。生活虽然很艰苦，但是只要给他们“水”和“土地”，他们就能积极地面对生活，将自己的根深深地扎入泥土中。

**师：**通过你的联想和想象，外公的精神与野花密切地联系在了一起，这样文章的宽度就自然延伸了。但是我有一个不解之处，当你们带的花被大风吹散了，你要重新采一束野花，外婆却说不用，最后你们听了谁的建议?

**生：**听了外婆的建议。

**师：**你是个很孝顺的孩子，那你想过外婆坚持的原因吗?

**生：**嗯：我觉得原因有两个：第一，它是我们一起带上去的，见证了我们一路上的所见所闻，无论是否破损都蕴含着我们最真挚的爱；第二，我认为外婆想要告诉我，这束花虽经历了磨难，但它仍是美的，并没有因为遭遇大风就变得枯索消败，而它就像生前的外公一样，并没有因为生活的艰难而屈服于生活，间接地传达出让我勇敢地面对生活中的挫折的愿景。

**师：**很好。同学们，请记住，矛盾之处的细节描写应该是最值得我们关注的地方，因为它是文章最能发挥联想之处，并且也是情感表现最为集中之处，所以我们在阅读的过程中千万不要忽略。

**生：**我还要补充一些内容。记得登上山后，外婆亲自将花放在墓碑中间，然后我看到外婆嘴巴似乎不停地在动，好像是在跟外公说着什么话。我猜大概跟外公解释花为什么凋零了，希望外公不要嫌弃之类吧。

**师：**你观察很仔细，所以你选材时一定要善于捕捉生活中触动你心灵的细微之处进行合理想象。

**生：**我特地给外公带上金线菊。它是金黄色的，中心的花瓣向花蕊卷曲，外层花瓣是丝状的，向四面舒展。

**师：**你对花的描述也很细致，那你为什么特地给外公带金线菊呢？

**生：**我觉得金线菊给我的感觉像外公一样，在平凡中默默奉献……在老家时，外公常常讲故事给我听。当我有些消极或着不开心时，外公会鼓励我要勇敢地面对一切……他经过多少艰苦卓绝的奋斗才换来现在的安宁生活。从某种意义上说，他也是我不断超越自我的榜样。

**师：**好的，请坐。从金线菊这一细节联想到外公的一生及精神，由此去拓展细节找到更多表现他精神的材料，你的文章就有了一定宽度。

**生：**还可以带麻将去扫墓，立意可以考虑麻将与四川人的生活态度、精神文化的关系。

**师：**是的，你的角度选得很新颖。同学们，你们的选材能做到真实，有打动人心的闪光点，立意水到渠成。（板书　选材——心灵颤动之处联想、想象拓展宽度）同样写“清明”这一主题，你们对清明的记忆不同，立意自然也会不同，所以怎样取材就会涌现出怎样的立意。根据内容补充素材，请你用一个关键词来描述你对清明的进一步思考，将你的思考合理地运用在你的写作中，并深入体会素材积累是如何影响立意的。

（屏显）

清明节源自上古时代的春祭活动，兼具自然与人文两大内涵，既是自然节气点，也是传统节日。这一时节，吐故纳新、生气旺盛、气温升高，大地呈现春和景明之象，正是郊外踏青、春游与祭祀的好时节。“天人合一”的传统理念在清明节中得到了生动体现。

——薛贝贝《清明》

清明时节雨纷纷，路上行人欲断魂。

——杜牧《清明》

（小组交流讨论完毕后，推荐发言人）

**生：**清明节——得失。清明节是悼念失去的亲人的节日，虽笼罩着悲伤的氛围，但也能在回忆中得到一些思考——生命的价值到底是什么？这个思考可以运用到我对外公的悼念这一材料。

**师：**你思考得很有深度。将对外公的悼念与得失联系起来，引申到对自我生命价值的思考，这样文章的立意就变得深刻了。我希望大家借鉴他的思路。

**生：**清明节——文化。清明节在我国的历史发展中承载着丰富的文化内涵，各地节日活动虽不尽相同，但扫墓祭祖、踏青郊游是基本主题，这是我国几千年传统文化传承的彰显。我计划将这个思考放在我的作文的结尾。

**师：**文化是一个国家的“根”和“魂”，我们只有拥有共同的文化同理心，中华民族在几千年历史中继承和创造的中华优秀传统文化才能更加绵延永续。这样文章自然就有了深度。

**生：**清明节——诗词。我想到一句诗：“素衣莫起风尘叹，犹及清明可到家。”在写作中，我们可借诗人情感表达自己的情感。

**师：**这个角度选得也很好。大家平日里要多积累各种素材，这样就能促使你进一步思考，并将这些思考加以淬炼运用，从而提升写作的高度。（板书　选材——思想资源　淬炼立意　高度）所以，同样写“清明”这一主题，生活经历不同，积累的素材以及对同一个素材的理解就会不同，立意自然也会不同。

**（三）**选材与立意的辩证互动

**师：**根据选材，我们确定了立意。立意确定后，我们还可以根据立意反过来加工素材，看素材是否聚焦主题立意，立意是否存在优化空间。（板书　选材限定立意——根据立意加工素材）下面我们一起来学习写作简纲，根据立意加工素材，让素料聚焦主题。

（屏显学生写作简纲）

**清　明**

1. 初始立意：我对外公的爱、思念——逝去的都深藏在心底。

2. 材料：（1）交代我与家人在去扫墓路上的环境、人员、心情等要素。（2）以我带的一朵与众不同的金线菊为线索，并以此对外公生前的相关故事进行描写，重点呈现对这一细节原因的追溯：外公生前当村主任；外公对外婆隐瞒病情；外公生前亲自选择墓地。

3. 后续思考：（1）根据立意，再次梳理加工回忆里的素材，这些素材足以表现我对外公的爱和思念。由此我们得知，选材是成功的。（2）我们通过再度思考，发现这些素材还体现外公生前的大局观、深爱家人、看淡生死等品质，觉得应该在写作中把这些品质揭示出来，更好地表达我对外公的敬爱和怀念。

4. 确定策略：（1）立意。思想部分：人格的表达和生命的哲思；情感部分：对外公的爱、思念——逝去的都深藏在心底。（2）叙述策略：重点突出外公的高尚人格以及他的生活态度。

**师**：这节课我们收获了两点：其一是选材决定立意，选真实的生活场景并对其进行还原加工，这样文章就有了长度。聚焦素材，我们可选择心灵颤动之处进行适当的联想与想象，这样就扩展了文章的宽度。拓展素材结合主题再次进行深入的思考淬炼，这样文章就有高度。其二是立意确定后，我们可以根据立意对素材进行再加工，关键是看其是否聚焦主旨。由此可见，文章的选材与立意是辩证统一、相互影响的。

## 学生作品

### 清　明

在春天即将到来时，外公在睡梦中离我们而去了。

父母带着我去祭拜。天空很蓝，没有一丝白云，不时有几只山雀飞过，羽翼带起的风划破寂静。我怔怔地随父母在泥泞不堪的土路上行进。绕过几棵柏树后，一大块平地闯入我眼帘。墓碑静静地伫立于泥尘中，相框里外公的笑意已凝成永恒的黑白。父母率先上前，将带来的白菊放在石台上，转头示意我照做。我竟缓了半天才迈开腿，仿佛是块听不进话的木头。我轻轻地将金线菊放在石台上，随后又放置了一筒竹酒，洁白里透出一点儿金黄，似黎明时鱼肚白天穹里迸出的一缕金光。父母愣住了。

是的，我没有带白菊，而是为外公带了一株金线菊。它躺在白菊的花瓣中，四散的金色花丝像星辰迸射的星火，又从花心漫出一丝丝的橙黄，像极了夕阳暖黄的光，也像极了外公。

外公出身于农民家庭，生不逢时，赶上了连年战乱、饥荒、吃不饱穿不暖的年代。小学毕业后，就回村当治保主任、队长、村主任，历时半个多世纪，带领乡亲们将那偏远的小山村治理得井井有条。在老家时，外公常与我坐在屋檐下，畅谈他前半生那些平凡又伟大的故事。

敲开竹筒，酒香四溢，我将之倾洒在墓前的尘泥中，泪也滴落在土地里，混入酒渍，使我心里漫上无端的思绪。

外公早已得了绝症，却硬撑着，外婆竟然也没有察觉，直到病情严重到无可挽回的地步，我们全家人才发现。我明白苦难熬出的傲骨，是不会苍白无力地离开，而是安详、宁静得只若睡去，眉眼中不见痛苦，以嘴角上最后一抹弧度与亲人别过。就像金线菊，在寒冷的风中，一点点凋零，花瓣无声落去，没有褪色，没有萎缩，保持逝去前的优雅模样安息。

风卷起花瓣飞扬着，也卷回我的思绪。凝视着外公那盈盈笑脸，我将哀伤潜藏在心里。一转身，却意外发现，我的目光竟可直接落入家门。终于明白外公为何选择此处安息，死并没有带走外公的魂灵，他挂念着这个家，即使注定离去，也要守候于此。静待时光流转，万物盛衰兴亡，精神和灵魂仍未离去。

泪在眼眶中打转，终于再次溢出。我站在风里，久久地眺望这片他曾守护的土地，花瓣打着卷一路飘扬，消失在湛蓝的远方。逝去的都深藏在心底，汇聚成悠远岁月中一首长歌，于万物间回响。

（此课例荣获“新作文杯”全国第四届作文教学“创课”比赛一等奖）

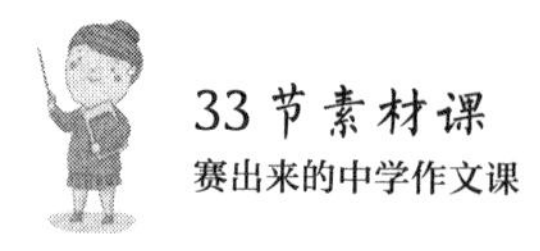



# 围绕中心“做文章”

广东深圳·陈　唯

## 创课缘起

《开学记事》是七年级第一次作文训练课，为命题作文。写作要求是选取开学以来感触最深的素材来写，不少于600字，当堂完成。经批改诊断两个班的95篇作文，我发现本次学生习作竟然只有少数几位学生能够围绕中心写文章，其他学生的文章均存在这样或那样的问题，大致表现在以下三个方面：第一，没有中心，将开学以来的事情概述成流水账或“意识流”；第二，中心不突出，开头或结尾出现表达中心的关键词，如“难忘、有趣、苦中有乐、辛苦、先苦后甜”等，但素材脱离中心，且详略无主次；第三，语言表达随意，日记式的倾诉，口语式的表达，缺少衔接词和过渡语。针对以上学情，我决定从中心入手，设计此节作文讲评课。

## 创课思路

本节作文课力求指导学生明确写作先要确定中心，然后围绕中心选材叙事，再通过细节突出中心。首先，教师呈现一篇流水账式的例文，引导学生发现文章没有中心的问题，明确写作需先确定中心；其次，教师出示一篇素材脱离中心的例文，引导学生找出中心句，在保持中心不变的前提下，增删素材，确定详略；再次，教师选定一个中心，围绕这个中心，唤醒学生的回忆，还原重点素材的场景和细节，进行详写；最后，结合今天所学的内容，教师引导学生重新拟定《开学记事》写作提纲。

## 教学现场

### 一、自读例文，诊断问题

**师**：请同学们阅读学案上的例文一。

（屏显）

例文一：

**开学记事**

①炎热的夏天走了，迎来的是清爽的秋天。

②我怀着激动又紧张的心情来到学校，走到自己班门口时，偷偷望了一眼，就坦然自若地走了进去。

③几天过后，我渐渐和大家熟悉了，变回了从前调皮的样子。

④又过了一星期，我们带着各自的行李，等待着李教官来临。没错，要去军训了。几分钟后，映入眼帘的是一位帅气的小伙子。看着那张严肃而刚毅的脸，我顿时对这位教官产生了兴趣。我们在下面小声地讲着话，声音很吵，只听见教官一声吼，我们瞬间被镇住了。我想，不就是嗓门大吗？谁不会啊！

⑤我们上了车，班主任也来送我们。半个小时就到达了目的地。下了车后，走进一所学校，看着周围的同校学生一副严肃的模样，我才恍然大悟：“我们不是来旅游的，不能像以前一样懒散了。”

⑥两天后，我们已经完全融入了这里的生活，对每天要做的事了如指掌，觉得军训也不是很累，也就只是练练广播体操，站个军姿，练练坐姿而已。

⑦第三天晚上是恐怖的，我们被教官留到了23点才回到宿舍休息，而且我们躺在床上小声地谈论着白天的经历，但教官来了之后我们就不敢说话了，因为怕把教官吵醒，挨处分，所以直到24点左右才睡着。

⑧第四天，早上起床后，我们来到训练基地，一听到总教官说今天要看我们广播体操训练成果，我们就很紧张。吃完早餐后，教官赶紧带我们复习广播体操。下午，我们早早地到了训练基地，等待着接受总教官的检阅，不一会儿就轮到了我们，尽管我们做得有点不整齐，但还不错。

⑨第五天，我们收拾好行李就准备回家了，然后坐上大巴向家的方向驶去，我们开心极了。

⑩这就是我的开学记事。

**师：**读完这篇例文你有什么感受？

**生：**这篇文章写的事情太多了，像是在记流水账。

**生：**这篇文章写得不够生动，也没什么情感，语言叙述像说大白话。

**师：**为什么会出现这样的问题呢？

**生：**我认为应该是作者在写作之前没有确定好文章的中心，所以就变成了流水账。

**师：**你的眼光很敏锐。确实是这样，中心是作者写作的目的，是文章要表达的中心。中心是文章的统帅，没有中心的文章，就像没有统帅的军队，怎能打胜仗呢？有了中心，才能根据中心的需要进行选材、剪裁，才能写出主题深刻、内容集中、重点突出的好文章。记叙文的中心往往是指作者的情感或感悟。以军训为例，想一想，军训给你留下最深刻的印象是什么？最大的收获是什么？

**生**：难忘、有趣、苦中有乐、有意义、辛苦、先苦后甜……

**师**：你们的这种感受和体验就能够作为文章的中心。

## 二、围绕中心，筛选素材

**师**：我们确定文章中心之后，要围绕这一中心来筛选素材，确定详略。我们通过下面的例文二来学习怎样筛选素材。

（屏显）

例文二：

### 开学记事

①光阴似箭，日月如梭，转眼间我是一名中学生了。

②有一天，老师告诉我们下周要去军营军训。我一回到家就跟妈妈说："妈妈，我下个星期要去军营军训，需要交钱。"妈妈问我："军训要去多久？"我答道："五天。"妈妈说："要注意安全！知道吗？"我不耐烦地说："知道了。"第二天早上，我把钱交给了老师。

③周末，我把军训所需的生活用品都整理好放在书包里，高兴地等待着周一的到来。

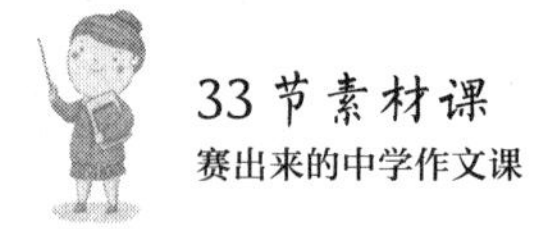


④早晨，坐车到了军训营，我很愉快，因为很想见识一下军人的生活。到了军训营地，教官带着我们去拿军服，还发放了军用水壶。军训开始了，教官先看我们的站姿、坐姿。我坐得不好，被教官罚了仰卧起坐20个，做得我腰都酸了。

⑤第二天晚上，我们看了一个叫《冲出亚马逊》的电影。电影讲的是两个优秀的中国特种兵到国际猎人军校去进行长达三个月的军训生活，在军校他们将要跟各国的优秀特种兵较量，谁先把自己祖国的国旗升起来，就在这场博弈中取得了胜利。看完这个电影后，我的感触非常深，我感受到了当一名军人真是不容易。

⑥第三天晚上，我们到军营对面的山上进行了烧烤，这是考验我们在山中的生存能力。在山中，我们努力地寻找烧烤所需要的各种东西，幸运的是，最后我们开开心心地进行了烧烤。这才知道，原来烧烤这么难。

⑦第四天晚上，我们看了一个视频，它讲述的是一个演讲家对他自己经历过的事情的演讲。其中有一件事情使我至今难忘，那是几十年前，有个非洲运动员，他们国家很穷，只派了他一个人来参加这次比赛，他的脚在比赛途中受了重伤，但他一直坚持到比赛结束。

⑧这一次军训让我非常难忘，原来当一名军人是这么不容易，让我明白了必须得下苦功夫才能成大事。这次军训让我收获颇丰。

**师：**请大家找出例文二的中心句。

**生：**文章的中心句在最后一段："这一次军训让我非常难忘，原来当一名军人是这么不容易，让我明白了必须得下苦功夫才能成大事。”

**师：**请大家用简洁的语言概括文章中所写的事件并旁批在学案上。

（说明：学生交流与总结出文中写到的事件有：①新学期，“我”认识了许多朋友；②“我”告诉妈妈“我”将要去军营军训了；③我们坐车去军营，拿军服，领水壶；④教官训练站姿和坐姿，“我”因坐姿不好被处罚；⑤我们看电影《冲出亚马逊》；⑥第三天晚上我们进行烧烤；⑦第四天晚上我们看励志视频。）

**师：**请大家思考这些素材中哪些能够体现中心？哪些不能？能够体现中心的素材中哪些应该详写？

**生：**材料③到材料⑦能够体现中心，材料①和材料②与中心无关。

**师：**在材料③到材料⑦中，哪些应该详写？哪些应该略写？

**生：**我认为材料④应该详写，因为它符合中心句中“当一名军人是这么不容易，让我明白了必须得下苦功夫才能成大事”的说法。

**生：**我认为材料⑥应该详写，因为烧烤确实是军训中令人难忘的经历，而且中心句中也提到了“难忘”这个关键词。

**生：**我认为材料③与中心有关，但又与材料⑥有点关系，可以略写。

**师：**很好，你们确定详略的理由都紧紧围绕中心句来思考。那么材料⑤和材料⑦应该怎样处理呢？

**生：**应该略写或者删除。

**师：**是全部删除吗？

**生：**不是，我觉得应该是二选一吧，因为前面已经有两个详写的素材了，再加一个略写的素材比较好。这样文章内容会比较充实。

**师：**有道理，两个详写的素材加一个略写的素材，结构上也会合理一些。

**生：**我想把材料⑤和材料⑦的事件合并在一起，略写一下。

**师：**可以，确实如此，当遇到我们不想舍弃的素材时，我们可以一笔带过。

## 三、紧扣中心，强化细节

**师：**围绕“当军人不容易”这个中心，结合下面的素材，你回忆一下当时的具体情景，说一说，其中有哪些细节可以重点描写？

（屏显）

训练站姿和坐姿，“我”因坐姿不好被罚。（详）

**生：**我体会最深的是站军姿。一开始我觉得不就是立正站好吗？这容易得很。可是到真正训练的时候，我连5分钟都坚持不了。太阳散发出炙热的光芒，汗珠不停地从额头上滚落到我的脸上，我想用手去擦汗，但又不敢，教官一直盯着我们这边，我一动不动地忍着，真难受。

**师：**感谢你的分享，你描述得很详细，这就是能够突出中心的一个很好的细节。

**生：**让我印象最深刻的是训练坐姿时的情景。教官要求我们平视前方，这时正好隔壁班的方队经过，我看见我的好朋友看着我，冲他笑了一下，不幸的是，被教官发现了，他很大声地喊道：“吴容菲！出列！20个俯卧撑！”两个班的同学都听见了，我觉得被当众批评、惩罚特别没面子，鼻子一酸，眼泪就流了下来。

……

**师：**感谢同学们的分享，看来同样是参加军训，但是每个人都有自己独特的体验。我们在作文中要写的不只是交代军训的过程，而是要着重描写军训中发生在自己身上的事情，并且要尽量还原当时的情境，写出自己的体验和感受，就像刚才这些同学口述的一样，有动作，有语言，有环境，还有自己的心理活动等。围绕“原来当一名军人是这么不容易，让我明白了必须得下苦功夫才能成大事”这个中心句，想一想，还有哪些材料可以体现这个中心？请大家再仔细地回忆一下当时的具体情景，并进行分享。

**生：**让我觉得当军人不容易的地方，还体现在“叠豆腐被”这件事。教官示范时，被子好像是他手里的魔方，很快就变得方方正正，一丝褶皱也没有。可是到我手里，怎么拉扯都不能完全平整，教官还在旁边催促：“速度要快！”我一听到教官的催促声，就更加慌张了，急得汗都流出来了。

……

## 四、结合所学，重拟提纲

**师：**请大家结合今天所学的内容，重新拟定《开学记事》写作提纲。先确定中心，再围绕中心选材并确定详略。

（屏显）

中心：________________________

素材：
1. ______________________________（　　）。
2. ______________________________（　　）。
3. ______________________________（　　）。

## 学生作品

### 开学记事

中学生活的开端，最让我感动的是我与老师们相处的过程中发生的一些事。

开学第一天，宋老师让每个人自我介绍，可轮到我上台时，我因天生性格胆怯，匆匆说了几句话就下台了。第二天陈老师公布班干部名单时，竟然有我的名字！我不解地问宋老师："为什么选我做班干部。"宋老师说："我观察你很久啦，你虽然不善言辞，但是做事细心沉稳，完全有能力胜任！以后，多上台发言练练胆量就好啦！"这时，忽然有一种力量遍布我全身！从头到脚都是信心，"对，我行，我一定行"！

陈老师每天都布置练字的作业，有一天早晨，组长收作业时我才发现我的田字本落在家里了。我慌了神，心想："完了完了，陈老师那么严厉，我肯定会被狠狠地骂一顿！"我怀着"必死"的心鼓起勇气主动去找陈老师坦白。陈老师却说："你是个好孩子，我相信你一定完成了作业，明天带过来就好了。不过，以后不许再丢三落四哦！"听了陈老师的话后，我差点流出了眼泪。我感谢陈老师对我的信任，被人信任是一件多么愉快的事啊！我心中默默地想：“下次一定不会再让老师失望了！”

国庆节前夕，好多同学都没有按要求完成历史作业，马老师向教室扫视了一遍，两只不大的眼睛在镜片后闪着亮光，嘴角紧闭着。暴风雨要来了！“为了让你们长记性，罚抄第1、2、3、4课，全班同学都要抄！”马老师气愤地说。“老师，能少一点儿吗？”“马老师，手会抄断的。”同学们争先恐后地喊着。马老师不理会。其中有一位同学怕抄不完，现场就开始抄了起来，马老师一个箭步过去就将其作业本直接撕掉了。看着地上一片片作业纸，还有那位还在流泪的同学，马老师柔和地说道：“其实，我每罚你们一次，我也很难过，我也不想罚你们，答应我，下次别这样了，好吗？不为别的，就为了你们自己！”马老师真诚的话语感染了全班同学，教室里顿时变得鸦雀无声，那些没完成作业的同学都羞愧地低下了头。马老师看他们真心悔过，又说：“算了，没完成作业的同学如果能在今天下午放学之前把作业全都补交上来，全班同学罚抄就免了。能做到吗？”同学们高兴地齐声大喊：“能！保证能！”

这就是新学期我遇到的好老师们，有他们相伴，我的初中的学习生活一定会充实而美好！

（此课例荣获“新作文杯”全国第三届作文教学“创课”比赛一等奖）

# 说出你的“真”感动

广东深圳·游云云

## 创课缘起

《那一次，我真______》是统编版初中语文教材七年级上册第二单元“写作实践”中的半命题作文。我在批阅过程中发现：大多数学生用“感动”补题，素材有“运动崴脚，朋友护送”“暴雨倾盆，亲人送伞”“半夜生病，妈妈送医”等。生活各不相同，“感动”却千篇一律。受伤、送伞、生病等都是每个学生经历过的事情，写出来却落入俗套，流于虚假，细节失真，情感苍白，这是由什么造成的呢？又该如何解决呢？这些问题引发了我的思考。作文“俗套”“虚假”，这是表象，访谈归因，发现大多数学生没有走进自己的生活，没有唤醒自己的情感体验，为了完成写作任务，或拼凑，或编造，或根据以往看过、听过的作文抄袭、套作。针对“作文和生活脱离”这个病因，我引导学生走进生活，唤醒体验就显得尤为重要了。

## 创课思路

如果说问题诊断、精准归因，是上好写后指导课的基础，那么精准选点、搭建支架，就是上好写后指导课的保证。本节课力求把生活意识导入学生写作。为了引导学生走进生活、唤醒体验，建立作文和生活之间的联系，我搭建了四个写作支架：一是自读例文，让学生直观感受“俗套”“虚假”作文中存在的弊病，使其有所触动；二是创设小游戏，引导学生围绕“感动”回忆生活，唤醒体验，撷取“感动”的浪花，并在“共生”的场域，说出自己的“真”感动；三是评选好故事，帮助学生在“生活故事”和“作文素材”之间搭建桥梁，初步形成走进生活、唤醒体验、精选素材的意识；四是布置作业，举一反三，强化运用。

## 教学现场

### 一、自读例文，问题诊断

**师：**请同学们默读下面两篇例文，分享阅读感受。

（屏显）

例文一：

**那一次，我真感动**

回家的路上，雨越下越大，等回到家我的衣服已经湿透了。我没有换衣服就坐在电风扇下看电视剧。没想到到了半夜，我开始发高烧。当时外面下着雨，爸爸在外地出差，妈妈只好让我穿上雨衣，自己背着我去医院，结果我没有被雨淋湿，但妈妈全身湿透了。

医生说：“你是不是淋了雨，又去吹了电风扇？”我说：“我只是淋了一点儿小雨。”医生说：“就是由这点小雨引起感冒发烧的。”医生帮我打针，妈妈忙了一个晚上，我的病好了，可是妈妈又生病了。

我很内疚，可是她没有责怪我，想到这里，我情不自禁地流下了眼泪。

例文二：

## 那一次，我真感动

那是一个风雨交加的冬天的夜晚，雷轰隆隆地响着。爸爸出差了，就我和妈妈在家。

我突然发起高烧，被妈妈发现了，她马上把我抱进房间，从衣柜里找到大棉袄帮我穿上，自己却只穿了一件薄薄的毛衣。然后拿起车钥匙，抱着我，急急忙忙地上了车。

妈妈开着车往医院驶去，她时不时把手放在我的额头上，问我有没有舒服一点，还不忘安慰我："没事的，没事的，再坚持一下就到医院了。"那么冷的天，我蒙眬着眼却清楚地看到她流下的汗水。

终于到了医院，妈妈赶紧下车，抱着我往医院急诊室冲去，边跑边喊："医生，医生，快来看看，快来看看。"我在医院住了一晚，输了液，退了烧。早上醒来，我看到妈妈趴在床边睡着了。过了一会儿，她也醒了，摸一下我的额头，说："烧已经退了。""嗯！"我淡淡地回了一句。我注意到她的嗓子有点嘶哑了，说话都有重重的鼻音，心想："昨天晚上那么冷的天气，妈妈只穿了一件薄薄的毛衣，应该不会是感冒发烧了吧？"我伸手摸了摸她的额头，果然不出我所料，妈妈真的发烧了。

我病好了，而妈妈却因为我生病了。这件事，我感动于心！

**师：**读了这两篇例文，你感受到了什么？

**生：**写得有点假。

**师：**哪些地方让你感觉假？

**生：**很多巧合的地方。比如刚好下雨，刚好爸爸出差，刚好妈妈也感冒了。

**生：**这些情节的设置不符合生活实际。比如文中提道：“妈妈赶紧下车，抱着我往医院急诊室冲去，边跑边喊：‘医生，医生，快来看看，快来看看。’”去医院不应该先挂号吗？一般危重病人才直接进急诊室。

**生：**文章开头写道：“那是一个风雨交加的冬天的夜晚，雷轰隆隆地响着。”冬天，怎么会有轰隆隆的雷声呢？这句话有点违背自然规律。

**师：**对！惊蛰前后，天气转暖，渐有春雷。这次作文有不少同学写到突降暴雨，妈妈或者外婆、奶奶来给我送伞。她只拿了一把伞，为了保护我，伞歪向半边，结果我的衣服是干的，她的衣服却湿了半边。这样写，有没有什么问题？

**生：**不符合生活实际。下暴雨，妈妈来给我送伞，都是撑着一把伞，拿着一把伞。

**师：**没有走进生活，写的细节就经不起推敲，这就是作文读起来虚假的原因。可为什么我们要这样写呢？大家能不能坦诚地聊一聊自己的真实想法？

**生：**写的时候我就琢磨，题目是《那一次，我真感动》，妈妈送我去医院，克服的困难越多，就越能突出妈妈的伟大，就越能与题目中提到的感动相互照应。

**师：**那么现在你回到现实生活中来，想一想，生活中有没有哪一次生病，妈妈的悉心照顾让你觉得特别感动呢？

**生：**我要好好想想才行。

**师：**好的，课下你再好好想想。这次作文写得不理想，主要是因为大多数同学并没有真正地走进自己的生活，去唤醒自己的情感体验，撷取生活中真正能让自己感动的那人、那事、那场景。

**二、创设小游戏，说出“真”感动**

**师：**接下来，我们玩一个小游戏——击鼓传花。鼓声响，依序传花；鼓声停，花落谁手，谁就站起来，说出自己的“真”感动。后面的同学不能重复前面的故事，这就叫“击鼓传花说感动”。

（说明：班得瑞的钢琴曲《童年的回忆》轻柔地响起。）

**师：**所谓“感动”，“感”是触动情感，“动”是心有所动。从小到大，在你的生活中，总会有一些人、一些事、一些场景，带给你内心真切的、特别的感动，让你至今难忘。请闭上眼睛，静静地回想吧！回想让你特别感动的那个人、那件事、那个场景。（4分钟后）请睁开眼睛，把你想起的事情，按内心感动的程度，简要地写在便笺上。1分钟后，游戏正式开始。

**生1：**我想讲述雨天撑伞的事情。暑假的其一天，我和妈妈一起去逛街，刚走出商场，天空就下起雨，我背包里有一把伞，可妈妈没带伞。她要撑伞，我就调皮地说：“给我一次做绅士的机会吧！”撑伞时，我帮妈妈多遮了一点，被她发觉了，妈妈微笑着说：“伞打歪了。”我连忙在她耳边小声地说：“妈妈，您偏头痛，不能淋雨!”妈妈当时很感动，眼里泛着泪光。我也有点感动。因为我感觉，我稍微懂事一点，妈妈就会很满足。

**生**2：前年暑假我们一家人去新西兰旅游，在奥克兰彩虹乐园发生了一件很感动的事。当时过山车出了故障，突然停了下来，以致一批游客悬在空中。当维修人员过来修的时候，下面的游客安静地排着队，没有一丝声音。有的把右手放在胸口，有的双手交叉放在胸前祈祷。过了一会儿，过山车稳稳地停到地面，全场响起了热烈的掌声，我在人群中间，看着这个场景，心里超级感动。

**生**3：从我出生到现在，发生了许许多多的事，它们就像天上的星星数不胜数，但是有一件事令我至今难忘。那是2015年国庆节期间，我陪妈妈去买手机。趁着妈妈和店员交谈期间，我就溜到旁边几个柜台去看。看见有个柜台里放着几个小黄人玩偶，我就趴在柜子上看，谁知柜台没锁好，柜门“啪”的一声开了，有个店员说我偷手机。妈妈当时怀着身孕，她向我确认过我没有偷手机后，她挺着大肚子站在我前面保护着我，大声和店员理论，店员仍坚持我偷手机。妈妈挺着肚子上楼去看监控，再次确认我没有偷手机后，要求店员还我清白，直到那个店员向我郑重道歉为止，我们才回家。回家的路上，妈妈对我说：“我相信我的儿子绝对不会偷东西，偷是多不好的字眼呀，我不能让我儿子名誉无端受损!”这件事真令我感动!

**师**：这次写作文的时候，你怎么没想起来写这件事呢?

**生**3：当时没想到，刚才听着大家的故事，我才想起来。

## 三、评选好故事，撰写颁奖词

**师：**因为时间关系，游戏到此为止！听了以上“感动”故事，你最想把哪一个写进作文里？请在便笺上简要写出你的理由，写好后，把它贴在黑板上相应故事的编号旁边。

（说明：4分钟后，统计结果，得票最多的是4号故事。）

**师：**我读读4号故事感动大家的理由，然后我们一起把它整理成一段颁奖词。

（屏显）

选取特殊情境下妈妈保护“我”声誉的往事，真实感人又与众不同。故事的起因、经过、结果都很清晰，写起来比较容易。妈妈找店员理论的场景，既利于突出妈妈的形象，又便于“我”抒发自己的情感。

**师：**让我们用热烈的掌声欢迎王汉斌上台，我将为他颁发“最感动故事奖”，奖品是最感动老师的一本散文集——《我与地坛》（纪念版）。

**生：**谢谢老师！

**师：**听了这几个故事，我惊喜万分！这些故事都是好故事，和之前作文里的故事相比，有着天壤之别。为什么会有这么大的差别呢？我想，大概是因为既要讲真事又要感动人还不能重复，大家都往各自生活中发生的故事的深处、细处、动人处挖掘，互相启发、互相唤醒，自然而然地说出了自己的“真”感动。

## 四、布置作业，举一反三

**师：**《那一次，我真______》是半命题作文，要补充表示情感或心理活动的词语，如“开心”“快乐”“后悔”“失落”等。今天这节课我们围绕“感动”，走进生活，唤醒体验，说出了“真”感动，讲出了好故事，这就叫作“围绕中心，走进生活，唤醒体验，精选素材”。课后，请同学们运用这个方法，唤醒自己或开心、快乐，或后悔、失落的情感体验，重写这篇作文。

## 学生作品

### 那一次，我真感动

“老麻雀全身倒竖着羽毛，惊惶万状，发出绝望、凄惨的叫声，接着向露出牙齿、大张着的狗嘴边跳扑前去。”

读着屠格涅夫《麻雀》中的这段文字，我的脑海中浮现出妈妈挺着大肚子护在我前面的样子。那一次，我的感动，令我刻骨铭心。

那是国庆节期间，妈妈想换部手机。她当时怀着妹妹，七个多月了，很辛苦，我就陪着她去买手机。到了手机店，趁妈妈和店员交谈期间，我溜到旁边的柜台去看。柜台里手机边放着三个小黄人玩偶，外形不同、神态迥异，看着，看着，我就被吸引了。我正想凑近一点，柜门“啪”的一声开了，接着发出刺耳的警报声。

我手足无措地愣在了那里。穿红色上衣的店员，一把揪住我的衣领，大声嚷道：“小兔崽子，想偷手机啊！”人们围了过来，妈妈一看是我，就走了过来。她挺着大肚子，站在我前面护着我，然后指着那个店员，大声喊道：“这是我儿子，请把你的手放开！”那店员才把手松开。妈妈扭头问我：“斌斌，跟妈妈说，怎么回事?”我哭着解释道：“那……那个玩偶，好玩，我……我想凑近点看，柜门就开了。”这时，经理也走了过来，他笑着说：“一场误会，一场误会。”妈妈搂着我的肩膀：“一场误会？你们冤枉我儿子偷手机，最起码要当着大家的面道个歉吧！”那个店员没好声好气地说：“就算他没偷，对不起！”

听到他阴阳怪气的腔调，妈妈的脸涨得通红，她瞪着眼睛，狠狠地说：“走！去查监控，今天必须给我儿子一个说法。”经理赶紧说：“监控室在三楼，您这也不方便呀！”妈妈的态度很坚决，生气地说：“为了给我儿子讨个说法，我愿意！”就这样，我扶着妈妈，妈妈扶着栏杆，我们一步一步往上挪，等到了三楼，她气喘吁吁，额头上满是汗。看了监控，事实清清楚楚，店员和经理自然都无话可说，只好郑重地鞠躬向我道歉。

回家的路上，妈妈拉着我的手亲切地对我说：“我相信我儿子绝对不会偷东西，偷是多不好的字眼啊，不能用在我儿子身上。”听了她的话，我的眼泪一下子涌了出来。

妈妈本是一个柔弱的女人，但那一次，她挺着大肚子护在我前面的样子，深深地感动了我。

（此课例荣获“新作文杯”全国第二届作文教学“创课”比赛一等奖）

# 矛盾，只因爱到深处

湖南岳阳·谢　娟

## 创课缘起

暑假，我带着4岁多的女儿回娘家，妈妈早早准备好了我最爱吃的猪肚蒸黑豆糯米。我拿出碗筷，用刀切了一大块，很快就吃完了，正准备切第二块时，妈妈走过来，说："不要吃太多，这东西油腻，不好消化。"女儿在旁边俏皮地插了一句："外婆也像我妈妈一样，真有趣，又要我多吃，又怕我多吃。"我当时一惊，母女三代聚在厨房，展现的全是既纠结矛盾又温暖甜蜜的爱意。回到家，我想起学生在写亲情类作文时总是不能打动人心，情感抒发缺乏真实感，选材单一老套，所以，我想以"矛盾"为切入口开展亲情类作文教学，引领学生关注生活，从新的角度表达真实的情感。

## 创课思路

要让学生写出个性化的真情实感的亲情类作文，就需要引导学生关注生活细节，从细微处着笔，跳出单一老套的旧思路。因此，我以"矛盾的爱"为切入口，从我的小日记片段开始与学生聊矛盾、悟爱意，引导学生关注自己生活中矛盾摩擦与关爱温暖并存的细节，指导学生对之加以思考、整理，再依托名家名篇教之相应的叙事方法，设计矛盾的解决方式，提升作文立意，丰富亲情类文章的内涵。

## 教学现场

### 一、导入，创情境

**师：**同学们好，今天老师给大家上一节作文指导课。我们已经写过很多关于亲情类作文，亲情是我们日常生活的重要旋律。今天我们换个角度来写亲情。请同学们先来看看老师暑假写的一篇小日记。

（屏显）

暑假，我带着4岁多的女儿回娘家，妈妈早早准备好了我最爱吃的猪肚蒸黑豆糯米。我拿出碗筷，用刀切了一大块，不一会儿就吃完了，正准备切第二块时，妈妈走过来，说："不要吃太多，这东西油腻，不好消化。"

女儿在旁边俏皮地插了一句："外婆也像我妈妈一样，真有趣，又要我多吃，又怕我多吃。"我当时一惊，母女三代聚在厨房，展现的全是既纠结矛盾又温暖甜蜜的爱意。

**师：**日记中"我"和妈妈之间围绕着什么在交谈？

**生：**"我"兴致勃勃地吃着妈妈特意为"我"准备的猪肚蒸黑豆糯米，可她不让"我"多吃。

**师：**"我"与妈妈之间为什么会有这样的矛盾？

**生：**妈妈特意为"我"准备是因为爱"我"；怕"我"多吃是因为担心"我"不好消化。

**师：**这件小事表达了妈妈怎样的情感？

**生：**表达了妈妈对老师的关心和爱。

**师：**谢谢你们帮我分析，我们暂且把亲人之间这种处处充满矛盾又时时洋溢着关爱、关心的情感取名为“矛盾的爱”，怎么样？正如《小王子》的作者圣·埃克苏佩所说，“只有心灵才能洞察一切，最重要的东西，用眼睛是看不到的”，那么你们不妨用自己那颗善于发现和感受爱的心灵去搜集一下你们生活中这种“矛盾的爱”。

（屏显）

只有心灵才能洞察一切，最重要的东西，用眼睛是看不到的。

——圣·埃克苏佩里

## 二、聊“矛盾”，积素材

### （一）教师引导，小组合作

**师：**为了充分挖掘生活中矛盾的素材，大家先独立思考，再小组交流，尽可能多地把你经历过的“矛盾的爱”分享给大家。

### （二）学生交流，展现素材

**生：**期末考试时，外婆想念我，却不让我回老家看她，怕影响我学习。

**生：**爸爸特别喜欢看《东方时空》，但怕影响我写作业，他从不看直播，总是等到十点看重播。

**生：**妈妈常做我喜欢吃的红烧排骨，可我吃的时候她总说少吃点，吃多了会长胖，长胖就会变得不漂亮。

**生：**妈妈给自己买衣服时总说太贵了不买了，可给我和爸爸买时总是连价格也不问就直接付款。

**生：**外婆吃东西总是从快要腐坏的吃起，因为她怕我去她家的时候没有好东西吃。

……

**师：**有人说，世界上最艰难的职业是为人父母。在孩子的成长过程中，父母几乎每天都要面对各种各样纠结矛盾的问题。我的小孩刚刚4岁，我每天也会碰到很多这样的问题：小孩生病时“看中医还是看西医”、小孩想吃零食时“禁止还是给予”、小孩与人打架时“管还是护”、天气变化时“加衣还是不加衣”等。大家通过积极的思考和小组交流，给我们呈现了这么多鲜活的素材，真是解决了我们写作的源头活水。如果我们把这种“矛盾的爱”写入作文，就会给人耳目一新的感觉。

**三、品“矛盾”，学方法**

（一）品读名人名作

**师：**有了素材，我们怎么把它写出来，怎么写得精彩，写得感人，写得丰富，这就成了关键。请同学们打开教材，快速默读莫怀戚的《散步》，看看他们一家人产生矛盾的起因是什么。

**生：**一家人去田野散步。

**师：**文中一家人的矛盾是什么？

**生：**散步时走大路还是走小路。

**师：**矛盾是如何解决的？

**生：**走小路。

**师：**这样写有什么好处？

**生：**可以展现一家人和睦温暖的家庭氛围和尊老爱幼的传统美德。

（屏显）

## 母爱（节选）

王祥夫

那年我去湖南，去了好长时间。我回来时母亲高兴极了，她不知拿什么给我好，又忙着给我炒菜。“喝酒吗？”母亲问我。我说喝，母亲便忙给我倒。我才喝了3杯，母亲便说：“喝酒不好，要少喝。”我就准备不喝了。刚放下杯子，母亲笑了，又说：“离家这么久，就再喝点儿。”我又喝。才喝了两杯，母亲又说：“可不能再喝了，喝多了吃菜就不香了。”我停杯了。母亲又笑了，说：“喝了5杯？那就再喝一杯，凑个双数吉庆。”说完亲自给我倒了一杯。我就又喝了。这次我真准备停杯了，母亲又笑着看我，说：“是不是还想喝？那就再喝一杯。”

我就又倒一杯，母亲看着我喝。

“不许喝了，不许喝了。”母亲这次把酒瓶拿了起来。

我喝了那杯，眼泪就快出来了，我把杯子扣起来。

母亲却又把杯子放好，又慢慢给我倒了一杯。

“天冷，想喝就再喝一杯吧。”母亲说，看着我喝。

我的眼泪一下子涌了出来……

**师：**这对母子的矛盾是什么？

**生：**“喝酒”与“不喝酒”、“喝多”与“喝少”的矛盾。

**师：**矛盾是如何解决的？

**生：**我被母亲的爱深深感动了。

**师：**这样的矛盾是如何写出来的？

**生：**运用动作、语言、心理等细节描写将这些矛盾展现了出来，并且巧妙地将叙述与抒情相结合。

**（二）方法总结**

**师：**同学们，如何把一篇以“矛盾的爱”为素材的亲情类作文写好呢？上面两篇文章的分析或许给了我们一些启示，你们从中学到了什么？

**生：**首先要弄清楚矛盾的焦点是什么，然后关注矛盾是如何解决的。

**生：**要把产生矛盾双方的心理写出来。

**生：**要把矛盾产生的原因写出来。

**生：**通过人物的语言、动作、心理等细节描写展现矛盾的紧张感。

**生：**在描写矛盾解决的过程时要体现浓浓的亲情。

**生：**在写亲情方面的内容时，还可以体现尊老爱幼、爱美、宽容、善良、爱的责任、孝的传承等观点。

**生：**在叙述的同时加入一些抒情和议论。

**师：**同学们都说得非常好。现在我们一起来总结一下写这种作文的方法。

（屏显）

1. 把矛盾的事件写清楚：

矛盾起因——矛盾产生的缘由

展现矛盾——什么时间、在什么情况下、谁和谁产生了什么矛盾

解决矛盾——矛盾是如何解决的，紧扣立意

升华矛盾——感悟、立意、情感

2. 通过人物的对话，运用语言、动作、神态、心理等细节描写展现矛盾的紧张感。

3. 赋予矛盾更多的内涵和情感，不仅是亲情，还可以是尊老爱幼、爱的责任、宽容、善良等。

## 四、悟“矛盾”，提立意

### （一）独立思考写提纲

**师：**我想你们都听过一句话：“有一些事情，当我们年轻的时候，无法懂得。当我们懂得时，已不再年轻。”刚刚有一位同学说得好，要赋予矛盾更深的内涵，更多的情感，而不仅仅是亲情。那么下面我们再深入的探究一下，了解在矛盾解决的过程中赋予哪些内涵和情感更能与读者产生共鸣，更能打动人心呢？围绕大家积累的素材来设计矛盾的解决方式以及领悟其中蕴含的情感，请大家写出提纲。

（屏显）

素材一：期末考试时，外婆想念我，却不让我回老家看她，怕影响我学习。

素材二：爸爸特别喜欢看《东方时空》，但怕影响我写作业，他从不看直播，总是等到十点看重播。

素材三：妈妈常做我喜欢吃的红烧排骨，可我吃的时候她总说少吃点，吃多了会长胖，长胖就会变得不漂亮。

素材四：妈妈给自己买衣服时总说太贵了不买了，可给我和爸爸买时总是连价格也不问就直接付款。

素材五：外婆吃东西总是从快要腐坏的吃起，因为她怕我去她家的时候没有好东西吃。

……

（二）学生展示，师生点评

**生**：我选素材四。妈妈长得很漂亮也很爱美，最喜欢粉色。有一次，她逛街时看中一件少女风格的格子修身齐膝裙，徘徊了很久。这件裙子，商场做活动还要880元，她一直舍不得买。妈妈快过生日了，我和爸爸偷偷地去商场把裙子买了回来，跟妈妈说，是在网上买的，只花了300元，当作生日礼物送给了她。每次只要妈妈穿上那件裙子，别人就夸妈妈漂亮，这时妈妈就喜笑颜开地跟别人介绍："其实这个裙子蛮便宜的。"我和爸爸在旁边互使眼色偷偷笑。

**师**（点评）：爱美爱生活的妈妈，机灵聪慧的我，有爱的爸爸，一家人的幸福跃然纸上。常言道："感人心者，莫先乎情。"这句话鲜明地告诉我们，写这类作文既要有亲情又不限于亲情，只有赋予作文更多的内涵和情感，写出的作文才会更有深度，比如在矛盾解决的过程中，还可以体现责任、孝心、勇敢、执着、独立精神、对生活的热爱、对生命的赞美、换一个角度看问题等观点。世间亲情千万种，矛盾只因爱到深处，有了爱，矛盾便不再是矛盾。亲情也绝不仅限于在矛盾中体现，希望同学们既要用眼看，更要用心去感受生活中的亲情。最后，老师将特级教师王春勤老师的这句话送给大家。

（屏显）

让体验"活"起来，让大脑"动"起来，让思维"飞"起来，让情感“流”出来。

## 五、选“矛盾”，写作文

（屏显）

请以“矛盾的爱”为话题，写一篇以记事为主展现亲情的文章。要求：1.自拟题目，自主立意；不少于500字。

## 学生作品

### 外婆的爱

“晟崽，外婆又炸红薯片了，想吃不？”外婆的声音从电话那头传来。

“当然想啦，我正准备回老家看您呢！”我欢呼着说。

“那可不行，你要考试了，不能影响你学习。”没想到平时总盼我回家的外婆却坚决地拒绝了我。放电话的那一刻，我好像听到外婆一声声沉重的叹息。自从外公去世后，外婆拒绝我们的邀请，执意一个人住在乡下，此后，只要有熟人来城里，我家必定会堆满一袋又一袋的充满家乡味的食物。

唰唰！沙沙！风声和书写声汇成一曲交响乐，笔尖流淌的是文字，更是思念。我决定星期五放学后回老家看外婆，也就是明天。我抓紧课间的每分每秒，终于赶在放学前完成了作业。

周五放学后，我缠着爸妈以最快的速度出发。五彩缤纷的霓虹灯被远远地抛在身后，路边泥土和大树枝叶所散发出来的清香夹杂在呼呼的风声中扑面而来——老家到了。

我像一只小兔子一样飞快地拉开车门，向家的方向冲去，大声喊着：“外婆，外婆，我回来啦！快开门！”正在吃晚饭的外婆听到我的呼喊声，端着碗走了出来，愣了半天才相信这是真的。她拉起我的双手，亲了又亲，好不高兴！一转身，桌上摆满了外婆自制的红薯片、爆米花、炒花生等我小时候最爱吃的东西。

吃完饭后，我转到后院，地上堆放着各种蔬果：硕大的红薯、肥胖的芋头、鲜嫩的青菜、炸好的油豆腐。昏黄的灯光下，那愈来愈弯的腰身投在地上的影子，只有一个南瓜大小，令我非常难过。本该享清福的外婆，却独自在老家，忍受着寂寞，怕耽误我学习而选择了独自思念。

时间无声却不停地行走，已是晚上十点了。因为不能耽误周六的舞蹈课，我们只能连夜回家。临走前，车子的后备厢像往常一样被装得满满的——大米、菜籽油、青菜、胡萝卜、大蒜叶、土鸡蛋，应有尽有。

浅浅的月光洒进我们的车厢，夜空中的几颗明亮的星星闪烁着，这诗意如画的乡村夜景，是那样的美丽、悠远，我想，它是为了外婆这样勤劳的人特意装扮的吧。

如果可以，我愿把自己变成一株不老的牵牛花，长在老家，紫色的喇叭花始终朝向敞开着的家门，芬芳屋里的每一道墙缝。

（此课例荣获“新作文杯”全国第二届作文教学“创课”比赛一等奖）

# 生活小事皆入诗，浅吟低唱总关情

贵州铜仁·苏　丽

## 创课缘起

统编版初中语文教材九年级上册第一单元是诗歌单元。翻开教材，美好的诗味扑面而来。这里有毛泽东主席对北国壮丽雪景的激情赞美，有艾青对祖国土地生死相恋的一片痴情，有台湾诗人余光中对祖国重重叠叠的思念，还有林徽因对“你”的真切欢喜与爱的赞颂……

本单元的学习任务是让学生读诗、品诗、写诗。读诗，感受诗的韵律，想象诗的画面；品诗，体会诗人情感，品评诗歌特色；写诗，诗歌联系生活，诗歌抒写性灵。教师设计的创写小诗的作文课，由读至写，打通了语文与生活之间壁垒，让诗歌不再是高高在上的艺术品，而成为学生抒写性灵的一种形式，让学生仿有方向，写有方法。

## 创课思路

本堂课共设计了五个学习活动：将文改诗、改字有韵、补句成画、点句成金、自由创写。最大的创新点是由易到难，由扶到放，创设情境，分步推进。

1. 将文改诗。这一活动的目的是让学生克服畏难情绪，感受到写诗很简单。活动内容选取了毕淑敏的《精神的三间小屋》里的片段，让学生将其改成诗，了解诗歌最显著的特征是分行、分节。

2. 改字有韵。这个活动分三步：首先，教师让学生结合本单元学过的诗歌来进一步感受韵律美；其次，教师让学生修改俄国诗人茨维塔耶娃的《像这样细细地听》，使这首诗歌读起来更有韵律美；最后，教师出示飞白的翻译版，让学生与自己的修改稿作对比，体会推敲的作用。

3. 补句成画。这个活动难度升级，从改字提升到补句。首先，教师引导学生回顾课内诗歌《沁园春・雪》，体会联想和想象之妙，归纳出联想和想象的方法；其次，学生再通过选择合适的意象，展开联想和想象，补写《思乡情》，实践方法。

4. 点句成金。这个活动是训练学生写抒情句和哲理句。首先，教师让学生体会三首诗的直接抒情、间接抒情、点明哲理的表达方式；其次，教师让学生补写《梵净山》的抒情句或哲理句，同时学会运用身边的景、教师的作品来激发自己创作的欲望。

5. 自由创写。在学生自由创写之前，教师出示写诗的秘诀：精练语言诗成行，末字押韵小节强，捕捉意象描画面，联想想象诗意扬，真情流露味深长。这也是对上面四个学习活动的一个小结。最后创设情境，即为过生日的学生用诗歌的形式来表达祝福。

## 教学现场

### 一、诗歌导入

**师**：上周老师给同学们修改日记时，发现我们班周梦圆写了一篇风格迥异的日记，下面我们一起来读一读。

（屏显）

校园里的浪漫时刻

浪漫，
绝不是和心爱的人儿手牵手，
也绝不是烛光、鲜花和礼物，
而是我们——
一起穿上淮阳的蓝色校服，
一起呼喊晨跑口号，
一起诵读《诗经》、唐诗和宋词。
还有某个时刻——
全校师生一起唱国歌，
看五星红旗冉冉升起，
全班同学接过值班红袖章，
一起在校园里站岗，
……
青春真浪漫！
诗一样的年纪！
花一样的我们！

**师：**同学们，这篇日记很有意思吧！它勾起了我们许多共同的回忆。其实，写诗一点儿也不难，因为你们天生都是诗人。今天，请跟着老师一起来创作诗歌吧。

**二、将文改诗**

**师：**首先，我们来看看诗歌的外在表现形式，最显著的特征是分行、分节，这样诗歌才会有结构美、旋律美。其实，这并不难，我们只需要把想要表达的意思逐行呈现，有时候为了表示强调，可以把某些词语与句子分开，单独成行。下面请同学们试着将屏幕上毕淑敏的这段文字变成诗歌的形式。

（屏显）

如果真是那样，我们的精神小屋，不必等待地震和潮汐，在微风中就悄无声息地坍塌了。它纸糊的墙壁化为灰烬，白雪的顶棚变作泥泞，露水的地面变成了沼泽，江米纸的窗棂破裂，露出惨淡而真实的世界。你的精神，孤独地在风雨中飘零。

**师：**请同学们一起来欣赏我们改写后的诗歌。

（屏显）

如果真是那样，
我们的精神小屋，
不必等待地震和潮汐，
在微风中，
就悄无声息地坍塌。
它纸糊的墙壁化为灰烬，
白雪的顶棚变作泥泞，

露水的地面变成了沼泽，
江米纸的窗棂破裂，
露出惨淡而真实的世界。
你的精神，
孤独地在风雨中飘零。

**师**：谁来给这首小诗拟个标题？

**生**：《如果真是那样》。

**生**：《守住我们的精神小屋》。

**师**：大家拟的标题说明了你们对这首诗的理解。大家看，我们简单地一分行，便成了一首极美的生活感悟类小诗，所以，写诗并不难，精练语言诗成行，改段式表达方式为分行表达方式，这就有了诗的形式。

（板书：精练语言诗成行）

**三、改字有韵**

**师**：诗歌还讲究韵律美，现代诗歌不要求必须押韵，但很多时候，为了让诗歌读起来朗朗上口，诗人会让末字押韵，有时会隔行押韵。比如，林微因的《你是人间的四月天—— 一句爱的赞颂》，采用的就是隔行押韵：第一小节第一行末字是“天”，第三行末字是“变”，押an韵；第二小节“烟”“前”，继续押an韵；第三小节“妍”“圆”，继续押an韵；第四小节“鲜”“莲”，还是押an韵；第五小节“燕”“暖”“天”，也是押an韵。可见这首诗是隔行押韵，一韵到底。再如，穆旦的《我看》：第一小节第二句末字“草”，第四句末字“潮”，都是押ao韵；第二小节“里”“地”，押

i韵；第三小节“画”“发”，押a韵；第四小节“息”“逸”，押i韵；第五小节“游”“流”，押iu韵，可见这首诗是隔行押韵，每节换韵。（教师一边讲解，屏幕一边显示这两首诗的押韵特色）我们再来读一首俄国诗人茨维塔耶娃的诗歌，这首诗在翻译成中文诗的过程中，有点小瑕疵，即没有讲究押韵。你能把画横线的字改一改，让这首诗歌读起来更有韵律之美吗？

（屏显）

**像这样细细地听（节选）**

[俄]茨维塔耶娃

像这样细细地听，如河口
凝神倾听自己的源头。
像这样深深地嗅，嗅一朵
小花，直到知觉慢慢消失。

像这样，在蔚蓝的空气里
溶进了无底的渴望。
像这样，在床单的蔚蓝里
孩子遥望记忆的蓝天。

（学生思考、动笔）

**生：**我把“慢慢消失”改为“烟消云散”，把“蓝天”改为“童年”。

**师：**诗意是有了，可是“散”与“头”不押韵，“望”与“年”也不押韵。因此，我们在改写的过程中要注意隔行押韵。

**生：**我把“慢慢消失”改为“渐渐没有”，把“蓝天”改为“天堂”。

**师：**不错，这样改就押韵了。还有其他的改法吗？

**生：**我把“慢慢消失”改为“随它而逝”，把“蓝天”改为“过往”。

**师：**“随它而逝”很美啊！可是不押韵，“过往”的“往”字押韵了。

**生：**我把“慢慢消失”改为“化为乌有”，把“蓝天”改为“远方”。

**师：**真厉害！你的改法与这位翻译家的原作居然一致！

（屏显）

**像这样细细地听（节选）**

［俄］茨维塔耶娃

翻译：飞白

像这样细细地听，如河口
凝神倾听自己的源头。
像这样深深地嗅，嗅一朵
小花，直到知觉化为乌有。

像这样，在蔚蓝的空气里
溶进了无底的渴望。
像这样，在床单的蔚蓝里
孩子遥望记忆的远方。

**师：**这首诗，我们改后就成了隔行押韵，读起来就朗朗上口了。末字押韵小节强，我们有时候为了寻找合适的韵脚，就得反复推敲。

（板书：末字押韵小节强）

**四、补句成画**

**师：**接下来，难度升级。我们常常说诗情画意。诗情和画意并肩出现，充分发挥联想和想象，延展诗意的画面。联想，让平凡之物散发美的光彩；想象，让平面的语言变得立体起来。如毛泽东主席的《沁园春·雪》，诗人看到了什么？千里冰封、万里雪飘的全景，再由眼前之景展开联想，将视野延伸，长城内外、惟余莽莽、大河上下、顿失滔滔的近景，山舞银蛇、原驰蜡象的动景，更妙的一笔是，一个“须”字，由联想之景想象到未来美好之景：须晴日，看红装素裹，分外妖娆。（教师边讲解屏幕上的内容，边显示《沁园春·雪》原文）怎样进行联想和想象呢？我们既可以借助同类事物进行延展，也可以借助矛盾事物进行组合，还可以进行时空转换式的想象。当然，这些都离不开合适的意象。请同学们想象一下，长大之后，你终于从城市回到阔别多年的家乡，此情此景又是怎样的呢？请你发挥联想和想象，选取合适的意象，补句组合成诗。

（屏显）

思乡情

晚霞的余晖
洒在乡间的小路上
白色的炊烟
我心中的河流永远流淌
路两旁
____________________
____________________
听____________________
看____________________
流水倒映着
____________________
归来的我
手握着盛满思念的瓶子
生怕破碎
家乡的路上
依然有我的影子
越拉越长

（学生思考、动笔）

**生：**我补写的诗句是：田间稻穗飘溢芬芳／两岸柔柳随风飘荡／听晚风轻轻唤我回家乡／看大雁排排结成行／流水倒映着／我年少

的轻狂与理想。

**师**：你为我们描绘了一幅美好的田园风光图，塑造了一个归乡的少年形象，并且韵也押得特别好。

**生**：我补写的诗句是：黄灿灿的麦穗随风舞动／蝈蝈蚱蜢正乐在田中／听孩童的嬉笑打闹／看屋顶的炊烟袅袅／流水倒映着／故乡的黄昏。

**师**：你营造了一幅诗情画意的山居晚归图。你调动了多种感官来写景，特别是最后一句“流水倒映着／故乡的黄昏”，由实到虚，意境悠远。

**生**：我补写的诗句是：树木繁茂／百花怒放／听放牛娃放声歌唱／看屋顶上炊烟袅袅／流水倒映着／我喜悦的脸庞。

**师**：你选择的意象有一种乡村原汁原味的味道。老师也写了几句，我们一起来读一读——

（屏显）

**思乡情**

晚霞的余晖
洒在乡间的小路上
白色的炊烟
我心中的河流永远流淌
路两旁
树影婆娑
野花清香
听小桥流水哗哗响

看群鸭嬉戏快乐长
流水倒映着
远去的梦想
归来的我
手握着盛满思念的瓶子
生怕破碎
家乡的路上
依然有我的影子
越拉越长

**师：**这首诗中的树影婆娑、野花清香、小桥流水、群鸭嬉戏等意象，构成了一幅美丽的乡村画卷。而“流水倒映着／远去的梦想”这一句则是变实为虚，看似矛盾，却是诗意地表达。因此，我们写诗要捕捉意象描画面，联想想象诗意扬。（板书：捕捉意象描画面　联想想象诗意扬）

## 五、点句成金

**师：**诗歌，是最美的抒情方式，没有情感，诗歌就没有了生命力。“情之所至，诗无不至；诗之所至，情以之至”，这也是写诗的境界。比如，艾青的《我爱这土地》，直抒胸臆，“为什么我的眼里常含泪水？因为我对这土地爱得深沉……”真诚而热烈，单纯而执着，将诗人的情感推至高潮。而余光中的《乡愁》，全诗无一愁字，却寓情于“这头”“那头”的距离之中，这是间接抒情。再如，卞之琳的《断章》：“你站在桥上看风景，看风景的人在楼上看你。明月装饰了你的窗子，你装饰了别人的梦。”诗人通过形象化的语言，揭示了事物之间相互依存的哲理。梵净山是我国佛教五大名山之一，国家5A级旅游景区，2018年被列入“世界自然遗产名录”。老师登梵净山之后，诗兴大发，赋诗一首。下面请同学们帮老师补写抒情句或哲理句。

（屏显）

**梵净山**

它傲居武陵之巅，
历经十几亿年的沧海桑田，
从海底浮出水面，
继而演变为如今的巍峨高山。
登上山顶，
你会发现，

____________________

它是梵天净土弥勒道场，
寂静肃穆佛光漫天，
巍峨殿宇，
在云雾缭绕间若隐若现。
来到佛前，
你会发现，

____________________

（学生思考、动笔）

**生：**你会发现，壮美的山也有如此澄澈的一面。你会发现，凡俗的我甘愿臣服在圣佛之前。

**师：**第一个的抒情句与前文内容衔接得不够紧密，可改为“高峻的山出自辽阔的沧海”。第二个的抒情句补写得不错。

**生：**你会发现，“会当凌绝顶，一览众山小”的诗境就在眼前。你会发现，“只在此山中，云深不知处”的神秘来到身边。

**师：**引用古诗来抒情，真是恰到好处。

**生：**你会发现，霞光雾绕，云海翻腾，我已羽化成仙。你会发现，庄严肃穆，寂然无语，远离世俗人烟。

**师：**你的补写使得整首诗充满诗意、禅意，此诗改得不一般。

**生：**你会发现，霞光雾绕，古木如芥，我已飞上云端。你会发现，佛光普照，拂去尘埃，我已重新归来。

**师：**老师特别喜欢你俯视写景的角度。通过你的补写，很好地将你与梵净山融为一体，一个洒脱的登临者呈现在我的眼前。你们一起来看看老师当时是怎么补写的吧！我觉得同学们补写的比老师补写的好。

（屏显）

**梵净山**

它傲居武陵之巅，
历经十几亿年的沧海桑田，
从海底浮出水面，
继而演变为如今的巍峨高山。
登上山顶，
你会发现，
神奇的大自然，

沧海桑田也美丽依然。
它是梵天净土弥勒道场，
寂静肃穆佛光漫天，
巍峨殿宇，
在云雾缭绕间若隐若现。
来到佛前，
你会发现，
神奇的梵净山，
庇护众生也静默不言。

**师：**好的抒情句和哲理句，有点石成金之效，诗歌也因有这样的句子，而真情流露味深长。（板书：真情流露味深长）我们一起来读一读写诗的秘诀——

（屏显）

精练语言诗成行
末字押韵小节强
捕捉意象描画面
联想想象诗意扬
真情流露味深长

## 六、自由创写

**师：**同学们，让我们拿着写诗的秘诀快乐创作吧！

（屏显）

假如你的好朋友生日要到了，你想对他说些什么呢？请你试着写一首诗，把你的祝福和希望送给他。

## 学生作品

### 朋友，生日快乐

没有昂贵的礼物，
没有五彩的鲜花，
没有浪漫的诗句，
唯有真诚的悄悄话。

人生进度的长条，
成长时光的轨迹，
无数个昼夜星辰，
记录着我俩的携手共进。

那回不去的光阴，
那挥不尽的余晖，
那聊不完的话题，
永远值得我回味。

我最亲爱的朋友，
这个特殊的时刻，
送上我的祝福：
生日快乐！
永远快乐！

（此课例荣获“新作文杯”全国第五届作文教学“创课”比赛特等奖）

# 枇杷熟了

安徽淮南·张　娟

## 创课缘起

迫于应试压力，学生观察生活缺乏对美的感受与思考。如何让学生学会多角度地观察生活，激起其写作欲望？是一个值得思考的问题。记得一位老师曾说过：“如果有了关注生活、思考生活的习惯，就会拥有写作的欲望和热情；如果有了写作的欲望和热情，就会更加关注生活、思考生活。”可见，只有把生活和写作融为一体，才能让我们真正地观察生活、真实地发生写作。怎么能帮助学生养成由一草一木引发对生活思考的习惯？这周我整合校园自然资源和课外文本资源，上了一堂写景状物类的作文拓展课，引领学生观察、思考生活，提升写作能力。

## 创课思路

由校园的新发现引入本节课内容。因为快到中考了，我想借此诊断学生是否还具有发现的“眼力”，但发现学生因为升学的压力而“心亡”（忙）、“目亡”（盲）。因此，本堂课我的教学设计如下：第一部分是眼中有物，绘形绘色。通过聊天、对话等方式，同时借鉴作家张爱玲精彩的颜色描写，让他们感悟原来色彩的世界如此奇妙，进而对比自己的描述，找出自己的差距——词汇缺乏，从而克服“忙”和“盲”。第二部分是视听结合，见于言外。借用莫怀戚的《散步》、宗璞的《紫藤萝瀑布》、朱自清的《春》等名家的写景文字，启发学生找出名家名作的共性，让他们领会到越是熟悉的事物，越需要融入自我情感。这个部分我把自带的一盒枇杷分发给每一个学生品尝，一步步引导他们调动多种感官进行描摹，突出事物的特质。这个部分的侧重点在于让学生聊聊观察过程中遇到的写作困难。第三部分是口中有味，意在笔先。让学生现场品尝枇杷，尤其通过观察猪八戒的吃相，告诉学生欲知其味，“囫囵吞枣”是不行的，结果收到了意想不到的效果。第四部分是手中有枝，见于言语。课堂教学需要“旁逸斜出”的“节外生枝”，但也需要教师的“人工选择”和“修剪”，才能突出主线。于是，我围绕着“眼里是风景，耳边是风景，心中是风景，笔下是风景”进行点拨、品评。这样循序渐进地引导学生，目的在于唤醒他们对生活美的感知。

## 教学现场

### 一、导入

**师：**大家看到校园里的果实没有？

**生：**没有，只看到了花。

**师：**好，丁磊，你刚才说你看到了什么？

**生：**花。

**师：**潘修文，你刚才说了什么？

**生：**前段时间树上有枇杷，现在没有了。

**师：**哦，完全没有了吗？用更贴切的词形容一下。

**生：**还有几个干瘪的枇杷。

**师：**除了枇杷外，你还有没有新发现？

**生：**石榴。

**师：**确实枇杷落了，石榴结果了。操场边还有什么果实呢？

**生：**桑葚。

**师：**我们学校是果实的天地。假山上还有一种果实——

**生：**梅子。

（屏显）

盲："盲"乃"目亡"。

忙："忙"乃"心亡"。

闲：依"门"看"木"。

**师：**"目亡""心亡"就是我们的心智失去了功能。例如敏锐的洞察力、清晰的分辨力、理智的判断力都不起作用了，我们就如同盲人一般，认不清自己所处的方位，辨不清前进的方向。所以，我们想要修炼一颗"闲"心，就需要——

**生**（齐）：亲近草木。

## 二、眼中有物，绘形绘色

**师：**我们认真观察校园就会发现，我们学校有很多果实。今天老师想跟大家聊聊其中的一种果实——枇杷。树上的枇杷在枝头已经挂了很久，请你用一些描写颜色的词来形容它。

**生：**黄。

**师：**它只有一种颜色吗？

**生：**不。还有青色。

**师：**如果你向别人介绍我们学校的枇杷，写成“我们学校的青枇杷变黄了”，或者“我们学校的枇杷有青的、黄的”，这样介绍好吗？

**生：**不好。

**师：**为什么不好呢？（学生沉默）老师给大家介绍一位作家——张爱玲，她写红就有“橙红、砖红、枣红、橘红、大红、粉红、鲜红、大红、虾红……”所以，描写事物，只要添色加彩，就能够起到点缀人物活动场景的作用。比如形容黄色有哪些词呢？

**生**（纷纷）：金黄、土黄、枯黄、苍黄、暗黄、灰黄、蜡黄、明黄、昏黄、嫩黄。

**师：**写这些词有什么作用呢？

**生：**写活一种颜色能增加作文的意蕴和情调。

**师：**好。那么你看到的枇杷像什么？

**生：**桃子。

**师：**像桃子一般尖嘴猴腮。可枇杷和桃子好像不太一样。

**生：**樱桃。

（众生笑）

**师：**其他同学帮他说说。

**生：**椭圆形的。

**师：**你是用数学上的几何形状来说的，有点不太准确。

**生：**玻璃弹子。

**师：**似乎有点相似了。

**生：**像葡萄。

**师**：他运用的是以物比物的手法，类似于我们在《咏雪》中学过的那两句——

**生**（齐）："撒盐空中差可拟""未若柳絮因风起"。

**师**：我们分析过好的比拟不仅要外形相似，更要有内蕴，比如柳絮好，好在——

**生**（齐）：它是春天的象征，给人一种朝气蓬勃的力量。

**师**：你再说……

**生**：像太阳，闪烁着黄韵的光。

**师**：好。老师从网店买了一盒枇杷，表现好的同学都能尝到。你先上台品尝一下枇杷，其他同学注意观察他的动作、表情，揣摩他的心理。（樊建宇上台吃枇杷，教师示意其他学生描摹他吃枇杷的过程）你说——

**生**：他蹑手蹑脚地走上台，拿起枇杷，津津有味地吃了起来。

**师**：请大家注意一下，如果他吃的不是枇杷，是其他水果，是肉食，是不是也可以用"津津有味"这个词？（学生齐声回答"是"）所以，如果一个词可以描绘所有的吃相，就说明你没有抓住樊建宇吃枇杷的独特之处。这个在文学里叫作"千人一腔"。你再复述一次。

**生**：他害羞、小心翼翼地走上台，用白净的手，慢悠悠地拿起枇杷，紧张地剥开外衣（白袈裟、包装膜），在同学们的笑声中又吃了起来。

**师**：他为什么紧张？

**生**：人多，在大众面前吃东西不好意思。

**师**：他刚才用“白净”一词来形容你的手，你同意吗？（教师伸出自己的手）

**生**：同意。

**师**（笑）：那老师的手比你的白，可用什么词形容呢？

**生**：苍白。

**师**：用苍白形容老师的手，用白净形容他的手。你的词汇很丰富，那么你打算用什么词来描绘枇杷的颜色呢？

**生**：黄。

**师**：再思考一下。

**生**：黄澄澄。

**师**：有进步。他吃枇杷的时候还有没有其他动作？

**生**（补充）：小心翼翼地擦拭了一下。

**师**：我们学校的枇杷，你偷吃过没有？

**生**：没有。

**师**：你真的不知道枇杷是什么滋味吗？你可以想象一下枇杷是什么味道的？

**生**：他们说是酸的，我想成熟后应该是甜的。

**师**：我们学校的枇杷是酸的，还是甜的？

**生**：酸的。

**师**：大家猜猜老师买的枇杷是什么味道的？可借用他吃枇杷时的动作印证一下你的猜测是否准确。

**生**（纷纷）：他迫不及待地剥皮，应该是甜的。他拿起来就咬，应该是甜的。他还没洗就咬，应该是甜的……

**师：**味道怎么样？

**生：**比学校的枇杷甜。

**师：**颜色呢？

**生：**比学校的黄。

（屏显）

眼前有风景，克服“盲”和“忙”。

**三、视听结合，见于言外**

**师：**老师问一下其他同学，你们每天路过学校的枇杷树时，心里想的是什么？

**生：**我想，这个枇杷能吃吗？我吃两个试试。

**师：**哦，你想尝一下，就“两个”，这是你的好奇心在作祟。怎么把你看到的、想到的写入作文呢？只有调动自己的视觉、听觉、触觉、味觉等多种感官描摹景物，才能突出描写物体的可感性。正如——

（屏显）

梅尧臣对欧阳修说“必能状难写之景，如在目前，含不尽之意，见于言外，然后为至矣”。

**师：**什么意思呢？就是写景状物一定要鲜明、生动、逼真，如真实的景物呈现在人们眼前，表情达意则要含蓄、丰富、深远，意在言外，这样才能达到创作的至高境界。下面我们跟名家学写作。莫怀戚的《散步》里面的景物描写，运用的就是视觉描写，你们还记得吗？

（屏显）

她的眼睛顺小路望过去：那里有金色的菜花、两行整齐的桑树，尽头一口水波粼粼的鱼塘。

——莫怀戚《散步》

**师**：（教师一边在黑板上写着仿写句式，一边给学生朗读题目要求）走进我们四中的校园，这边________，那边__________，尽头__________。请大家将横线处内容补充完整。

**生**：这边是高大的榆树、橡树，那边是紫藤萝、枇杷树，尽头是网球场、阳光运动房、操场。

**师**：这就是视觉描写。

（屏显）

有的就是这一树闪光的、盛开的藤萝。花朵儿一串挨着一串，一朵接着一朵，彼此推着挤着，好不活泼热闹！

“我在开花！”它们在笑。

“我在开花！”它们嚷嚷。

——宗璞《紫藤萝瀑布》

**师**：有没有听到枇杷在召唤你们？

**生**：没有。

**师**：宗璞当时没有听到紫藤萝的这些声音？

**生**：没有。

**师**：的确没有听到，就像周成来刚才说的没有听到枇杷的召唤一样，宗璞也没有听到紫藤萝的召唤，可见成熟的作家，他们喜欢用一种写作手法来烘托自己的心情，这就是我们平时讲的——

**生**（齐）：一切景语皆情语。

**师**：你们不妨来仿一仿宗璞的这种写法。关于吃东西，我们就学一学《紫藤萝瀑布》里的经典片段。

**生**：我在成熟，我在成熟，它们在呐喊。

**生**：这些果实挤着挨着，好不热闹，“我已经熟了！”它们呼唤着。“快来尝一尝吧！”它们热情地呼喊着。

**师**：不错。这就是听觉描写。

（屏显）

花里带着甜味儿；闭了眼，树上仿佛已经满是桃儿、杏儿、梨儿。花下成千成百的蜜蜂嗡嗡地闹着，大小的蝴蝶飞来飞去。

风里带来些新翻的泥土的气息，混着青草味儿，还有各种花的香，都在微微润湿的空气里酝酿。

——朱自清《春》

**师**：那么请大家仿照屏幕上的这段文字来说说果香。

**生**：绿叶丛中散发出的果香，闭了眼仿佛唇角沾满了枇杷的汁水，酸酸甜甜的，滋味好极了。

（屏显）

视听结合、相辅相成、相互衬托、景物立体、浮想联翩。

## 四、口中有味，意在笔先

**师**：下面我们再聊聊滋味。刘鹏飞，你说你吃过学校的枇杷，那么请你告诉大家它是什么味道吧。

**生**：我真没想到世界上还有这么酸的东西，简直是生不如死。

**师**：“生不如死”，刚才我好像听见一个同学说“生无可恋”，是真的想死吗?

**生:** 不是。(学生连摆手)

**师:** 这就告诉我们平时说话用词要准确，尤其是我们下笔的时候，一定要按照内心真实的感知去写，像你们刚才讲的这些消极的词语，老师不建议大家使用。

**生:** 眉头紧蹙。

**师:** 这个词用得好。但“蹙”这个字，大家能想出来，却很难写，你会写吗?

**生:** 不会。(学生摇头)

**师:** 谁会写呢?(学生纷纷查字典，其中一个学生上来写，另一个学生也跑了上来抢写)看来大家都会查字典，用字典，这是好现象。(教师转向刘鹏飞)你能再说说它为什么会让你眉头紧蹙呢?

**生:** 酸味透骨，味酸难敌。(学生齐鼓掌)

(屏显《西游记》里的片段，教师要求学生诵读)

那八戒食肠大，口又大，一则是听见童子吃时，便觉馋虫拱动，却才见了果子，拿过来，张开口，毂辘的吞咽下肚，却白着眼胡赖，向行者、沙僧道:“你两个吃的是甚么?”沙僧道:“人参果。”八戒道:“甚么味道?”行者道:“悟净，不要睬他!你倒先吃了，又来问谁?”八戒道:“哥哥，吃的忙了些，不像你们细嚼细咽，尝出些滋味。我也不知有核无核，就吞下去了。哥啊，为人为彻，你已经调动我这馋虫，再去弄个儿来，老猪细细的吃吃。”

——吴承恩《西游记》

**师:** 通过阅读这段文字，你们觉得以后吃东西需要注意些什么呢?

**生:** 不要囫囵吞枣，只有细细咀嚼才能品出味道。

**生:** 细嚼慢咽。

**师:** 对，日日走过枇杷树，有的人吃上了，有的人还没有吃过。说说你这段时间的心情与感想。我们先看一下名家是怎样写的。

(屏显)

夜里老是不安地做着梦，觉得自己早已飞出窗外，爬在那株翠绿色的树上，在密层层的叶丛中摘着枇杷，因为是瞒着园主人和母亲的，所以全身颤抖着，在甜蜜的快感中夹杂着偷窃秘密的恐怖。

——何家槐《枇杷》

又是初夏时节了，街上的水果店里，一处处都陈列着黄得可爱的枇杷。贪吃水果的我，每逢走到枇杷摊畔的时候，喉咙总要觉得痒起来的样子；但是两手向一空如洗的袋中按着时，又不免沉寂地叹了一口气，只能把口内的唾液，向肚皮里倒咽下去，作个聊以过瘾。

——王以仁《枇杷》

**师:** 你思考一下这些作家哪些地方写得好?

**生:** 我觉得何家槐的心理描写特别生动，比如，“做着梦”“觉得自己早已飞出窗外”“全身颤抖着”“在甜蜜的快感中夹杂着偷窃秘密的恐怖”。

**生:** 我觉得王以仁的动作描写特别传神，比如，“按着”“叹了一口气”“倒咽下去”。

**生：**我觉得何家槐有些地方写得特别形象，比如，“全身颤抖着，在甜蜜的快感中夹杂着偷窃秘密的恐怖。”

……

## 五、手中有技，见于言语

**师：**你们能用语言来描绘这些天看到枇杷熟了的感受吗？

**生：**当然能。这几天太阳火辣辣的，高枝上的树叶如女王般簇拥着一堆堆果实，“啊，枇杷熟了”，我暗自发笑，因为我已经惦记它们一整个春天了。想想惦念的那些天，真是一言难尽：每天路过时都是小心翼翼的，它们太小了，生怕喘气稍重些就把它们吹落了。看着它们慢慢地长大了……昨天我就踮起脚尖，摘了一个，擦去毛茸茸的细毛，剥去蛋黄裹青的皮，“呜哇”，一口吃下去，嚼出一嘴核，酸得连眼泪也掉了下来。怎么滋味与大家说的都不一样呢？不是酸酸甜甜的吗？看着黄澄澄的果肉，我连眼泪也来不及抹去，禁不住诱惑，又咬了一口。

**师：**小丫头的表达能力真强。

**生：**最近我每次从树下走过，都想摘一颗下来，哪怕还没有熟，只要尝尝就好，毕竟生的果实也是它味道的一部分。然而每次我的手都停在半空中，最终缓缓收回。我在心中劝自己，这里是学校，如果大家都想摘，恐怕别说枇杷了，就连枇杷叶也早就被瓜分了。所以，我始终没摘枇杷。

**师：**看来你是个很理性的孩子。

**生：**春来白花朵，初夏青黄果。全在骄阳里，味道着实不错。枇杷果，枇杷果，风台四中相思果。

**师：** 你还能即兴来个顺口溜，真是让人喜出望外。

**生：** 今天我才知道我们学校有枇杷树，并且果实已经熟了，我以前真的是眼盲、心也盲了啊！

**生：** 我真不知道枇杷是什么味道，老师拿的枇杷我也没有机会品尝，我今天一定要偷偷摘一个，尝尝它到底是什么滋味。我已经做好酸的准备了。从刘鹏飞的表情来看，肯定不是什么好味道。枇杷熟了，我们也要毕业了，我们生活了三年的校园，为什么现在我才知道学校里有枇杷呢？我一定要尝一尝。

**师：** 多可爱的孩子，真诚实！为你点赞。

**生：** 这些黄澄澄的枇杷，让人瞄一眼，口就馋，口水简直是“飞流直下三千尺”。小巧玲珑的样子，总是在向我招手，对我寒暄，我一直以为它们在诱惑我：“小姐姐，来尝一尝。”记得那一天，我四处打探了一下，发现没人，就用手一拽，抓了一颗，迫不及待地剥开皮，“呜哇”，一口吐出，五官紧凑在一起……美丽的外表“酸”了我的心。

**师：** 语言真丰富。梁栋，你看见了吗？

**生：** 看见了。前段时间，枇杷还是青的，这几天就变黄了。今天早晨我还看到一位老师在枇杷树底下写诗。

（屏显）

眼里是风景，
耳边是风景，
心中是风景，
笔下是风景。

## 学生作品

### 情变枇杷果

“琵琶弦上说相思”，我喜欢诗歌，并认为这首诗中的“琵琶”就是今天老师讲的这种枇杷。

小时候，我常常生病，总是吃药、打针，那时候，我并不知道枇杷是什么味道的，也许枇杷糖浆喝多了，总觉得那种味道怪怪的，不怎么喜欢它。

那天，我看到学校的枇杷树上结满了果实，我不知道它是什么，只觉煞是喜人。颗颗玲珑饱满，青色剔透地流动在空气中，像入了山水画一样，曼妙多姿。姜黄的，在阳光下，闪着诱人的光泽，很像小金橘。今天老师这么隆重地介绍枇杷，我马上想起了小时候，它帮助我解除病痛的故事，心中对它充满了感激和爱。现在尝起来，只觉得甘甜可口，完全没有同学所说的酸味。

真的，有些感觉是变化的，原来明明不喜欢，多年之后回想起来还是很温馨。所以，在漫漫的长河中，我记忆中的枇杷被赋予了它独特的意蕴……

（此课例荣获“新作文杯”全国第五届作文教学“创课”比赛特等奖）

# 人间烟火气，最抚凡人心

广东汕头·郑少弟

## 创课缘起

写作教学之美，需要教师唤醒学生对这个世界的深情，并找到寄寓深情的最切合的意象。意象作文以生活为基点，积极引导学生多层面地阅读相关的经典文本与文化专著，以点去带动文化的面，借意象唤醒学生的形象期待，拓宽学生的写作思维，有利于加深学生对记叙文意象的认识与深层次的思考，继而提升写作品质。学生需要的最切合的意象往往也潜藏在生活中，所以，这节课教师以生活为原型，侧重于素材积累，通过发现早市之美，鼓励学生写真事、抒真情，治愈假装式的写作。

## 创课思路

本堂课是一堂引导学生走进生活的入门课，聚焦“早市”意象进行写作感知指导。学生对“早市”意象比较陌生，教师课前让学生到离家近的市场，以图片或视频的形式记录早市的情景，在课上进行交流，让学生真正走进早市、感受早市。“析作文现象、说早市印象、绘早市景致、叙早市人事、抒早市情味”这五个教学环节逐层深入，循序渐进，发散学生的思维，多角度地发现早市中的人物、事件，从而引导学生热爱生活，在真实的生活体验上生发出具体而深刻的感悟。

## 教学现场

**师**：同学们好，今天我们上一节作文课《人间烟火气，最抚凡人心》，共同感知“早市”的意蕴。

（板书）

人间烟火气，最抚凡人心

### 一、析作文现象

**师**：国庆节期间，老师布置了一个作业——跟自己的父母去逛一逛菜市场。下面我们一起来看看同学们的反馈。

（屏显）

学生：半斤西瓜皮50元；一斤猪肉18元；一斤牛肉95元；一斤大蒜1元；一斤土豆1元。

市场价：西瓜皮不卖，白送；一斤猪肉25元；一斤牛肉45元；一斤大蒜1.2元；一斤土豆6角。

**师**：同学们反馈的价格有些高得离谱，有些便宜得很，这与老师调查的数据有很大的出入。这种现象主要源于同学们缺乏真实的生活体验。这节课就让我们用早市来治愈假装生活，接下来，我们先一起朗读这首小诗。

（屏显）

用早市治愈假装生活

在第一缕朝阳到来之前
早市便苏醒了

最先到的一批商贩
支起榆木桌摊子
铺开水竹席面子
一气呵成，行云流水
摆上油亮的菜叶
支起热油翻腾的大锅
嘈杂的叫卖声
掩不住邻里相遇的殷勤寒暄
一日初始中的万物鲜活
市井集市里的人间百态
都在涌动的烟火中明灭可见
将治愈与美好
在归去时载满心房
用早市
治愈假装生活

**师**：我们总是习惯抬头望向诗和远方，然而脚下最平实温和的市井烟火却是治愈日复一日的麻木与虚无的良方。

**二、说早市印象**

**师**：请同学们用一个词语或者一句话来概括你印象中的早市。（板书：说早市印象）

（屏显，此处图略）

图1：新鲜的蔬菜。

图2：各种各样的水果。

图3：香气四溢的肉。

图4：称斤计两的商贩。

（学生思考，交流）

**生**：我印象中的早市是热闹的，因为人比较多，再加上此起彼伏的讨价还价声，显得格外热闹。

**生**：我印象中的早市是摩肩接踵的，因为早上很多人都要去早市买菜，一不小心就会撞到别人。

**师**：很好，两位同学都准确地说出了早市的特点。屏幕上呈现的是老师写的几个词语，请大家朗读并记录在笔记本上。

（屏显）

人声鼎沸　热闹非凡　花天锦地　川流不息

琳琅满目　摩肩接踵　车水马龙　纷至沓来

## 三、绘早市景致

**师**：早市是最富有生活气息的地方，我们可以从哪些角度来描绘它的景致呢？我们一起来看例文。（板书：绘早市景致）

（屏显）

**材料一：**

你就看那蔬菜摊子吧。这里有各种不同的颜色：茄子的紫色、萝卜的白色、西红柿的红色、小白菜的绿色，纷然杂陈，交光互影。这里又有各种不同的线条：大冬瓜又圆又粗，豆荚又细又长，白菜的叶子又扁又宽。就这样，不同的颜色，不同的线条，紧密地摆在一起，于纷杂中见统一。我的眼一花，我觉得，眼前不是什么菜摊子，而是一幅出自名家手笔的彩色绚丽、线条鲜明的油画或水彩画。

——季羡林《上海菜市场》

**材料二：**

鱼老板们的睡眼毫不惺忪，认真摆放着每一条鱼，似乎严格地指挥一场舞剧；虾还活着，拍打着显现其顽强的生命力；螃蟹好奇地张望着，等待着清晨的第一顿饱餐，两只锋利的夹子跃跃欲试，随时待命，竟然酷似特警；鲍鱼慵懒地贴在水箱边，石决明闪闪发亮，似乎鲍鱼背上装着另一个世界，而另一个世界也拥有太阳；桂花鱼的斑纹一圈圈，像荡漾着的水波；龙舌鱼的取名估计源于它细长有劲的身形，还有瞪着眼的红目鳞，鼓动着翅膀的金枪鱼。其实细想，这一个个鲜美的水产，饱含着多少捕鱼者乘风破浪的颠沛流离！

——郑烨琳《初温》

**材料三：**

早晨的空气格外清新，一束温和的阳光洒向大地，照耀着每一个人，清爽的微风直扑脸颊。妈妈拉着我的小手，随着人群进入了早市购物。一进早市，人群熙熙攘攘，拥了个水泄不通，早已迫不及待的人们争先恐后地冲进早市。嬉闹声、叫卖声、谈话声、切菜声、机器的轰鸣声，这种种声音凑成清晨美丽的乐章，人们听了无不感到快活，呈现一派生机盎然的景象。

——郭曼瑶《热闹的早市》

**材料四：**

还未踏进市场，早市喧闹繁华的气氛便浓了起来。一股股掺杂着各种特殊味道的空气扑面而来，那是瓜果青蔬的新鲜气味、鱼虾海鲜的淡淡腥味、肉类熟食的浓郁香味、糕饼点心的阵阵清甜。这些气味交融在一起，旋转，上浮，真是早市独有的气息。

——刘汇满《热闹的早市》

（学生朗读，讨论交流，教师点拨并小结，屏显）

早市里有色彩绚丽、线条鲜明的蔬菜。

早市里有琳琅满目、活蹦乱跳的海产。

早市里有扑面而来、交汇融合的气味。

早市里有此起彼伏、错综复杂的声音。

总之，形、声、闻、味、触，全面调动着五感，早市是最接地气的天堂。

## 四、叙早市人事

**师：**清晨，早市便鲜活了起来。早市里有着形形色色的人，我们可以抓住哪些人来写？（板书：叙早市人事）我们一起来看例文。

（屏显）

另有一处，炉壁上贴着厚厚的饼子，中间放着一张案桌，桌子上面放着一轮厚圆的木墩，边上还有一套小一点的炉子和煮锅。伙计站在案桌旁边，他掀开锅盖，捞出黄澄澄滴着油汁的小碗肉，放到木墩上，杀鸡用牛刀般地剁了一气之后，加进碧绿的香菜，再剁上一气。之后拿过一个厚饼，用斧头从中间破开，再把剁好的肉塞入，这才大功告成地喊道："肉夹馍两个！"

——林白《幸福的菜市》

**师：**作者运用了动作描写，用"站、掀、捞、剁、拿"等一系列动词，生动形象地写出了伙计做肉夹馍动作的娴熟，表达了作者对伙计手法的惊叹与赞美，也表达了作者在逐渐唤醒自己的食欲和热爱生活的欲望。

（屏显）

课堂练笔：请你选取一个角度，聚焦一个人或一类人，进行细节刻画，表现人物形象。

参考角度：1. 讨价还价的生客。2. 干脆爽快的熟客。3. 精挑细选的顾客。4. 细心准备的小贩。5. 卖力吆喝的小贩……

（学生写作5分钟，写好后分享习作）

**生：**我写的是细心准备开工的鱼贩。具体语段如下："大家伙给我让一条小道。"只见一个中年人嘴里叼着一根烟，骑着一辆破旧的自行车，双脚踩在黑黝黝的地面上，地上带有腥味的水瞬间溅在他的裤脚上。他的自行车后座上绑着一个水桶，桶里的水溢了出来。到达摊位后，他把一条条鱼从水中捞出来，仔细地放在鱼缸里。

**生：**我写的是买油条的顾客着急的情景。具体语段如下：那刚炸好的油条，在阳光的沐浴下闪闪发光，金黄的表面仿佛能倒映出人的影子。金黄的油条，热乎乎的，使人看到就忍不住要品尝。来买的人络绎不绝，炸油条的夫妇忙得不可开交。“我先来，我先来的！”大家争先恐后地叫喊着。站在一旁的一个大叔着急了，没等卖油条的夫妇帮他装好，自己就用手把油条拿起来装进袋子，不一会儿，那个袋子就被油条烫裂了。

**师：**很好，两位同学分别细腻地描绘了鱼贩准备开工的过程和买油条的顾客着急的情景，惟妙惟肖。一个普通的菜市场，却蕴含着许多人无比平凡的生活。早市里，鱼贩的辛勤，炸油条夫妇的纯朴，顾客热爱生活的心，都可把一种心绪点亮，把一种感动绽放。

**五、抒早市情味**

**师：**早市里，没有机械的职业微笑，没有过分的规矩客套，质朴却鲜活，一切就这样真实地流转眼前。除了绘景、写人外，还要学会抒写早市的情味。（板书：抒早市情味）我们先来看看名人名家是怎样看待早市的。

（学生朗读并展示）

逛菜市场，真是人生一大乐事。

——季羡林

下水道是一个城市的良心，菜市场则是一个城市的美感所在。

——冯　唐

一个人如果走投无路，心一窄想寻短见，就放他去菜市场。

——古　龙

到了一个新地方，有人爱逛百货公司，有人爱逛书店，我宁可去逛逛菜市。看着生鸡活鸭、鲜活水菜、碧绿的黄瓜、通红的辣椒，热热闹闹、挨挨挤挤，让人感到一种生之乐趣。

——汪曾祺

**师：**早市带给人们的感受不尽相同，究竟早市里面蕴含着哪些情味？

（学生朗读并展示）

**材料一：**

菜市也是最富生活气息的地方。山上采的、水里捞的、田里收的、树上摘的汇聚一块；杀鸡剖鱼的、剔骨剁肉的、打豆浆熬麻油的五花八门；自卖自夸的、挑肥拣瘦的、死缠活磨的、透着狡诈和心战技巧的无所不有——就像一幅摊开的民俗生活长卷，鲜活、本真、实在。

——蓝碧春《菜市》

**材料二：**

有时，我也喜欢站在这样的菜市场中央，无事地茫茫四顾，看着熙攘往来买菜的人群，聆听着撒野而放肆的叫卖声。那热烈生活迸发的力量，仿佛滚滚奔腾的大河。很高兴自己也随波卷进某一个早上的盛宴。

——刘克襄《男人的菜市场》

**材料三：**

风扇四处飞转的肉禽区，弥漫油香的熟食区，缤纷豪放的水果区，都围满了提着好几个袋子或拉着购物箱的人们。他们的生活简简简单，却知道什么时候的菜肉物美价廉；他们不介意提的重量，支出的数量，他们只想，在每个初醒的早晨，为尚未嘈杂的世界腾点热闹，腾点温馨；他们只想，在每个新鲜的早晨，为自己的家人端上最新鲜的佳肴。

——郑烨琳《初温》

**材料四：**

阳光洒下，在地上印上斑驳的树影，几只小虫子嗡嗡地飞走又飞回来，早市上的摊位渐渐稀少，这条路正在从拥挤嘈杂变回宽敞，空气里散发着静谧安详的味道。那一刻，我一下子觉得，这个早市，让我留恋的不光是新鲜的瓜果菜蔬，更有这里浓浓的人情味，以前遇到的缺斤短两、买到的劣质东西在这人情味面前都可以忽略不计。

——窗外风《露水早市》

（学生讨论，交流发言，教师小结，屏显）

早市是一幅鲜活本真的长卷，活色生香，富有气息。

早市是一条滚滚奔腾的大河，迸发力量，催人奋进。

早市是一个唤醒城市的地方，繁华热闹，传递温情。

早市是一方风土人情的缩影，丰盈温暖，抚慰人心。

**师：**当生活的乐趣和勇气，随着早市一同重新涌上心头，才发现“将生活嚼得有滋有味，把日子过得活色生香，往往靠的不只是嘴巴，还要有一颗浸透人间烟火的心”。慢下来，再慢一些，拾起这细细碎碎的人间百味，用早市治愈假装生活，让疲惫的心灵在这片精神港湾停驻一刻。

## 六、作文训练

**师**：同学们，这节课我们通过素材积累的方式来感知“早市”意象，拓宽写作素材，深化写作立意。课后请大家根据本节课内容进行写作训练。

（屏显）

请选取恰当的意象，描绘一处早市景致，叙写一个温情的故事（聚焦一个人或者一类人）。

## 学生作品

### 热闹的早市

薄雾慢慢弥散开来，阳光代替鸟鸣敲开了窗户，静静淌在乳白的墙壁上。空气中露水和着花香，在鼻翼间缓缓流过。

在一切都还沉浸在睡眼蒙眬中，早市的气息早已热闹欢腾起来。卖水果的商贩扯开了嗓子叫卖，露出白花花的假牙；水产老板豪爽地挥动尖刀，在鱼肚上开出一朵朵刀花；卖猪肉的老板嘴里叼着牙签，围着油腻的围裙，剁猪骨的“当当”声在砧板上此起彼伏地响起；还有刚从田地回来的菜农，一边用细麻绳捆着菜，一边与顾客随意地拉家常……

我在商场里漫无目的地逛着，贪婪地掠过一个个小摊，恨不得把眼前这一切都收入眼帘。

正值初夏，池塘中的婀娜少女——荷花正亭亭玉立。荷花泡水，是孩提时最爱的消暑饮料。清甜温柔，我喝完水，似乎口中也溢满了清香。但，偌大的市场，简单的荷花却难以寻求。

一阵清脆的车铃声“叮当”作响，单车的主人似乎也经营着清新的买卖。她穿着长筒雨靴，长满老茧的手紧紧环抱着一竹筐的荷花。谈吐举止间，她有着与其他妇人所不同的细腻，有着与其他商贩老板所不同的认真。老奶奶似乎把荷花池中的一切都搬上了市场：翠色欲滴的荷叶整齐码放着，青墨色的莲骨铿锵有力地倚着竹筐，而荷花，则在荷叶的衬托下的阳光下腼腆地红着脸，如同水墨画一样的摊位成为喧闹早市中一道独特的风景线，静静等待着相知者的光临。

她亲切地看着我，像注视动人的荷花一样。淡粉色的荷花含苞欲放，却掩不住大自然的灵气，让人有种走近一探究竟的欲望。我细心地挑着羞涩的荷花，却难以寻到瑕疵，每一朵都是那么完美。

老奶奶笑着帮我装荷花，并不停地介绍着荷花的好处，如同列举出自己孩子的优点那样轻松。我转身要走时，老奶奶轻声地说：“再送你一朵荷花吧，成双成对寓意好!”我急忙抬手阻止，无奈抵不过老奶奶的手疾眼快。她又像在安慰我，说：“早上拔多了，放这碍事。”老奶奶踏着浑浊的泥泽采摘荷花的身影萦绕我的心，让人久久回味。

市井人声喧闹如水，我却在这儿静静转悠。早市是洗涤心灵的吧台，是疲惫身心的最好归宿。在这儿，有最暖人心的人情味，有最美的城市缩影。

热闹早市情味浓，转角荷花香自开。

（此课例荣获“新作文杯”全国第五届作文教学“创课”比赛特等奖）

# 从客家童谣学记叙文选材

广东深圳·贾文娟

## 创课缘起

在记叙文写作中，中学生常常会出现写作素材匮乏的情况。一些学生遇到作文题目，抓耳挠腮，不知从何写起，比如写亲情，很多中学生会写“雨中撑伞”“奶奶的桂花糕”“妈妈做饭”“爸爸送我去医院”“泡茶”等素材。在作文构思中，中学生选材比较宽泛，素材大众化，描写时着重渲染，而且比较忽视作文的主题。大众化的素材，不是不可以写，只是写得平淡无奇，无法凸显自身的特色。怎样帮助学生走出这些误区呢？记得，在一次旅途中，我在一家客家童谣展览馆，看到一则则生动有趣的客家童谣，它们唤起了我记忆深处的趣事。因此，本节课就学生在作文中选材比较宽泛、素材大众化、不够新颖这一问题，我借助《月光光，照四方》客家童谣，去唤醒学生已有的生活经验，帮助其写出自己想写的故事，写好自己的故事。

## 创课思路

写作是在真情上的创作，在真实情感上的合理虚构。在习作中，学生经常选择大众化的素材，容易掉入千篇一律的泥淖中。事实上，学生的生活中有很多有趣的、有感触的素材，这需要一个契机去唤醒。因此，我课前组织学生搜集有趣的客家童谣，观看一些客家童谣的纪录片，并要求他们把自己感兴趣的童谣记录下来。

**教学活动一：思考选材，问题诊断。**

学生在分享自己的写作故事中，会慢慢地发现有些同学的素材和自己的一样。然后他们会试着转换身份，以阅卷老师角度看哪个素材可以打高分，从而总结出作文的注意事项，即在紧扣中心的基础上做到“真”“小”“新”。

**教学活动二：客家童谣，唤醒素材。**

教师以自己的经历讲述看到客家童谣唤醒的有趣的事，引导学生看这些客家童谣，唤醒他们内心深处的记忆，分享他们的趣事，从而发现每一个同学都有自己的故事，讲好自己的故事，写出来的作文就会与众不同。

**教学活动三：思考运用，升格作文。**

思考《我行走在________的秋天》怎么写，请你围绕作文的中心，结合自己的生活体验，以本节课所学的内容思考自己作文的主要内容，并用自己所选取的素材升格自己的作文。

## 教学现场

（课前准备：教师播放所需的客家童谣相关视频）

### 一、思考选材，问题诊断

**师：**上周，我们一起写了一篇半命题作文《我行走在______的秋天》，想必大家还记忆犹新。一篇好的作文，写作素材尤为重要，素材好，内容才会吸引人。那么，谁来分享一下自己的写作故事？

**生：**我写的是《我行走在校园的秋天》。讲述的是下雨天，学校保安叔叔为我撑伞的故事。保安叔叔撑伞送我到教学楼，自己右边的半个肩膀却被雨水淋湿了。

**师：**发生在校园内的一件小事，值得为他写作。

**生：**我写的是《我行走在故乡的秋天》。讲述的是我和妈妈回故乡，奶奶为我做桂花糕的故事。现在想起奶奶的桂花糕似乎唇齿间还留有余香，令人回味无穷。

**师：**每逢秋天一阵阵桂花香扑鼻而来，这个意象很符合秋天的特点，而且奶奶的桂花糕更令人回味无穷。

**生：**我写的是《我行走在深圳的秋天》。讲述的是正处于九年级的我，学习紧张，压力大，导致自己的考试成绩下降，心理受挫。某天傍晚，我漫步在公园里，在与花的对话中，我受到花的启示，心情得到放松。

**师：**一花一世界，正是在这一花一鸟中，与自然的对话，使心中的烦闷得到释怀。大家的作文都写到了自己在秋天的所见所闻所感，作文也都比较扣题，那么大家都是从哪些方面来做到扣题的？

**生：**我抓住了"我""秋天"这些关键词。

**生：**我写了自己在秋天的感悟，因为心灵上的感受也是"行走"。

**师：**所以我们写作的第一要求是什么？

**生：**抓住自己写作的中心。

**师：**说得好。大家都做到了写作的基本要求——围绕中心，即围绕题目的中心写作。当然，要想写得好，只做到围绕中心是不够的。下面我们来看一下其他同学在这次作文中素材运用的情况。

（屏显）

1. 秋雨、秋风、秋天的公园，秋天的其他美景。

2. 秋雨中，保安叔叔为同学打伞，自己被淋湿。

3. 正处于九年级的我，在学习中遇见挫折，漫步在公园里，在与花的对话中，受到花的启示。

4. 秋天，我看到义工在校门口协助交通管理，使拥堵的车道变得通畅。

5. 深秋的晨间，年轻人在公园跑步，老年人在公园跳广场舞、打太极。

6. 深秋，我漫步在公园中，无意间瞥见台阶罅隙的青苔。

（思考：如果你来打分，你认为哪一个素材会获得高分？为什么？）

**生：**我认为第5个素材会得高分。因为这个素材来自我们的生活，是我们每天都能看到的。叔叔阿姨每天跳广场舞，我以前觉得他们很无聊，但是后来我发现他们斗志昂扬，精神饱满，我内心感到非常震撼。

**生：**我认为第6个素材会得高分。因为在生活的细微处观察获得的启示，落笔会更细致，描写会更有画面感。

**师：**身边的小事，只要我们用心观察，就能写出自己的感受。不错，这就是我们写作要注意的一项，选材要“小”，即大处着眼，小处落笔。

**生：**我认为第4个素材会得高分。因为这是我们每天上学、放学都能看到的场景，尤其深圳的秋天，天气还很热，或在烈日下，或在大雨中，校门口的义工从不缺席。通过这次写作，我深深领悟到将真实的事情写入作品，才会有真情实感，才会产生共鸣。

**师：**说得好！所以，选材要“真”，即情真意切，有生活气息。大家为什么不选择素材1呢？

**生：**因为素材1提到的景物我们随处可见，它们适合做一篇文章的环境渲染，而且记叙文没有具体时间的描写，所以选择素材1就会显得文章不够新颖。

**师：**是的。高分作文除了立意与文笔外，选材也要“新”，即新颖独到，写出自己的独到见解。现在请大家看大屏幕，在紧扣文题的基础上我们要做到——

（屏显）

选材要“小”，于细小细微处落笔。

选材要“真”，写内心真实的感受。

选材要“新”，以独特新颖的视角。

## 二、客家童谣，唤醒素材

**师：**同学们，上次我在梅州游玩时，看到一些客家童谣，在品读的过程中，唤起了我很多童年往事。比如：

（屏显）

月光光，照四方。棠梨熟，菊花香。城里人，搽粉香。城隍庙，好烧香。烧哩香，寿年长。百过岁，响当当。请人客，包槟榔。做生日，娶新娘。

**【备注】**棠梨：客家山区山上长的野生小梨，果实似山楂，煮熟可吃。烧哩香：即烧了香。百过岁：百多岁。包槟榔：旧时客家风俗，请客用红纸包槟榔以代请柬。

**师：**这首童谣讲旧时客家城乡请客的习俗。看到这首童谣后，我想到小时候逛庙会的故事。大家早早穿戴好，兴高采烈地拉着兄弟姊妹们去赶庙会。赶完庙会后，大家围坐在院子里，蚊烟缭绕，品尝着可口的菜肴，聊着庙会上见到的琐事。课前，大家也搜集了一些客家童谣，看到它们后，你们会想到哪些有趣而难忘的往事？请你们结合自己的生活经历，想一想，哪些素材触动了你们，你们会如何写《我行走在________的秋天》？

**生：**我是客家人，看到这首客家童谣后，感觉格外亲切。我用客家话给大家读一下我最感兴趣的一首童谣——

（屏显）

月光光，照四方。四方暗，照田坳。田坳乌，照鹧鸪。鹧鸪惊，叫一声。鹧鸪飞呀走，阿爸气敨敨。

**生：**“气敨敨”是指被气得喘不过气来。这首童谣使我想起了在老家跟着舅公晚上去捕鸟的情景，所以我写的是《我行走在故乡的秋天》，主要素材是舅公带我去捕鸟。我兴高采烈、信心满满地前往目的地，经过一番折腾后，毫无收获，怏怏而回。因这次没有捕到，我总是期待着下一次，就这样几年过去了，我一直没有再去捕鸟。而现在要求保护野生动植物，学会保护鸟才是最重要的事，所以捕鸟需要慎重考虑。我想要表达的主题是童年的趣事和现实的对比引发的思考。

**师：**说得很好。你的立意很好，值得深思。澄澈的月色，清爽的秋夜，很有诗意。“我”的行走，亦是“我”的成长。所以在我们的生活中，有很多有趣的事情值得我们用笔去记录下来。

**生：**我的作文题目为《我行走在月光华华的秋天》。首先，这篇作文的中心是月光华华的秋天，爷孙之间发生的温馨的故事，借此发出现代化大城市人与人之间缺乏温情的感慨。其次，我的素材是我和爷爷在院中分拣茶叶。在和爷爷分拣茶叶的过程中，我领悟到一个道理：做一件事要用心，同时做事情不能太粗糙，要细致一点。

（屏显）

月光华华，细妹煲茶，阿哥兜凳，大伯食茶。茶又香，酒又浓，吃到大伯面绯红。

**师：**学生的作文中写泡茶的素材很多，但写分拣茶叶的素材却很少，这是一个较为新颖的角度。此外，老师要告诉大家摘茶也特别讲究，茶农们摘茶特别注意时令，错过时令茶的味道就不同了。摘茶也是很辛苦的，比如，“日里摘来夜里擦，目又睡来肚又饥”，我们从中可以看出我们平时喝的茶叶都是经过茶农们精心挑选采摘的。经历过摘茶、萎凋、发酵、茶青、搓捻等过程，我们会深刻地感受到一片茶叶经过百炼，才能成为我们所见到的模样，人亦如此。

（屏显）

月光光，好种姜。姜公式目，好种竹。竹打杈（竹末开杈枝），好种蔗。蔗官（máng）长，孙子偷来尝。阿公骂，骂去须（胡子）惹惹（直竖）。阿婆争，争去颈挪挪（脖子粗直）。

**生：**这首童谣勾起了我记忆中的一些往事。我的爸爸是医生，工作特别忙，仿佛是家里的一个客人，但是爸爸对我很严厉，学习上是如此，在生活习惯上更是如此。有几次我从外面玩耍回来，敷衍地洗手，被爸爸看到了，他怒目圆睁，严厉地督促我重新洗。所以，我很怕我的爸爸。但是，爸爸很怕我的奶奶，只要奶奶瞥他一眼，爸爸就不再唠叨了。

**生：**看到这首童谣，我就想到每年国庆节，家里人都回到奶奶家聚会时，奶奶张罗各种菜肴的情景，当然，最有意思的的事当属杀鸡。我根本想不到瘦弱的奶奶敢一手抓着鸡脖子，一手拿着菜刀杀鸡。而我最喜欢的是拔鸡毛，拿热水一烫，我坐在一旁，一根一根地拔，每当看到一根颜色与众不同的鸡毛，我就会开心、仔细地拔下来，细致地冲洗、晾干，然后压在书里。这是我长大后再也没有干过的事。（学生大笑）

**生：**我们家最热闹的时节莫过于中秋节了。你看，厨房里的几个姑姑系着围裙忙碌着，饭桌上爸爸和姑夫们的脸涨得通红却不停杯。旁边的炭炉屹立着，火红的炭发出“噼里啪啦”的声音。孩子们你推我挤地拥到炭炉旁，刚串好的食物一下子就被哄抢而光。猛地，弟弟蹦了起来，大喊道：“我的鸡翅熟了！熟了！”他迫不及待地努力夹着鸡翅，鸡翅顿时摆脱了束缚，以一个华丽的跳水姿势掉到地上。其他人见此情景，发生阵阵笑声。弟弟气愤地叉着腰，噘着嘴，灰溜溜地回到座位上。

**师：**这些童谣唤醒了大家很多或有趣或难忘的往事，现在想起来仍趣味无穷。所以作文的关键在于要写出自己的真情，这样才能做到“新”。

**生：**我发现每一句童谣就像一篇美文，“月光光，照四方”有环境的渲染；“蔗盲（máng）长，孙子偷来尝”有事件的具体描写；“阿公骂，骂去须（胡子）惹惹（直竖）。阿婆争，争去颈挪挪（脖子粗直）”有细节的刻画。

**师：**很睿智的眼光，确实如此。我们在童谣中还可以学习如何更好地组织素材。在围绕作文中心的基础上，力求情感的真挚、细节的真实、素材的新颖。

（屏显）

月光光、照四方——有景的烘托（意象）

拜月娘、请人客——有事的描写（具体）

人团圆、其乐融融——有情的寄托（真实）

## 三、思考运用，升格作文

这些沉淀在时光里的童谣犹如一张无边无际的网，而那些温馨、有趣的事在我们的记忆里渐行渐远。现在看到这些传唱的童谣是否能唤醒你成长的印记？请围绕你的作文的中心，结合自己的体验，以下表的提示思考自己作文的主要内容，并用自己所选取的素材升格自己的作文。

（屏显）

| 题目：我行走在______的秋天 | 题目限制语：“我”“行走”“秋天” |
|---|---|
| （1）我写作的中心是：（注意题目补充的词语） | 选材要“真”，写内心真实的感受<br>选材要“小”，于细小细微处落笔<br>选材要“新”，以独特新颖的视角 |
| （2）我写作的素材是： | |
| （3）我之所以这么选材的原因是： | |

## 学生作品

### 我行走在月光华华的秋天

“月光光，照四方”，月亮在淡淡的云层后，悄悄升起来了。透明的光晕好似青纱的梦，温柔地笼罩着大地，辽阔而又静谧。我信步踱出小屋，缱绻的秋风拂过我的脸颊。

抬头望着那抹月光，我不禁恍惚，萦绕在我记忆里的情景再次在我的脑海里闪现，望见那块洒满月光的田地，一只只麻雀在秋风仙子的指挥下，奏出悠扬的曲调，又是一个月光澄澈的秋夜啊！

“四方暗，照田塍。田塍乌，照鹧鸪”，让我不禁想起，我行走在田塍上的秋天，歌声悠扬，月色清透，秋风微起，落叶作响。我握着短棍，踩着父亲的影子，一蹦一跳地走向空地。

“嘘……”，父亲按着我的脑袋，轻声说道，“你再唱，麻雀就飞走了。”我连忙放下短棍，咧嘴一笑，蹲在谷堆旁。

忽地，一只蟾蜍跳入我的视野。蟾蜍肚鼓鼓的，但并不着急地跳着走，只是“咯咯”作响，目光盯着我。我的心里一震，浑身的汗毛悄然竖起，忍不住拿石头向丑陋的蟾蜍砸去。爸爸拦住了我，并告诉我蟾蜍是益虫，不要嫌弃它长得丑。

是啊，深圳鳞次栉比的高楼大厦，周道如砥，蟾蜍于我们而言，是多么稀奇啊！

语罢，只见爸爸背着竹筐，走到离谷堆不远处，用脚踢开几根谷杆，蹲下，用短棒支起刚背着的竹筐，在竹筐下撒下秕谷，然后拉着缚在短棍上的绳子的一端，在我的身旁蹲下。

秋风阵阵，吹来了稻香，吹来了我所期待的麻雀。

澄澈的月光笼罩着田地，在月光下，我看到一只年幼的麻雀，肚上的绒毛泛着鹅黄，焦黄色的背部缀着几颗褐色的小斑点，一蹦一跳地靠近竹筐。

我顿时兴奋起来，屏息敛声，手紧紧拽住绳子，还未等它完全笼罩在竹筐下，我就猛地一拉。“啪”的一声，竹筐倒地，麻雀飞起。我回过头，斑驳树影下的父亲朝我吐了吐舌头。父亲轻叹了一声，温柔地摸了摸我的脑袋，那眼底载满的星光闪烁了我的眼，同时也闪烁了这个秋夜……

（此课例荣获“新作文杯”全国第五届作文教学“创课”比赛特等奖）

# 一场电影与文字的相遇

山东青岛·巴乐乐

## 创课缘起

初中生已具备基本的细节描写的写作能力，但是大部分学生的文章形同流水账，文字缺乏美感和画面感。一是中心事件不突出。如以《我的老师》为题的习作，学生想表达对老师的感激之情，罗列了老师的多件事情，却没有抓住一个场景进行特写，读来味同嚼蜡。二是细节描写得太平淡。我们授课都是文字形式，很多学生因缺乏想象力不能在脑海中呈现具体画面，以致学生笔下的各种描写泛泛而谈，没有一处成为亮点。

鉴于以上问题，我反复思考，如何以一种学生感兴趣并且能够感同身受的方式讲解作文，“镜头式写人”的灵感应运而生。观看视频调动学生全方位的感官，比文字更有温度、更具体可感，于是，我以综艺节目《我就是演员》中演绎的《团圆》的片段为贯穿整堂课的载体，对学生进行镜头式写人技法指导。

## 创课思路

教师以“如果你是摄影师，你会从哪些角度进行拍摄”的问题作为整堂课切入点，让学生初步感知什么是画面感和镜头式写人。接着导入写作任务，以激发学生写作兴趣、引发学生情感共鸣为宗旨，以《团圆》视频为载体贯穿整堂课，分三个步骤进行写作训练，旨在帮助学生达成有层次的区分不同任务的目标。

第一，一写一评一提升：品读朱自清的《背影》中片段，关注动词。

讲解技法一：镜头移动，分解动作，写练结合。

第二，二写二评二提升：品读《晶莹的泪珠》中的片段。教师指导学生从特写镜头、对焦聚焦、镜头远近等方面分析它的写作特点。

讲解技法二：对焦人物，细描神态。教师展示图片，请学生仔细观察，选择1—2处最动人的地方进行细致的描写。

第三，三写三评三提升：引入学生的佳作《有荷叶粥相伴的日子》，探讨其亮点。

讲解技法三：场景烘托，绘声绘色。教师再次回放视频，指导学生修改文章。

## 教学现场

### 一、观看影片，激趣导入

问题1：同学们平时爱看电影吗？你们最喜欢的影片是什么？（学生纷纷抢答）看来大家都是地地道道的小影迷。今天，我们就来一场电影与文字的相遇。下面我们一起来重温一遍《团圆》的经典片段，你觉得短片里最打动你的是哪个瞬间？哪个镜头？

预设：打动我的瞬间与镜头有很多，比如转身、回眸、两人凝望的眼神、老陆哭的场景……

问题2：如果你是摄影师，那么你的摄像机镜头正对着三位演员，那么你会从哪些角度进行拍摄呢？

预设：我会选择远景拍摄，将三个演员都聚焦在一个画面里，可以呈现出老陆的整体形象。

问题3：在拍摄特写镜头之前，就像我们用手机拍照时，拍照前先点出来一个小框，把人物从模糊变得清晰，这个方法的专业术语叫什么？

预设：它叫作“对焦”“聚焦”。简单地说，就是先对人物进行对焦，然后拉近镜头进行特写，在这个过程中拉远镜头或者拉近镜头都是通过调节镜头的远近来实现的。

问题4：在拍摄老陆这个人物时，既有正面的、侧面的，又有背影的，这个方法叫什么？

预设：这个方法叫作“角度”。其实写作文和拍电影是相通的，我们可以采用镜头式写人，来突出画面感。什么是画面感和镜头式写人呢？

（屏显）

画面感，就是看文章就像看一幅画一样。镜头式写人，就是用文字“刻画”出一种画面，再现一个场景，使“文中有画”，甚至创设一种类似于电影镜头的立体情境，让人如临其境。

## 二、镜头移动，分解动作

问题1：请同学们尝试用文字呈现画面，从“老陆起身”这一镜头开始细节描写，着力刻画能够展现老陆和玉娥这两个人性格的细节。哪位同学愿意和大家分享一下？请你大声地读给大家听，看看大家能不能从你的文字中想象到刚才的画面。

预设：表述相对完整而且有条理。

问题2：你脑海中浮现的和我们视频中看到的完全一样吗？画面感表现得够不够？

预设：在写的时候，我们脑海中勾勒出了一个一个清晰的、具体可感的场景，但是落在纸上的文字总觉得人物不够灵动、不够有画面感。所谓“它山之石，可以攻玉”，在我们学过的名家名篇里，也有许多经典的写人的特写镜头。你能想到哪些？

（屏显）

**镜头一：**

我看见他戴着黑布小帽，穿着黑布大马褂，深青布棉袍，蹒跚地走到铁道边，慢慢探身下去，尚不大难。可是他穿过铁道，要爬上那边月台，就不容易了。他用两手攀着上面，两脚再向上缩；他肥胖的身子向左微倾，显出努力的样子，这时我看见他的背影，我的泪很快地流下来了。

——朱自清《背影》

问题3：《背影》这段文字中最精彩的是什么？

预设：运用了一连串动词，比如，蹒跚、探身、攀着、缩等。这一连串动词其实是镜头的移动，镜头随着人物的动作发生推移。

（屏显）

在关键处驻足，“慢”说细微之处，也就是在关键节点把人物的动作给分解、放慢、延长，这种技法叫作“镜头移动、分解动作”。

问题4：接下来，我们重新回放视频，请同学们一边观察主要人物老陆的动作，一边动笔写下关于老陆的一系列动词，也可以在初稿上圈画补充并展示交流。你们读读这些词，课下把这些动词记录到摘记本上。

（屏显）

连用动词：摇摇晃晃地站起来　微微后仰　踉踉跄跄　起身微躬　轻轻摆了摆手　慢慢地迈着步子　步履蹒跚地走去　手微微颤抖　趔趄　扭头回眸　慢慢地转过身　嘴唇浅抿　微微颔首　凝望　嘴巴微张　嘴角抽动　缓慢地挥了挥手　探了探身　踱步　踌躇　嗫嚅　蜷缩

## 三、对焦人物，细描神态

问题1：随着镜头的移动，我们把人物动作进行了细致的分解、延长，这样基本的画面也呈现了出来，而且画面是有动感的。接下来，我们来朗读下面这个片段，并从特写镜头、对焦、镜头远近等方面分析它的写作特点。

（屏显）

**镜头二：**

我抬头看她，猛然看见那双眼睫毛很长的眼眶里溢出泪水来，像雨雾中正在涨溢的湖水，泪珠在眼里打着旋儿，晶莹透亮。我瞬即垂下头避开目光……

她的手轻轻搭上我的肩头：“记住，明年的今天来报到复学。”

我看见两滴晶莹的泪珠从她眼睫毛上滑落下来，掉在颊鼻之间的谷地上，缓缓流过一段就在鼻翼两边挂住。我再一次虔诚地深深鞠躬，然后就转过身走掉了。

——陈忠实《晶莹的泪珠》

预设：镜头二是镜头推近，作者对晶莹的泪珠进行了特写，其中还用到了修辞手法。

问题2：镜头二中对人物神态的描写可以给我们哪些启示？

预设：我们要对焦人物、细描神态。我们在写细节的时候不要面面俱到、泛泛而谈，而是要抓住重点，比如我们可以通过眼睛、皱纹、头发、嘴角等去刻画神态，甚至还可以使用修辞手法。现在请你仔细观察图片上玉娥凝望老陆时的神态，选择1—2处最打动你的地方进行细致的描写，不少于50字。

（屏显）

## 四、场景烘托，绘声绘色

问题：一连串的动词描写增强了画面的动态感和流动感，细腻、生动的神态描写使语言变得灵动有味，但是这样的画面像是简洁勾勒的山水画，却不是一幅浓墨重彩的油画。总觉得少了点什么呢？下面我们一起来欣赏学生的佳作《有荷叶粥相伴的日子》，并思考这段文字，除了对外婆的动作、神态描写外，还有什么亮点？

（屏显）

我独步于青石小巷内，脚步踩着青石板发出的声音让人陶醉，小巷尽头，一扇朱红小门，静静伫立在那里，显得宁静、素雅，我紧握泛绿的门把，轻扣几下，门缓缓地打开，此刻，映入眼帘的便是外婆慈祥的笑脸。

外婆将我唤入屋内，身后的荷叶香，芬芳四溢。在古朴的石椅上坐下，水雾朦胧，外婆手执一把蒲葵扇，缓慢却又温暖地挥舞着。水雾渐渐四散开来，锅中那一抹翠绿幻化成一片片墨绿，边缘被热气灼成枯枯的一片，微微蜷缩着，布满了褶皱，在外婆同样布满皱纹的脸上，闪动着异样的光华。

午后温热散去，外婆将一碗荷叶粥放置在石桌上，一瞬间，清香四散开来，溢满了小屋，撞开了朱红小门，在铺满青石板的街上飘荡着。

预设：这段文字的亮点在于运用多种方法进行描写。主要运用了四种描写方法：第一，听觉，如脚步踩着青石板发出的声音，也可以说是拟声词。第二，嗅觉，如荷叶香。第三，描写色彩的词，如朱红、翠绿、墨绿。第四，把人物放置在特定的环境中突出画面感。总之，这节课我们学习了三种镜头式写人的方法。第一，镜头移动，分解动作。第二，对焦人物，细描神态。第三，场景烘托，绘声绘色。希望同学们在以后的写作中运用这些技法，给你的文章增光添彩。

（最后教师再次回放视频，学生边看边润色自己的文章。在润色完毕后，学生分享自己的写作片段）

## 五、学以致用，牛刀小试

当故事以视频的形式呈现在我们眼前的时候，我们可以用绘画的感觉来写作文。如果故事没有以某种形式出现在眼前，那么我们可以闭上眼睛想象画面，想象得越具体越好。以下几个场景，请学生选择其中一个，采用镜头式写人的方法，完成不少于400字的片段。

（屏显）

1. 在故乡的小菜园里，爷爷和我捉蚂蚱。
2. 在细雨蒙蒙的大街上，我和同学无言地道别。
3. 月光弥漫的夜晚，妈妈陪我练钢琴、书法等。
4. 蔷薇花开的盛夏，我和朋友在树下写生。
5. 寒冬里放学的路上，老师给我戴上手套。
6. 一堂有趣的生物、物理实验课或者拓展活动。

## 学生作品

### 团　圆

歌声消散在空气中，一切重回静默。老陆率先打破沉寂，他费劲地咧开嘴，极力粉饰着酸楚，眉毛却不自觉地耷拉下来，藏着情绪的眼眸映着王姨抽泣叹气的模样，老陆像是一个被放弃的酒瓶样，玻璃相碰发出的清脆声，是他希冀破碎的声音。“娥子啊，你是真想走……”

他抬眉，嘴轻张，头微仰，刺眼的灯光在这恰似融洽的气氛中，徒增了几分冷清。老陆双手撑着桌沿起身，喃喃自语着：“酒……喝多了。”大抵是灌酒的身子太沉，他重心不稳，趔趄一下。玉娥连忙伸手搀他，老陆轻搭着玉娥，布满皱纹的脸上挤出一个自嘲似的笑容，眼睛被时光和酒搅得浑浊，“上头了，我回屋歇歇”。老陆的腰微驼，眉毛纠结在一起，喉咙里哽着挽留的话，微微地叹了口气。他朝玉娥和燕生摆摆手，独自一人，向偌大无人的房间走去。玉娥望着那佝偻的、孤独的背影，思忖着老陆不会挽留她，也不会拒绝她走。何止这些，这四十年来，他那背是如何一天一天被生活压弯的，他那发是如何一根一根被时间熬白的，老陆的一切，玉娥清清楚楚。漫长的15000天，玉娥几乎快要撑不住了，颤抖着声线带着一丝难以言表的情绪，喊着：“老陆……”老陆猛地回头，双眼瞪得极大，本来浑浊的潭水又起了涟漪，泛着微光。他望着欲语的玉娥，他是在惊喜，是在心怀期待，他期待着玉娥心甘情愿地留下。年少的满腔情意和现在的情分横亘在两个人中间，像一道不可逾越的鸿沟。时间和空气中的浮尘归于安谧，仿佛静止，只剩下玉娥和老陆的无声对望。相隔十几步，相依四十年。老陆实在控制不住自己的双脚，往前走了两三步，目光停留在玉娥身上。“娥子啊，你开开口。”玉娥嗫嚅，泪水盈眶，其中千言万语终是没张开嘴说，但老陆已经知晓。他的眼睛忽而黯淡，之前僵在半空中的手也垂下放于身侧。老陆重复了那个动作，眉毛纠结在一起，喉咙里却不再哽着话，朝燕生和玉娥摆手的一刹那他转过头，红了眼眶，皱纹皱成一团，小声地说："娥子，你走吧。"一刹那，老陆那佝偻的、孤独的背影离开了玉娥的视线，老镜子里呈现的是玉娥在不停地流泪的身影。

（此课例荣获"新作文杯"全国第五届作文教学"创课"比赛一等奖）

# 说书包，讲方法

广东深圳·陈　芳

## 创课缘起

统编版初中语文教材八年级上册第五单元为说明文教学单元。第五单元的写作主题为“说明事物要抓住特征”。“写作实践”第三项内容为：“我们每天都会接触到不少物品，比如毛巾、炒锅、电视机、手机、自行车等。选取你最熟悉的一种物品作为写作对象，查阅相关资料，以《我的生活少不了它》为题，写一篇说明文。不少于500字。”（教材第128页）

在第五单元主要文体教学和单元写作要求的基础上，这个说明文写作教学设计以课文为范本，教师在模拟真实生活场景的写作情境中，极有创意地借“书包厂招聘推销员”活动，有效、有趣地指导学生完成说明文的写作。

## 创课思路

课前，学生准备好字典（以便查出事物的具体解释）、卷尺（可以现场测量事物的长、宽、高）。课上，首先，教师结合课文，回顾课文中说明事物的特点及几种常见说明方法。其次，教师利用“厂家招聘推销员”活动，模拟真实生活情境，学生4—6人一组，挑选组内一个较有特色的书包，口头交流书包的特点，并针对书包的特点，运用多种说明方法来设计这款书包的推销方案，每组推出一名成员应聘。最后，教师根据各小组推销方案，分步指导说明文作文要点：1. 抓住事物的主要特征，如书包颜色、形状、大小、设计等。2. 按一定顺序进行说明，如由外而内、由前到后的说明顺序。3. 采用多种方法具体说明，如列数字、打比方、作比较等。

这节说明文写作课，以课文为范本，以活动为抓手，极富创意地融说、写为一体。教师通过“厂家招聘推销员”活动，不仅将语文与生活相融合，还让说明文写作在模拟情境中逐步推进，极大地激发了学生对说明文的写作兴趣。

## 教学现场

**一、温故**

**师：**同学们，请回忆一下八年级上册第五单元，我们学习了哪些课文？

**生：**《中国石拱桥》《苏州园林》《蝉》《梦回繁华》。

**师：**这些文章的文体是什么？

**生：**说明文。

**师：**遇到一篇说明文，我们阅读时首先应该关注什么？

**生：**说明的对象和特征。

**师：**对。除此之外，还要关注什么？记叙文行文需借助线索行进，那么说明文说明事物需要借助什么？

**生：**顺序。

**师**：不错。采用一定的说明顺序，还必须采用一定的——（学生齐答方法）才能把事物的特征等说明清楚。（板书：特征、顺序、方法）

## 二、谜语引路

**师**：说明文是这个单元阅读和写作学习的重点。学习《苏州园林》时，我们和班里的小导游们神游了苏州园林，还绘制了自己家的简要示意图。今天，我们要写一篇说明文，学会抓住特征、有序地用多种说明方法来具体说明一个事物。我说个谜语，请同学们猜猜这节课要说明的事物。谜面是“天天随身带，日日常相伴。色彩款式多，心胸容量大”打一常用物，它就在你身边。

**生**：（看看自己的脚）鞋子？（其他学生都笑了）

**师**：鞋子只能容纳你的两只脚，容量还不算大。

**生**：难道是书包？

**师**：对，就是书包。今天我们就学习用多种说明方法来说明书包，但是要把书包说清楚，是要讲方法的，我们学习过哪些常见的说明方法呢？

**生**：下定义、举例子、作比较、打比方、分类别、列数字、画图表、引资料、摹状貌。

**师**：这一单元哪篇课文较多地运用了举例子的说明方法呢？

**生**：《中国石拱桥》。

**师**：作比较的说明方法在哪篇课文出现较多呢？

**生**：《苏州园林》。

**师**：将苏州园林和什么作比较？

**生：**故宫博物院。

**师：**将苏州园林的私家园林和故宫博物院的皇家园林作比较。打比方的说明方法在《中国石拱桥》里有所体现，请大家找一找哪些语句运用了这种方法。

**生：**石拱桥呈弧形，就像虹。

**师：**很好。运用打比方的说明方法，能够让说明对象更生动、形象。以上这些说明方法的作用各不相同，有的使说明对象生动，有的使说明文语言更准确、科学，那么哪些方法能让说明文语言更准确呢？

**生：**下定义，列数字。

**师：**你说得很准确。哪些说明方法能使说明对象的特点具体化？

**生：**举例子。

**师：**对，举例子能使说明对象的特点具体化。分类别和画图表能让说明对象的特点更条理、更清晰。

### 三、招聘推销员

**师：**了解了这些常用的说明方法及其作用后，我们一起来学习如何说明书包。这里有个专门生产书包的厂家给我们发来邀请函，要求如下：

（屏显）

诚聘精英加盟：本厂制作各类学生书包，现急需假期推销员2—3人，要求如下：第一，能迅速了解本厂各类书包的款式、价格、性能，因人而异地进行推销；第二，口齿清晰，灵活应变；第三，待人热情、诚恳。

**师：** 为了提高应聘的成功率，大家以小组为单位，每组推选一个人应聘。要求：第一，4—6人一组，共同制订一个说明书包的方案。第二，方案要求：1. 抓住特征。2. 思路清晰。3. 至少运用两种以上的说明方法。第三，准备时间为5分钟，每组推荐1名同学去应聘。

**四、应聘活动现场**

**生1：** 这个书包色泽典雅、体型小巧而不失潮流，是女生们的首选，而且身为中国人，我们一定要支持国货，这是我们中国制造的书包，希望大家支持国货，谢谢！（女生害羞地用书包遮了遮头，其他学生纷纷用掌声和笑声来鼓励她）

**师：** 请你再仔细观察一下，你带来的这个书包有哪些特征呢？

**生1：** 小巧。

**师：** 小到多小？你有测量过它的长、宽、高吗？

**生1：** 宽36厘米，长43厘米。

**师：** 厚度呢？

**生1：** 没测量。

**师：** 还有哪些特征没有被发掘出来？

**生1：** 花色。

（教师点点头，将书包转到背面，示意让学生再仔细观察）

**师：** 单肩背还是双肩背？

**生1：** 单肩。

**师：** 设计呢？

**生1**：方便。

**师**：方便？别人可不知道它是从哪些方面体现出来的。（教师又将书包两边的小口袋展示了一下）

**生1**：书包两边各有一个小口袋。（教师掀了掀书包的盖子）里面有个装书的大口袋，上面还有块遮挡的盖布。

**师**：下一位应聘的同学一定要注意抓住书包各方面的特征，如大小、款式、颜色、设计等。谁愿意第二个上场？

**生2**：这款书包色彩鲜艳，适合众多学生使用，而且图案新颖；长46厘米，宽26厘米，厚53厘米，可以装许多书；有很多格，可以防水透气；肩带很宽，可以减少压力。中国制造，价格面议，真是人见人爱、花见花开。（其他学生不时地爆发一阵阵喝彩声）

**师**：推销员就是要这样自信、大胆，对自己的产品也要相当自信。这位同学的说明与上一位同学相比，已经进步了很多，注意到要把握书包的特征进行说明。她采用了哪些说明方法呢？

**生2**：列数字。

**师**：采用了何种说明顺序呢？

**生2**：从上到下。

**师**：嗯。我们再来看一下这个书包，想一想，到底应采用什么顺序呢？

**生2**：从外到里。

**师**：不错。这个书包的外观怎么样？设计得怎么样呢？（教师把书包的拉链拉开，又突然合上）瞧一瞧，第三位同学应该知道如何突破了吧？

**生**3：这款书包由若干个小袋组成，左右两边各有两个小袋，可以装学习用品；里面还有个小袋，可以装随身携带的贵重物品。此外，还有一个容量很大的袋子，可以装书、食物等。背带由5厘米宽的加厚垫子制作而成，背起来特别舒服。书包款式大方，男女老少均可使用。如果你想购买书包，它就是你最好的选择！

**师**：这位同学很好地推出了万金油系列书包，说得不错，但还有些地方没说清楚，那书包的质地怎样？（教师请讲台下的一位男生摸书包）手感如何？

生3：不错。（其他学生大笑）

**师**：这样说可不大专业，谁能说出它的质地？（教师又请讲台下另外一个女生摸书包）

**生**3：帆布做的，有些粗糙，但很结实。

**师**：这个书包什么颜色？

**生**（齐）：咖啡色。

**师**：这里可以用打比方的说明方法来介绍这个书包的颜色。可以像滴滴香浓、意犹未尽的雀巢咖啡，也可以像浓而化不开的德芙巧克力等。在介绍书包时，除了充分地关注你所展示的书包外，还要用上合适的说明方法。第四位同学应该知道如何超越了吧？

（第四个推销员上场，这是个上课从来都垂头耷脑的学生。结果今天表现得相当积极，竟然主动举手上台竞聘。师生们先是大吃一惊，然后齐声鼓掌）

**生**4：本厂最新推出CIY书包。（这句介绍让人有些摸不着头脑，学生发出一阵爆笑）长60厘米，宽40厘米，厚20厘米；有两

个肩带（边说边用手拉拉书包带），非常结实（其他学生被他新鲜的讲解方式所吸引，不时地发出笑声），它可以减小书包对肩膀的压强，这样设计对青少年的颈椎有很大的好处，既健康又环保。（其他学生又发出一阵爆笑）为了庆祝本厂成立三周年，本款书包打八折，60元不要，50元不要，48元谁要？（其他学生对他风趣幽默的讲解方式报以热烈的掌声）

**生4：**（意犹未尽地说）古有猪笼草，今有猪笼包，（边说边把书包的袋子拉开又系上）可以变大变小，能放大书小书，方便实用，谁要呢？（其他学生又是一阵大笑）

**师：**这位同学的口才很好，但在推销时，还是没有关注到说明顺序。刚才我们说采用从外到内的顺序进行说明，这个书包外观是什么颜色的？

**生4：**咖啡色。

**师：**款式怎样？

**生4：**双肩背。

**师：**怎么使用呢？（教师示范动作，先单手提起书包，然后再拎起两个背带）

**生4：**可以单手提着，也可以双肩背着。

**师：**书包的形状怎样？

**生4：**像猪笼包。（其他学生又发出一阵大笑）

**师：**对呀，刚才有位同学说它的外形像猪笼草，中间一个大袋。这款书包在设计方面还有什么特色？（教师拉了拉左手边的一个小口袋的拉链）

**生4：**右边才是个小口袋。（大家又发出一阵爆笑）

**师：**这个小口袋到底在左边，还是右边？

**生4：**左边。

**师：**它可以装什么？

**生4：**首饰。

**师：**请从书包的用途进行回答。

**生4：**学习用品。

**师：**左右两边各有一个小口袋，现在我们终于可以看看大口袋里的秘密了——里面有一个小暗袋。下一位应聘者一定要注意说明顺序。请第五位应聘者上场！

**生5：**本公司现推出男生款系列书包，款式多、颜色好，任君挑选，价格比前面几个厂家都便宜。为了迎接新年到来，本公司特推出新年特惠活动，前十名购买本公司指定产品者，可获得欢乐谷门票一张。（其他学生对他不惜血本的介绍发出一阵阵惊叹，但他因紧张而匆匆走下台）

**师：**介绍完没有？这么好的一个书包只打价格优势战？我觉得有点可惜。（教师拿起刚才的书包，示意其他学生继续说明）谁来再说说？

**生6：**它是军绿色的，并且是双肩背带。

**师：**（拿着书包的背带）这可不是普通的双肩背带，你注意到了吗？

**生6：**嗯。它的肩带真厚。

**师：**你还是没有用到作比较的说明方法。我再拿个女生背的书包作一下比较。（学生立刻递上一个粉红色的书包）这两个书包有哪些不同呢？

**生7：**（指着粉红色的书包说）那个是女生的。（指着军绿色的书包说）那个是男生的。

**师：**（吃惊地笑了）你能从书包的外形辨别出它的使用对象，真厉害。

**师：**设计方面有哪些不同？（教师边说边拉军绿色书包的大口袋）

**生8：**它有大大小小的口袋。

**师：**形状像什么？

**生8：**像字母N。

**师：**（又拿起粉红色的书包）和军绿色书包的口袋相比，这款书包的口袋有什么不同之处呢？

**生8：**它左右各有一个敞开的小口袋，既可以放矿泉水，也可以放伞。

**师：**（拉开粉红色书包的大口袋拉链，发现这两款书包在造型上有相同之处）这两个书包有相同之处吗？

**生8：**有。它们都有两个N型的书袋，并且大书袋里都有一个小暗袋。

**师：**你分析得不错。如果拿两个书包上来，就可以采用作比较的说明方法了。请下一位应聘者上台。

**生9：**（台上有一个粉红色的书包，他又拿上来一个黑色的书包）这款书包是李宁牌的，黑色；书包小巧轻便，长27厘米，宽

12厘米，高17厘米，里面可以容纳许多书，有两层，可以将课本和作业本分开放；书包两侧各有一个小袋子，可以装水瓶或者伞之类的东西；书包既可以单手提，也可以双肩背（他拿起粉红色的书包进行展示），与其他款式的书包相比，这一款书包背起来会比较舒适。（师生被他的自信逗乐了）这款书包适合男生使用，只售38.8元。

**师：**刚才这位同学很好地介绍了他的书包。现在我们一起来整理一下说明书包的思路。

**五、整理写作要点**

（屏显）

1. 抓住书包的特征：形状、颜色、质地、大小、设计等。

2. 采用由外而内的说明顺序。

3. 可以采用列数字、打比方、作比较等方法来具体说明书包的特征。

4. 在准确说明的基础上，语言力求生动。

**六、总结并布置作业**

**师：**用到以上的说明要点，我们可以清晰而生动地说明事物。如果一篇说明文是一盆小花，那么说明对象和它的特征是盆景的什么呢？

**生：**花朵。（教师顺手在特征的外围画出花的形状）

**师：**花茎是说明文的——

**生：**顺序。（教师在顺序处画一条竖线代表花茎）

**师：**花叶是说明文的什么？

**生：**方法。（教师在方法处画出两片叶子）

**师：**今天我们的作业就是栽种这样的一盆小花，以《我的书包》为题，抓住书包的特点，按照一定说明顺序，尽量采用两种以上的说明方法写一篇说明文。

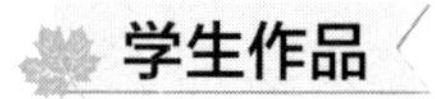

## 学生作品

### 我的书包

冯琳琳

我的书包外观像猪笼草，所以我叫它“猪笼包”。除了嫩黄色的拉链带，大部分是深蓝色的。

它长60厘米，宽40厘米，厚20厘米，有两个结实的肩带。最让我喜爱的是书包背带上有一层厚厚的垫布，保护着我的肩膀，让我可以茁壮成长。

书包有一大一小两个隔层。小的隔层，外面有一层暗色的皇冠图案，对称而隐蔽。里面有一个透明小格，可放一些小物品，如纸巾、校卡等。此外，还有一个个小布网，其中小网格可以放笔——这样就不用买笔盒了，而大网格可以用来放作业本、学习工具书等。这样的设计，既不占地方，也方便实用。

大的隔层，里面也有一层暗色的图案，是品牌名的图案。它里面有三格：大格的容量很大，可以放进所有科目的书；两个小格，方便书本分层放置，还可以放一些试卷和报纸。

小、大隔层的拉链，摸上去光滑而有质感，还相当漂亮，上面刻有闪闪发光的品牌名标记。隔层拉链的韧性很强，不易损坏。

我喜欢我的书包，它轻巧便捷，设计简洁，方便实用。

（此课例荣获“新作文杯”全国第五届作文教学“创课”比赛一等奖）

# 附 录

## 从“创课”到“创客”：写作课程深度学习的应然选择

袁爱国

2016年11月3日至6日，“新作文杯”全国首届中小学作文教学“创课”大赛在山东聊城举办，经过选拔评比，来自全国各地的8名初中组选手展示了创新写作课堂的风采。本次比赛先进行“创课”设计大赛海选，再进行说课、上课的评比，这样产生的选手既有各区域教研部门的选拔人选，也有民间脱颖而出的草根选手，具有一定的代表性。因此，本次创新写作课堂（以下简称“创课”）的面貌与精神在一定程度上展示了当下初中写作教学的基本状态，也透露了核心素养背景下写作教学的愿景与追求。

**一、“创课”：“十三五”期间深化写作教学改革的现实需求**

21世纪“十五”计划伊始，随着课程改革的逐步深入，写作教学的理念与实践一直与“创新”结缘，各种创新写作的理念、流派涌现，这反映了写作教学的面貌得到实质性的发展，一线教师在写作教学田野里耕耘的同时，都在展望写作教学的未来图景，“十三五”教育发展的宏观规划与语文学科的内部改革，都在为创新写作课堂定向。

### （一）基于核心素养达成的写作教学，呼唤“创课”的到来

近期，《中国学生发展核心素养》研究成果的发布，对大、中、小学生发展应具备的核心素养进行了系统建构，称其以培养“全面发展的人”为核心，分为文化基础、自主发展、社会参与三个方面，综合表现为人文底蕴、科学精神、学会学习、健康生活、责任担当、实践创新六大素养。由此看来，写作教学的终极目标即“立人”。一个写作素养丰厚的人，应该就是一个善思敏行、勤写会说的人，是一个乐于分享、勇于担当的人，是一个个性独立、“苟日新，日日新”的人。

当我们把目光聚焦于语文学科核心素养时，语言建构与应用、思维发展与提升、审美鉴赏与创造、文化传承与理解四个维度指明了其内涵与关系——写作教学的重点在于“语言”和“思维”，“创课”亦如此，重点在于如何教学生作文（口头作文或书面作文），而不是以阅读为主借鉴写作方法的课，或者开展花样繁多的活动，偏离语言文字的表达与运用。本届大赛展示的课堂教学求实、求新、求活，师生课堂上的对话与倾听，有诗意的表达、思维的激活，有审美的参与、文化的陶冶，都在致力于学生语文核心素养的养成。

### （二）伴随义务教育语文教材的更新，期盼与“创课”同行

很长一段时间以来，写作教学呈现两种情况：一是教材中写作内容不具体，导致教师很难有所作为；二是课堂教学更多地流于形式，很少直接作用于学生写作的过程。这两种情况都跟教师不能很好地把握写作规律，缺少创新意识有关系。2016年秋季，人教版、

苏教版等初中语文教材纷纷出新，其中写作教学的内容更新更是一大亮点。因此，我们呼唤创新性作文教学，呼唤教师争当作文教学的“创客”，来打破目前作文教学的僵局，创新我们的作文教学课堂。

我们期待的“创课”应该远离应试写作教学样式，并且与家常课有区别，不因循守旧，不走寻常路。本届“创课”比赛将视角集中于一个“创”字，贯穿于创新设计、创新课堂教学展示、“创课”成果总结反思等各个阶段。在课堂教学展示过程中，8位教师匠心独运，从教学主题的选择、教学内容的选择、教学资源的挖掘，到教学活动的设计和组织、教学评价的关注与运用，都努力凸显个性化写作教学的应有之义。

## 二、“创课”教学内容确定的路径

“创课”的教学内容从何而来？是一味地猎奇求险，还是无中生有，罔顾学生的写作需要而盲目创新？这些都是需要关注的错误走向。“创课”应根植于现实的土壤，再仰望璀璨的星空。

### （一）依据课标，结合教材，关注学情

写作教学内容选择的依据来自《义务教育语文课程标准（2011年版）》，有什么样的写作观就会有相应的写作文本诞生，有怎样的写作教学观就会呈现相应的写作教学课堂。当我们将目光聚焦于作文分数，致力于满分作文的修炼时，也就选择了格式化的教学内容，以考场满分作文为样本，以作文技巧为训练中心，只谈升格，只为分数。《义务教育语文课程标准（2011年版）》明确指出：写作是认识世界、认识自我、创造性表述的过程，写作教学应注重培

养学生观察、思考、表达和创造的能力，鼓励自由表达和有创意的表达。本次展示的8节课中的“唤醒”“走心”“情趣”等关键词，都在昭示着执教者对于课标写作教学理念的正确理解。相反，当教者仅仅将视野局限于具体技法的学习，追求与应试作文指导接近时，这样的课堂便失去了生机与活力。如《材料作文的审题与立意》一课，教者尽管试图“在‘追光’中舞蹈”，但在琐碎的技巧训练中，走向了沉闷与低效。

语文教材中的写作板块，往往被我们忽视。现实中的写作教学内容大都是围绕中考作文的命题趋势做选择，或以中考作文题为系列进行训练，或以提分能力点做专题练习。教材中的写作内容是课标写作目标的具体落实点，但不能直接作为教学内容，而需要我们“用教材教”。如统编版初中语文教材七年级上册第三单元为《写人要抓住特点》，本次大赛特邀黄厚江老师以此做示范课。黄老师将课堂教学的场景与个人的生活故事转化为教学内容，引导学生观察、思考、对话、交流，学习如何通过观察抓住人物的特点，如何通过具体描写突出人物特点，如何选择典型事例多角度刻画人物等写作方法。

“学生的写作困难在哪里，写作教学的创新点就应该定位在哪里。”本次赛事的秘书长张水鱼老师如此认为。本次参赛的课题分别从学生在写作素材的选择、写作方法的运用、写作思维的突破等方面遇到的问题入手，选点具有针对性，如孔卫琴老师的《抓住关键处多一些描写》，选题来自江阴市第七届“望江杯”读书知识竞赛中的一道微写作题：请你结合自身经历，写一写你生活中的

“哭”或者“不哭”，并写出你对此的认识或感受。阅卷时教师发现很多学生存在有记叙无描写或者有描写却不恰当的问题，于是孔老师以此为切入点，引导学生练习片段写作，展示交流、点评，总结后再进行修改提升。从发现问题到分析问题、解决问题，思路清晰，方法得当，收效明显。

**（二）从生活中来，到生命中去**

本次“创课”体现了教学内容的生活化，课堂上再现生活场景，融入场景思维，师生在与世界、文本的对话中学习写作。写作就是写生活，写作内容源于生活，作文强调“我”在场，叙述我见、我闻、我思、我感。执教者或从校园生活入手，比如，张寰宇老师的《写“走心”的演讲稿》一课，以本次承办学校莘县翰林学校为新创办的《翰林园》校刊招聘主编为背景，通过创设生活情境写演讲稿，引导学生围绕写作的目的与对象展开写作。再如，方沐老师通过《日记勤积累，妙手剪华章》一课，引导学生学习生活素材剪辑的艺术。另外，《把“话”说精彩》《爱的世界离不开细节》《转换视角，唤醒身边的它》等课的选题都来自生活，贴近学生生活实际。

生活化写作必须走向生命化写作，这样的课堂不仅有温度，更有深度；这样的写作才会不囿于生活的表象，才能抒发生命的感悟，传递生命的体验，表达生命的言说，抵达生命的内核。“创课”的中心站着一个“人”，在对话与倾听中传递人心、人情，明晓人性、人理。孙娟老师的《转换视角，唤醒身边的它》一课，孙老师在引导学生进行有创意的表述时，先从“人生的每一个片段都是一个不可重复的故事”入手，写好“你的3分钟故事”，再进行思维转换，唤醒故事里的它。通过朗读诗句“你的世界有千万只眼睛正凝视着你 / 每一道目光都有鲜活的呼吸 / 就等你来唤醒”，让学生进入角色，体验不同讲述者的生活经历。

### （三）从好奇心出发，向创造力发展

“创课”的起点从哪里出发，向何处发展，这是我们必须思考的问题。“好奇心”不仅能激活写作的情趣，还是展开深度学习的前奏。好奇心生发之时，也是联想与想象开始活跃之时。此时，写作的素材视野会更加开阔，思维角度会更具开放性，语言表达会更加流畅，其间更会充满创造性。因此，“创课”伊始，往往从“惊奇”开场。

《转换视角，唤醒身边的它》一课，从“十二袋金币”游戏开始，设置写作情境；《写“走心”的演讲稿》一课，开始展示习近平、马丁·路德、特里克、任正非四位名人演讲时的图片，让学生探究这些演讲者给自己带来的启发；《打破重组写情趣》一课，展示“守株待兔”漫画，引导学生从两个方面设问：你对图片上哪些信息感兴趣？你对未知的信息有哪些看法？课堂上通过故事、画面或者开展活动等设置情境，都是为了构建场景思维，在这样的“写作场”中，学生容易入境、入戏，体验会更加丰富，思维会更加活跃。

“创课”无疑应突出一个“创”字，因此，激活学生的创新意识是前提，生发创新思维是关键，培养创新能力是根本目标。《转换视角，唤醒身边的它》一课，从叙述角度讲故事，课内先让

"我"讲故事，再让看得见的铅芯笔来讲故事，最后让看不见摸不着的烦恼来讲故事。课后让学生以《餐桌上的时光》为题，从"我"、具体事物、抽象事物等角度任选一个点切入，书写一个你生命里的真实的小故事，表达一份真实的心情。课内指导创造性表述的策略，课外进行创造性能力的迁移训练。当然，"创课"的成果应指向于创新作文的完成，展示的几节课大都在一个创意、一个片段上琢磨，在篇章的探究上下的功夫较少。

**三、"创课"的基本教学形态：以少教多学促进深度学习**

20世纪末新加坡教育部推行了"少教多学"的教育改革。"少教多学"强调教学重点从教学内容的数量转到教与学的质量，追求深度学习，重点放在提高师生互动质量上，让学生更加投入学习，对于提升"创课"的品质极具借鉴意义。"少教多学"倡导教师自主设计教学内容，给予教师更多的时间了解学生、反思教学和分享经验，给予学生更多学习的灵活性和选择的机会，注重师生可持续发展能力的培养。

（一）"创课"：基于学习者为中心的课堂

1. 玩中学

写作教学要从沉重走向轻松，从沉闷走向快乐，离不开一个"玩"字。写作教学中的"玩"，不仅指"好玩"（有趣味），还要"玩好"（有意味）。具体表现为：一是内容好玩；二是活动好玩。《日记勤积累，妙手剪华章》一课，教师利用素材卡片，指导学生做素材分类处理的游戏，并在游戏的过程中激发学生学习兴趣，启发学生思考，用素材卡片布局谋篇，鼓励学生坚持日记写作，创建个性素材库。将“生活即写作”“素材即联系”“心动即行动”等写作理念有机融入“玩写作”的过程中，这样，学生学得轻松，玩得快乐。

写作教学中最不好玩的就是教知识（静态的陈述性知识）、教方法（琐碎的、繁杂的方法），有的课花了很多力气归纳出几条方法，这些方法本身是否科学就值得怀疑，更遑论运用。当然，如果一味“玩”，忽视了教学重点、难点，偏离了写作教学的基本规律，自然低效。如某一节课上花了几分钟播放杨丽萍的舞蹈片段，只为了得出“追光”这个概念，就显得得不偿失了。

2. 做中学

“创课”倡导做中学，第一要义便是在写作过程中教写作，不是在阅读过程中教写作，更不是在游戏活动中学写作，要给“写”留下足够的空间和时间。比如，《抓住关键处多一些描写》一课，教师导入以后，就让学生动笔写，同时还安排学生在黑板上板书，然后通过集体评议，总结出写作方法后，教师再进行组织学生修改。再如，《把“话”说精彩》一课，首先，教师让学生借助阅读习得方法，使学生认识到语气词在人物对话中起着调节人物情绪，表达人物情感的作用；其次，呈现学生的习作片段，运用已学到的写作方法进行合理修改；最后，教师让学生自改，将习得的方法同化运用。一节课上可以分阶段“写”，也可以集中时间写，切忌为了听课教师而喋喋不休，因为写作是一项私密性的智力活动，需要静谧，需要留白，静心澄虑，方能从容书写。

写作教学不仅需要关注独立做，还需要合作做。写作教学是师生与文本、世界互动对话的过程，口头语言可以促进书面语言的发展，个体思想与群体智慧在对话中能产生共鸣，特别是写作教学中的“边缘人”，往往在协作交流、积极融洽的学习情境中获得启发，因此，我们既要关注对话的质量，也要关注倾听的品质。本次“创课”中，能掌握好小组学习的频度、效度的教师，其课堂上学生的发言自然精彩纷呈，写作成果收效也明显。

3. 创中学

写作是一项创造性极强的学习活动，需要深度学习的介入。深度学习与高水平思维、多层抽象思维、分散思维、创造性思维、批判性思维综合加工密切相关。本届“创课”选手们在“创新”上下了功夫。有的从选材创新，如《日记勤积累，妙手剪华章》；有的从文体创新，如《写“走心”的演讲稿》；有的从思维角度创新，如《打破重组写情趣》；有的从表达角度创新，如《把“话”说精彩》；有的从叙述角度创新，如《转换视角，唤醒身边的它》。

有了创新的设计不等于实现了创新教学。创新的主体是学生，所以写作方法的启悟不可以诉，而应该是自悟。一些课堂上呈现了概念术语，罗列了技法指南，这些外化的知识无法产生创新的因子。创新的核心是思维的激活，本届“创课”在发散思维方面的训练探索较多，在批判性思维的培养上很少涉及，在思维的流畅性、深刻性、批判性、独创性等方面还需要进一步探索。

## （二）深度学习：亟须教师的适度作为

1. 简约而不简单

“创课”需要教师采取恰当的步骤以使所有学生在其当前水平

上实现深度学习，这就需要教学目标精准，教学内容精要，教学流程精简，教学评价精准。《日记勤积累，妙手剪华章》一课，教师通过“读素材—玩素材—用素材”三个环节展开教学，课堂上给学生预留10多分钟写作的时间，同时让学生分组讨论交流，最后展示学习成果。学生写得充分，议得热烈，展示评价精准。个别课堂上教学材料（视频、文本、图片等）引用过多，占用了写的时间，挤占了思考的空间，最后学习成果的展示往往不能令人满意。

简约的教学设计，能给学生的学留下广阔的空间，给课堂上生成的情境留有探究的时间。写作教学的不确定性与综合性，需要留有足够的时间，或渐悟，或顿悟，这样才会催生灵感，生发智慧，学生的表述才能如万斛泉源，鲜活充沛。

2. 有所为有所不为

本届“创课”大赛在设计课堂教学评价标准时，强调这样两点：一是以生为本，能够根据现场情况做灵活安排，对学生的写作行为做及时、适当的应对；二是课堂生成丰富、学生的习作或对写作的理解有明显提升。教师在写作课堂上需要在学生的疑难处、困惑处有所作为。比如，《转换视角，唤醒身边的它》一课，教师为了让学生转换叙述角度，开展了“倒句”游戏，由生活中的种种事例到文本情境中故事角色模拟，这种由易到难的教学方式，打开了学生的思路。再如，《写“走心”的演讲稿》一课，教师以自己写的演讲稿作为反面例子，引导学生针对演讲稿存在的问题，总结演讲稿如何针对听众对象进行有目的的创作。

我们强调教师“有所不为”，是因为写作素养的核心是想象力，教师的过度指导会束缚学生的想象力，教师的过度作为会挤占学生独立思考、全神写作的时间。当然，"有所不为"不是教师不作为，而是智慧地作为。

## 四、从"创课"走向"创客"：写作课程深度学习的自觉追求

### （一）从创新写作课堂到建构创新写作课程，需要每一位教师成为"创客"

创新一节课不是难事，但一直坚持创新是一件不容易的事。随着中国学生发展核心素养以及语文学科核心素养进一步落实的需求，伴随着义务教育新教材同步更新的现实，我们需要从一节课到一组课进行创新设计，进而形成写作课程体系。这就需要每一位语文教师成为写作教学的"创客"，以创新为指引，以学生为中心，以写作教学设计、个性化写作教学为核心内容，依据教材，遵循写作教学规律，提升写作教学品质。

本届大赛起始环节"创课设计"，要求设计者从"创课缘起""创课说明""创课思路""教学现场""创课所得""教学材料"等环节全盘考虑，在"教学现场"环节还需有"自析自悟"的内容。这样的设计涉及教学全程，从创意到成果，将反思贯穿始终。在课堂决赛现场，有导师的精要点评，有专家的综合评价，还安排了名师黄厚江现场示范课，从青年教师到成熟的名师、写作教学的专家，一起致力于"创课"，努力向"创客"角色转换。本次参赛的孙永芳老师正在编写的《情趣作文三十六计》，在写作课程化方面做了有益的尝试。

需要警惕的是，我们的语文教学一直将重点放在阅读教学上，今年秋季新教材更新后，大家都将目光投放在新增加的篇目文本的教学上，而对于新教材中写作教学内容的调整基本没有关注，写作教学依然是穿旧鞋走老路，在这样的现实面前谈“创课”近乎奢望。

### （二）从“创客”到建立“创意写作坊”，需要大众创新，万众“创课”

“创客”本指勇于创新，努力将自己的创意变为现实的人。在中国，“创客”与“大众创业，万众创新”联系在一起，特指具有创新理念、自主创业的一群人。创客团队是一群坚守创新、持续实践、乐于分享并且追求美好生活的人。本届“创课”大赛的意义不在于推出几位写作教学的“创新能手”，而在于唤醒语文教师创新写作教学的意识。每一位参赛选手的背后都有一个“亲友团”，他们自觉或不自觉地代表了一个区域对于创新写作课堂的理解与实践水平。本届比赛，江西省赣县教研室审阅了全县三百多篇“创课”设计，选拔出五十余篇优秀“创课”设计参加大赛评比，并深入高中、初中和小学课堂了解教师的执教情况，一次次到课堂进行指导，从中选拔高素质的优秀教师参加现场比赛。参加“创课”的全过程，即学习的过程，这不是一个人的战斗，而是一个共同学习体的智慧写作教学历程。

美国爱荷华大学成立的创意写作坊，不仅为当代卓越作家的培养提供了平台，也为不少大学写作教学模式提供了范式，这样的“创意写作坊”也可以在中学以物化或模拟化的形态建立。在“互联网+”时代，网络平台为开展创新写作课堂探究提供了便捷的途径，同一区域、不同区域之间借助QQ、微信以及博客等平台，以或紧密或松散的状态进行开放性研究值得期待。

### （三）从技术崇拜走向艺术追求，回归个性化写作教学

当写作课堂冠以“创新”的名号，一方面折射出大众对于当下写作教学现状的失望，另一方面也反映了我们对理想的写作教学的追求。我们内心急切地期待着“创课”能制作成APP，可以打包下载即时运用，当真如此，学生也不需要教师指导了。“创课”的阵地在课堂，在教与学的过程中，因此，“创课”呼唤个性化写作教学。我们需要练好内功，懂得写作教学的常识，遵循写作教学的规律，在此基础上尝试创新，既要有工匠钻研技术的精益求精的态度，也要有“创客”敢于冒险、乐于分享、勤于创造的精神，这样的写作教学才会得法、有效，才能从自由走向创造。

（此文为“新作文杯”全国首届中小学作文教学“创课”比赛现场综述）

# 将具体知识融入具体的写作语境与写作策略中

金 戈

“新作文杯”全国第二届作文教学“创课”比赛现场，我主要听了第二组参赛老师的说课，主要有两类：说理类、记叙类。

说理类分别为：《在追问中走向严密》（李爱英）、《运用矛盾分析法进行议论文写作思维训练》（唐文莉）、《给思维的野马拴上缰绳》（肖劲松）。

记叙类分别为：《让“到此一游”走点心》（李本银）、《浮想联翩写美景》（吴蕊江）、《从一座“桥”说开去》（刘小芳）、《于无声处写有声》（徐雪姣）、《关注生活，于细微处见精神》（李玉萍）。

任何学科的学习都要掌握基本知识，基本知识是形成学生能力的支架。对写作教学来说，没有知识，写作能力的培养就无依托。目前我们确实有很多写作知识，但反思这些知识，我们会发现，类似“记叙文六要素”“记叙的顺序”“议论文三要素”等知识，因为过于普适，无法有针对性地应用于具体文体的写作，大部分教师存在这样的“知识困境”，所以我们要利用与开发具体的、精准的知识，使之有效地为具体文体写作提供支持与服务。

说理类让人眼睛一亮的是，李爱英的《在追问中走向严密》、唐文莉的《运用矛盾分析法进行议论文写作思维训练》，她们给我们做了很好的探索与有益的启示。她们摆脱“知识困境”，基于学情分析，围绕具体的写作类型、任务和学生具体的写作困难，恰当引入具体的议论文写作知识，并突破议论文写作“陈规”，进行“三新”作文教学。具体如下：

李爱英的《在追问中走向严密》设计（环节）：

1. 创课缘起

学情分析：观点经不起推敲；套作明显；议论不深刻；只会简单模仿，不会深入思考。

以《用自己的方式改变世界》为题写一篇文章，自定文体，不少于800字。

考场优卷思路示例：

一颗露珠可以映衬整片天空；小水珠也能穿过一块岩石；一人不算强大，但我们也可以用自己的方式改变世界。

柳宗元，用不屈不挠的骨气改变世界。

李斯德，用坚定不移的信念改变世界。

扎克伯格，用自己的创新与才华改变世界。

娜拉、米勒、卡夫卡、托尔斯泰等人都是以自己的方式改变了世界，他们以强大的内心告知世界，他们的思想无法被束缚。

我们用自己的方式改变世界，使世界更加美好；我们用正确的方式改变世界，使自己的理想更易实现；我们用坚定不移的信念改变世界，即使前路艰难也要有继续前行的勇气。

上文所谓的高分秘诀体现在：确立观点，寻求证据；有分论点；素材丰富、新颖典型；语言流畅。实际是有问题的，问题：议论文=证明文=找例文。那么该如何深化呢？

2. 创课依据

理论依据：

写作时要设想读者的需求和可能产生的疑问。

——荣维东

设想别人诘难自己，不断寻找自己的“漏洞”，然后一一予以回答、补充，使自己的论点更加周全，论证更加严密。

——俞发亮

一定要选好、选对、选准追问的抓力点，质疑的突破点。

——余岱宗

可这样深化：追问质疑，寻找例外。

3. 教学过程

深化过程示范（略）

初始观点：我们用自己的方式改变世界，使世界更加美好。

（屏显）

追问深化过程

论题 →寻找例外→ 漏洞 →补充条件→ 新的论题
新的论题 ↓寻找例外↓ 漏洞
漏洞 →补充条件→ 新的论题
新的论题 ↓寻找例外↓ 漏洞
漏洞 →补充条件→ 新的论题
新的论题 ↓寻找例外↓ 漏洞
漏洞 →补充条件→ 完善

追问质疑 补充条件

寻找例外 弥补漏洞

牛刀小试：请以“创新让我们走得更远”为初始论题，进行追问质疑，发现例外，补充条件，弥补漏洞，让论题更严密。

在整个教学过程中，教师通过反复追问，引导学生不断证伪，不断完善自己的论证与思维。

唐文莉的《运用矛盾分析法进行议论文写作思维训练》，也有异曲同工之妙：引导学生不断变换立场与角度，不断反思，最终走向全面与深刻。

（屏显）

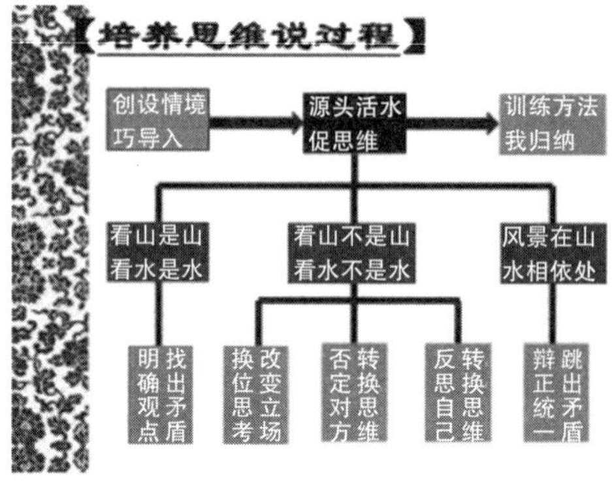


其实，这两堂课还促成了学生元认知的获得。理解学习过程（或自我调节）的关键是将其教给学生，这样学生就能学会监控、控制或管理自己的学习，其中包括学习何时应用学习策略、如何应用特定策略、评价策略对提升学习是否有效。这也是为什么自我调节的概念等同于“学生成为自己的老师”的原因。

还有培养学生批判性思维，需做到思维谦逊，尽力发现自己对未知知识忽视的程度，主要包括以下几个方面：一是从他人的角度学习理解相反的观点（唐老师课中的思维转换丰富且深入）；二是用同样的标准评判他人和自己；三是重视证据和推理，将之视为发现真相的重要工具；四是重视思考的独立性。这些思维的展开，已远远超越了传统的议论文写作范围。

记叙类让人印象深刻的是，李本银的《让“到此一游”走点心》很有游记写作知识与策略讨论的价值，吴蕊江的《浮想联翩写美景》开发了很多具体的写作知识，刘小芳的《从一座“桥”说开去》注重学生思维的开发。

游记是记叙文中一个具体的文体。游记描写旅行见闻，取材范围极广，可以描绘名山大川，可以记录风土人情，可以反映日常生活面貌，也可以记下一国的重大事件，并表达作者的思想感情。所以，把握了游记特点：游踪、景观、观感三位一体，也就把握了游记的知识与策略。

李本银的《让“到此一游”走点心》活动设计（环节）：

（屏显）

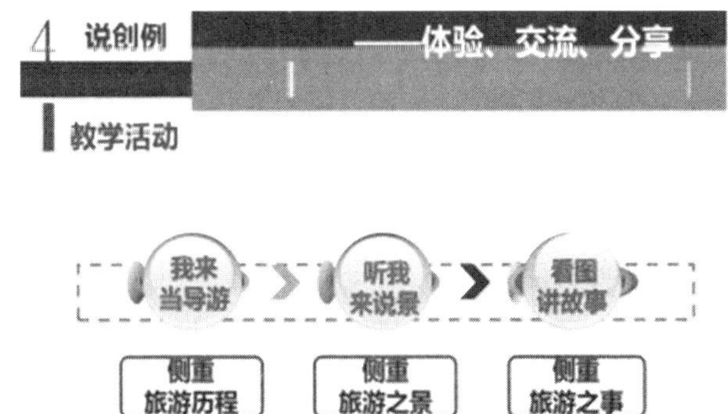


侧重旅游历程，侧重旅游之景，侧重旅游之事，这里有知识与策略，只可惜语焉不详，下面的环节也没有详细展开，这样的教学

设计学生是无法掌握其写法的，而作文教学的目标就是教可教的，因此，本节课教师需给学生提供具体的游记写作方法与策略。

具体的游记写作方法：1.根据游览的行踪和自己的体验，合理安排游记的写作顺序（这里需要教师引导学生明白，行踪与体验是不同的，前者主要按行程的先后来写，后者不一定按照行程来写，而是根据印象的强弱安排顺序，以达到更好的效果）；2. 能够抓住景物（场所）的特点多角度刻画；3. 根据表达的中心，合理安排材料的详略；4. 在记叙、描写的基础上，运用抒情、议论等表达方式。

游踪（印象）、景观、观感，如果将其扩展为具体的写作策略，可参考以下要点：

第一，不同方位：根据写作构思的需要，可选择“由远到近、由上到下、由高到低、由中间到四周，（印象）由强到弱”中的一两种。

第二，不同感受：根据需要，可将视觉、听觉、嗅觉、触觉进行有机组合。

第三，不同手法：在描述的基础上，发挥联想与想象（教师引导学生明白，巧妙的比喻、拟人等修辞手法就是最好的联想与想象），如能做到虚实结合更好。

除了以上知识、策略之外，还可以给学生提供优秀的游记范文支架，即在写作教学中，教师用范文指导学生写作。教师要引导学生对写作范例做具体分析，这是提高学生写作能力的重要途径。

《小石潭记》的支架，如果用几个字提炼游踪与游感，就是

“闻—观—眺—感”，由外到内，由近到远，寓情于景，情景交融，很是自然。只闻水声不见其潭，可见其景藏之深；观鱼得乐（属于定点特写），或者观水得乐，是他出游的目的，为排遣心中的郁结；眺“潭西南而望，斗折蛇行，明灭可见”（为镜头变焦），陡生“凄神寒骨，悄怆幽邃”之感，与他心境契合，是前途迷茫的生动写照。这是柳宗元的“脚步与心跳”，可为学生的写作提供借鉴。

《桃花源记》的支架：忽逢—外景—内景—人情故事—再寻遂迷。这里有几点可以启示学生：从外到内的行踪本身就具有吸引力，加之作者对洞与光的逗引性描述（朱自清的《绿》中也写到光的吸引力）；人情故事的描述增添了游记的故事性与趣味性；“忽逢桃花林”“再寻遂迷”等语句的描述给文章增添了神秘性。此文构思精巧，采用虚实结合的手法，把现实生活和理想境界联系起来，激发了读者的阅读兴趣。我们的有些游记写得太过写实，可以虚幻一些，以满足人们不甘于一时一地的局限，让“游记”带领我们突破现实的束缚，做形而上与形而下的双重遨游。

综上所述，如果我们的写作教学，多一些具体的知识、策略、范文支架的介入与分析，就会更有实效一些。

吴蕊江的《浮想联翩写美景》利用与开发了联想与想象写景的知识。首先，注意到了联想与想象的区别，引入《天上的街市》进行片段练习。其次，聚焦联想的四种类型：类比联想、对比联想、象征联想、事理联想，同时组织了相应的训练。这给学生提供了写作训练支架，可惜不是景物的，而是人事的。再回看《咏雪》《绿》中的句子：

俄而雪骤，公欣然曰："白雪纷纷何所似？"兄子胡儿曰："撒盐空中差可拟。"兄女曰："未若柳絮因风起。"(比喻)

那醉人的绿呀！我若能裁你以为带，我将赠给那轻盈的舞女；她必能临风飘举了。我若能挹你以为眼，我将赠给那善歌的盲妹；她必明眸善睐了。(拟人)

吴老师运用这两个例子的目的在于让学生明白比喻、拟人等修辞方法中就有联想。接着又进行了虚实结合、通感等手法的讨论与练习，但虚实结合有些偏离课堂内容。这是具体、深入的写作知识与策略，学生对联想（写景）有了进一步的体验与思考，进而得出比喻、拟人、虚实结合和通感，是呈现联想和想象（写景）的主要方法，它们可使得内容更加丰富，形象更加丰满，意蕴更加丰厚。这个作用的概括，还不是很到位。

最后，写作练习。吴老师要求学生借助某些特定景物展开联想、想象，写一段文字，表达情绪或感受。有了以上的具体的联想与想象的写作知识支持，学生可以写出具体可感的文字。

在教学写作知识时，我们一定要避免抽象与被动地学习知识，一定要具体与主动地将具体知识融入具体的语境与策略中。写作是创造性的实践活动，只有在活动中学会灵活运用知识，知识才会越学越有用，并产生新的知识，丰富写作的内容与形式。这样，具体知识才能成为写作教学的关键。

（此文为"新作文杯"全国第二届作文教学"创课"比赛现场说课评说）

# 在你心里，翻起百千浪

梅 晴

“新作文杯”全国第三届作文教学“创课”比赛落幕了。

坐在岳阳临湘六中的说课现场，我一直被老师们感动着。为了写作之火能在学生小小的心灵中燃起，他们真正地走进了学生的心里；为了写作的光芒能照亮学生的人生，他们在竭力探索更有效的路径。能这样做语文老师，不易；能做这样的语文老师的学生，有幸！

坐在讲台下，聆听着各位老师对写作教学的思考和基于这样的思考而采用的做法，我陷入了思考：“创课”以“创”为比赛的着眼点，可以理解为“创作”“创造”，更应该理解为“创意”“创新”，甚至还可以是“开创”“创举”……然而，一切的“创”不过是为了“课”更加有效、高效……到底怎样的作文教学课能达到这样的目标呢？细细咂摸老师们所做的一切努力，其实最终都应归于写作教学的初心——让学生乐于表达、善于表达。有一个这样的目标做先导，选取的路径、采用的形式往往就成了“创”的空间。用最有效的路径、最有吸引力的方式告诉学生，我要在你心里，翻起百千浪！

如何去做到呢？综观比赛一组的十几节课，的确有很多做法给我们以启发，那些优秀的课例的确让人回味无穷，谈几点感受与大家分享：

## 一、揭开生活的面纱

十几位老师一直力求让学生明白：写作与生活的关联极为紧密，无论写什么，都应该是将对生活的感受表达出来。他们或是带着孩子观察秋叶，或是带着孩子聆听声音，或是带着孩子体验学会做事的过程，或是带着孩子关注身边的人物……在此基础上，教会孩子将我们生活的世界描绘清楚，将生活在这个世界的感受讲清楚。然而，更为有效的原则是：不仅让孩子明白写作与生活的关联，还能让孩子明白理解生活现象里值得思考的事理更为重要。因此，我们看到了许多创造性的设计。比如，《我眼中的潮人潮事》一课，老师将孩子的眼光聚焦在“潮”字上，从巴黎圣母院的大火入手，让孩子们关注生活中正在发生的事情里包含的道理。无论是选择还是处理写作素材，都需要在关注社会中的新闻热点、风尚潮流、舆论焦点，把握现代社会的生活脉搏，体现时代精神。只有揭开生活的面纱，才能看到生活的真谛。这一课“创”的价值就在于看世界的眼光和角度。再如，《送你一朵勿忘我》一课，老师的观念是“写作一定要和生活融合，生活中随处都能用到语文写作能力”。为了让学生作文过程变得有趣，让学生在写作过程中明白写作就在生活里，老师设计了化难为易的微写作，选择教授的内容是化繁为简的“短信写作”。学习写短信的整个过程，老师带领学生拾级而上，一步步明确写作的奥秘：生活中唯有真情动人心，真实的生活感受可以用更美好更巧妙的方式来表达。短信，句短情长，言简义丰；短信写作，则容纳了写作的立意、选材、构思、表达、推敲等思维过程。通过短信写作，老师让学生学会了由微写作走向大作文的思想方法和写作路径。这一课“创”的价值就在于此。一旦揭开了生活的面纱，学生就能找到无穷无尽的写作资源，真正实现让学生在写作过程中获得“写作的快乐”的目标。

## 二、点燃表达的愿望

老师们之所以对写作教学进行设计，是因为希望提高学生的写作能力、习得写作技巧。所以会有老师教学生怎么观察世界，用怎样的修辞手法去表达自己的观察结果；也会有老师去教学生读教材上的名篇，研究作家是用什么写作手法表达的，我们可以运用这些写作手法；还会有老师告诉学生，许多写作对象是无形的、感情是抽象的，我们可以借助有形的实物、用恰当的词语去展现……固然这是表达的基本方法。然而，表达形式是以表达目的为基础的，学生一旦明确了自己的表达目的，所有的方法就能焕发出光彩。因此，更为有效的做法则是钻进学生的心里，点燃学生的表达欲望。如《入情入境　合情合理》一课，老师精心设计了情境作文，将学生放在写作情境中，唤醒学生内心深处的表达欲望，颇费心思！老师设计的情境是一家人逛秦淮灯会时祖孙两代人购买花灯的冲突，有冲突就会有故事，有故事就会有事理，有事理就会有思考，有思考必会有好文章！老师拿出这个作文题，并不是为了告诉学生如何审题、如何抓关键词、如何揣度命题人的意图……而在于将学生放在具体情境中，激活学生的思维，让学生明白：在这一情境中，你们都可以有话说。祖孙两代人审美观念的差异正是最具有时代特征的现象，学生怎么看待这种生活现象不重要，重要的是他们能将自己的看法有条理地表达出来，并与他人的看法进行交流。这是真正懂得学生的老师！老师需要说很多话、做很多事吗？非也。老师只扔出一颗石子，能激起学生心中的千层浪就可以了。果然，老师的设计引发了学生的多种立意：传统文化与现代元素兼容并蓄，感受传统文化的魅力，欣赏现代科技的精彩，亲情——奶奶对小表弟的疼爱宠爱，孝心、孝敬是一种美德……激活思维只是开端，老师真正的目的是要告诉学生，你的思维必须有逻辑，即想象联想须合理，思考感悟有方向。因为，走出这个课堂，学生还会面对更多的生活情境，在他们有话要说的时候，他们仍会记得这个课堂上，老师曾告诉他们怎么去思考、去表达。这一课的"创"的价值在于，老师点燃了一把火，还要让火能持续燃烧！学生获得的是思考问题意识的建立和习惯的培养。

**三、发现思维的价值**

对待写作教学，大多数人都在研究如何将文章写好，因此将研究重点放在"如何写"上面。学生在被动接受各种写作技法、各种行文模式的时候，往往忘记了"我为什么要写这篇文章"。忘记了这一点，所有的表达都成了空中楼阁。要写好一篇文章，首先得想清楚自己要表达什么，其次才是如何表达。因此，作文思维能力的培养应该放在首位。如《转折思维，无中生有写妙文》一课，这是此次比赛中唯一一节在思维层面上做设计和思考的课例。老师教学生"写妙文"的基础是"想妙招"，而这妙招绝不是迎合分数的奇技淫巧，而是立足于培养学生的思维能力。老师选择了众多思维方式中的"转折思维"，在研究众多作文题的基础上，告诉学生这样思考问题的妙处在哪里。从了解“转折思维”的内涵到在作文题目中的实践运用，从思考问题的角度到推理结论的逻辑，处处体现着老师的作文教学观念：“对生活现象和细节进行发现和思考，是创意写作的关键。”“要能产生深度的发现和思考，就得善于发现事物之间的联系。善作文者，也是善于发现事物之间联系的人。”在“思考”和“写作”这两个点的选择上，这一课“创”的价值在于关注并重视人的思考能力，让思考作为写作的基础，帮助写作更上一层楼！通常，写作教学如要讲方法，必定是理论和实践“两张皮”。然而，这节课，首先，老师从绝句和文艺小品入手，让学生从不同文学样式中真切地感受到文字背后的思维逻辑，继而引导学生去关注他们最关心的考试题，去发现转折思维的实用价值，激发学习兴趣；其次，将学生的眼光引向各种生活现象，凡事皆有因，去体会转折思维的妙处；再次，借助语言材料来实现思维训练的目的；最后，老师让学生将这种思维方式用到作文中，让思维转个弯，去发现事物之间的巧妙联系。这个过程，是符合学生的认知规律和学习心理的。一个真正理解学生的老师，才能为学生指明前行的道路！

其实，创课的“创”，最大的价值在于——让学生“心动”，心动了，笔就活了。生花妙笔的“花”，不是插上去做装饰的，而是从笔底自然绽放的，更是从心底里流淌出来的。在我们追求“创课”教学价值的路上，我们须明确老师最大的价值是点燃学生心里的那团火，让他们能看到写作对生活和生命的价值！让那份写作的愿望如同滔滔江水，浪奔浪流，纵使转千弯转千滩，仍愿翻百千浪，在他们的心中起伏够！

（此文为“新作文杯”全国第三届作文教学“创课”比赛现场观感）

# 是“创”，让你的课从此不一样

洪劬颉

首先要感谢《新作文》杂志社，为广大中小学教师搭建了“新作文杯”全国第三届作文教学“创课”比赛的平台，同时也感谢张水鱼主编的邀请，让我和梅晴老师分别担任一组和二组的组长，一起经历、一起见证、一起享受12位脱颖而出、最终走到全国决赛现场的老师精彩的“纷呈”。

三个小时下来了，让我们回头想一想，12位“创客”所“创”的“课”，哪些是让我们无法忘记的？这些“无法忘记的”应该就是我们写作教学的最本质、最本真的东西，是我们在平常教学中，应该坚守和坚持的。

无法忘记的是，“独立的写作的人站起来了”，这句话是湖北省枝江市第二高级中学的潘彬斌老师说的，不管是写作课，还是创课，目的都是“立德树人”，都是在培养人，发展人，是要培养“独立的人”。

无法忘记的是，“下水写作”，山西省绛县古绛镇城关初中贾慧丽老师用自己的“下水文”《醉心丽江》来分享树型的思维导图。

无法忘记的是，“读写结合”，美文引路。读写结合是提升写作水平最为有效的办法，如何进行有效的读写结合，仁者见仁，智者见智，太原市外国语学校的申改霞老师给我们提供了一种读写结合的过程性指导的范式。

无法忘记的是，“升格训练”“方法指导”“情景创设”“反复敲打”“深化中心”“课程标准”“统编版教材”……

没了，想不起来了，想不起来的就是忘了。我们的学生如果上课，一节课45分钟下来，他能不能记起这么多？你告诉他的开头十二法、结尾二十四法，他能记住几法？我们三个小时下来，无法忘记的，如果过一周，过一个月，我们还能记起什么？为什么我在学习了12位老师的精彩分享后，我记住了这些，而没有记住那些？原因在于这些跟我长期的写作教学实践是耦合的，是呼应的。

那么，我们需要探究的是，这些“无法忘记的”“创”在哪里？

“创”在“系统思考”。写作绝不只是写作的事情，临湘市九中余秀兵老师始终引导学生“留意生活，关注自我”，从“我”的需要出发，在生活中深入思考，进行发散性思考；教学生写作的知识，也不能孤苦伶仃的，应该放在一个系统中去思考。很喜欢内蒙古自治区通辽市科尔沁区七中康婧老师主张的“文不可无为而作”理念，更欣赏她在“如何深化文章中心”之前补充设计了“前后呼应点中心”“详略主次显中心”等系列指导课，在听的过程中，我想起了自己曾经在课堂上是如何帮学生治“偏题症”的，康老师也可以回去继续补充设计，“不断点题现中心”，文章的中心需要不断地被提及，被点明。

“创”在“教学资源”。在这一点上，《新作文》杂志社的张水鱼主编做了一件功德无量的事情，不仅在全国范围内开“写作教学资源”，还以“创课”的方式引导教师去“创造”自己的“写作教学资源”，让学生去“创造”自己的“写作资源”。成都市安靖学校张丽萍老师的《佳节清明桃李笑》，张老师链接清明文化，播撒写作种子，引导学生用好节日素材，说自己想说的话，很有创意。当然，“写作教学资源”的创建，在其他老师的“创课”中，也有或多或少的体现，我就不一一赘述了。

“创”在“学习设计”。最好的教是听，最好的学是说。我一直很反对过度地追求课堂教学的艺术感，而应该把课堂还给学生，让课堂成为学生学习的天堂，而不是展示教师教学艺术的地方。好的课堂教学要充满鲜明的设计感，而好的课堂教学设计应该是要想出好的学习活动设计。岳阳市第九中学任畅老师的《让别人见你所见》就是一份特别出色的学习活动设计，变“教”为“导”，实地游览，见你想见；交流经历，分享所见；解密写法，让别人见你所见；品评习作，分析“见”与“不见”；执意探究，见你最想见。

“创”在“思维建模”。我实践智慧作文二十多年，最后也就得出了几个字：好作文是“打”出来的，好作文是“写”出来的，好作文是“想”出来的，明天上午跟大家会分享“好作文是‘偷’出来的”，其中，好作文是“想”出来的，重在帮助学生建立起思考问题、解决问题的常规路数，即思维建模。我非常高兴地看到好几位“创客”老师都在摸索学生写作的思维建模，这非常好。四川省成都市双流区棠湖外国语学校的黄明丽老师给我留下了深刻的印象，“定格”“聚焦”“赋形”，从生活到美文，她很巧妙地带领学生“捕捉一个画面”“创作一首小诗”“写就一篇美文”。

当然，也有不少孩子看不上自己的生活，说，“我所经历的那些东西没有什么意义呀”！

我们忘了我们也曾经是孩子，我们也忘了孩提时代是最好的时光，为了我们更好地写作教学，诚如“忘记”一词所说的，我们很多东西“忘”了，才有“记”得，“忘”了才会有所“得”，我们要主动地去“忘”，才会有浅浅的“得”。在这里，我化用三个成语：“得荫忘身”“得鱼忘筌”“得意忘形”，但我要把他们的意思反过来说。

第一个“忘”，是“忘身”“得荫”。“得荫忘身”这个成语原指蝉得到阴凉的地方遮蔽就忘了自身的安全。我想说的是，我们老师要想让学生的写作得到“荫蔽”，就要先“忘身”，忘了自己。只有教师忘了自己的“教”，才会有学生的“学”。好作文是学生“写”出来的，是学生“写”，不是听教师的“写”。学生在“写”的过程中，自然而然地就会学会“写”，只有在“写”的过程中，才能知道哪一种“写”法是智慧的，是高超的，是好的。我一直强调一个观点，好的作文指导，是让学生有勇气写出下一篇来。事实上，作文教学最直接的后果，就是让我们很多学生越来越怕写作文，越来越享受不到写作的乐趣。

第二个“忘”，是“忘筌”“得鱼”。“得鱼忘筌”的意思是捕到了鱼，忘掉了筌，事情成功以后就忘了本来依靠的东西。但是，这句话用在写作上，再形象不过，但需要调个位置。“忘筌”“得鱼”，只有“忘筌”，才能“得鱼”。你在那里钓鱼，一会儿把鱼竿提上来看一下，看看鱼上钩了没有，一会儿把鱼竿提上来看一下，看看鱼上钩了没有，这样是钓不到鱼的。正如钓鱼一样，写作是要有方法、是要有技法的，但是我们不能唯“法”是论，不能陷进“法”的泥淖，要忘了工具，忘了方法，沉潜下去，静静地，一动不动地，等待水面上有鱼挣脱鱼钩而泛起的涟漪。

第三个“忘”，是“忘形”“得意”。“得意忘形”与“得意忘言”的意思是不一样的，但其中“得意”的意思是一样的，是内在的精髓，是“是”，是“道”，是“规律”，要想得到写作之“意”，之“道”，必须要“忘形”，也必须要“忘言”。而我们要想“得意”地写作，写“得意”作，就必须要忘了所谓的写作的常态。思维建模是要建立起学生思考问题、解决问题的常规思路，是建立起写作的常态，这是解决由“不会写”到“会写”的初始方法，但“会写”的标志却是“有创意地写”“智慧地表达”。所以，要“得意”，先“忘形”。唯有如此，我们《新作文》杂志社举办的“创课”比赛才能彰显其独特的价值，才会让我们脱颖而出的“创客”们闪亮登场！

再一次感谢《新作文》杂志社的全体同人，感谢参赛的24位“创客”，谢谢你们！

（此文为“新作文杯”全国第三届作文教学“创课”比赛颁奖会上的讲话）

# “创课”者这样说

＊孙娟　浙江省湖州市语文教师

创课感言：有一种课叫作“创课”，需要创教材，创设计，创教学，创反思，让课堂精彩纷呈，过程引人入胜；有一番天地叫作“创时代”，在这时代中有更融洽的师生情，有更激越的思维火花。我希望自己能成为创客去炼创课，去迎接一个全新的创时代。

＊徐祥梓　广东省深圳市语文教师

创课感言：处于课堂探索期的我，正在进行一场自我思维的变革，正在经历一个时代的创新。创课不仅仅是一种课堂理念的创新，还应包括教学操作层面的创新，即在课堂实践上应切实可行，真实有效。所以，创课应创在思维，行在课堂。

＊彭丹　湖北省武汉市语文教师

创课感言：参加创课已经四次了，每一次都有全新的收获。创课的“创”强调创新、创造。作文创课与其说是一种语文教学的尝试，不如说是一种观念的变革；与其说是一场比赛，不如说是一场精神上的饕餮盛宴。

＊张寰宇　浙江省温州市语文教师

创课感言：学生写作素养形成的关键是习作过程的自由，写作生命的唤醒。教师通过教学的开放和内容的多样，让学生找到属于自己的写作经验、写作成就，找寻属于自己的句子和生命表达，进而唤醒学生的写作生命。

＊方沫　海南省海口市语文教师

创课感言：我们不能用自己的所谓教学经验去扼杀学生的生活体验，结果只能是使他们害怕写作，因为他们写不出你想要的生活。我们只能教习学生审美，以美浸润学生的灵魂，审美上去了，生活的情趣出来了，文章自然就美了。

＊赵风霞　山东省莘县语文教师

创课感言：一次创课，一次提升。真正深入课堂，才发现自己多么浅薄！不知道“创”在何方，“新”在哪里，不禁感慨：书到用时方恨少！好在坚守初心，定会上下而求索，探索语文的春暖花开！

＊孙永芳　河南省安阳市语文教师

创课感言：我不太喜欢一成不变的东西，在守住语文正统的同时得敢于创新，打破重组，就是一个方向！打破固有的思维、固有的空间，重塑一个合理的、创意的新理念，妙哉善哉！

＊孔卫琴　江苏省无锡市语文教师

创课感言：慢慢走，慢慢欣赏，生活处处有风景；细细想，细细描绘，作文时时见风采。

＊张亮　山西省朔州市语文教师

创课感言：创课，让我从平凡走向卓越，让我从胆怯走向自信，让我从盲从走向精思！创课精神，永远激励我前行！

＊谢有新　江西省赣县语文教师

创课感言：创作伊始总是离不开借鉴和模仿，但是真正打动人心的是自己呕心沥血的创造！

＊苏良明　湖北省荆州市语文教师

创课感言：参赛准备的过程是最有价值的。学习、参与，你将拥有无限可能！

＊梁吴芬　湖北省荆州市语文教师

创课感言：4月18日下午，现场说课比赛在宁海中学“至勇楼”音乐厅拉开了帷幕。参加比赛的十八位选手均是“创课”比赛活动的获奖者，他们是千万个教学一线热爱作文教学研究富有创造精神的语文老师的代表。比赛没有冗繁的仪式，没有虚浮的评点。评委老师们专注倾听，时而颔首微笑，时而若有所思，时而低头记录；选手们依次上台，讲述自己的创意和设计，有的娓娓道来，有的激情洋溢，以课会师，以课交友。会场的空气中静静流淌着一种叫作“热爱”的纯净气息。

＊杨富昌：湖北省老河口市语文教师

创课感言：《新作文》杂志社首倡写作创课设计与实践，引领我们从作文教学开始，迈出了划时代的一步，这堪称是一个创举，是作文教学史上有里程碑意义的一步。这是一堂创课上创客的集体狂欢。我们在创课中本然幸福，创课让我们乐此不疲。

老师，今天你创课了吗？

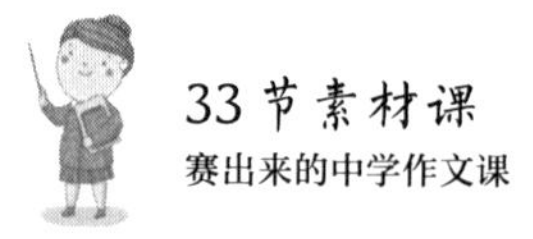


# “创课”评委这样说

◎课堂一直都在，创造才是未来。（刘　斌）

◎写作是语言文字和思想感情牵手在生活的田野上散步，作文课是教师带着学生分享散步的憧憬、体验和收获。（黄厚江）

◎作文创课让学生文思灵动，创意无限，为幸福人生奠定坚实的基础！（王三阳）

◎创课让教师新招迭出，创课让学生文思飞扬。（裴海安）

◎生存的苦涩让人逐渐僵硬；放飞创意的写作会让灵魂慢慢恢复弹性。（钱金涛）

◎写作让我们找到灵魂的大地，创意让我们链接思想的天空。（肖培东）

◎写作，须充分激发学生认知力、思辨力、想象力、表现力，这是创课的原点。（李伟杰）

◎写作是一个人的生命创造，写作课是一群人的生命创造，而幸福正来自这种精神性的成长。（徐　飞）

◎创新写作课从好奇心出发，向创造力发展，在思与诗之间抵达言语的真义。（袁爱国）

◎中小学跨界赛课，赛的不是课，赛的是对中小学作文教学规律的认识。（宋运来）

◎作文创课就是老师赋予平时所见的庸常事物以光芒，点燃学生的写作激情。（封义珑）

◎作文创课，让学生的体验“活”起来，让学生的大脑“动”起来，让学生的思维“飞”起来，让学生的情感自然“流”出来！（王春勤）

◎作文课是对孩子语文素养中最优质思维的唤醒与激活，创课作文是孩子精神世界中最纯粹和艳丽的花朵。（杨东荣）

◎创意让生活更有意思，创课让生命更有意义！（梅　晴）

◎创课，更好地激发学生学习母语的兴趣。（麻柏林）

◎写作本身应该是极其自由的事情，可惜，很多中学生，却被束缚住了。所幸有“创课”，让我们得以在写作的天地里自由呼吸。（任海林）

◎让创课随心所欲，让幸福自由舒展，让写作妙笔生花。（柳文生）

◎创课是师生共同完成惬意精神旅行的洗礼创举，是学生畅玩写作历练的向光而行。（蒋新海）

◎创课大赛，就是一道光。追着光，靠近光，你就会散发光，最后成为光。（李爱梅）

◎课堂因创造而开花，创造因写作而结果。（刘　勇）

◎你所创造的课堂，创造的是中国的未来！（洪勄颉）

◎创课，新的不仅仅是课，更是师生的思想、思维、情感、语言……（张宝伟）

◎就现段而言，作文创课的着眼点主要体现在组织结构的变

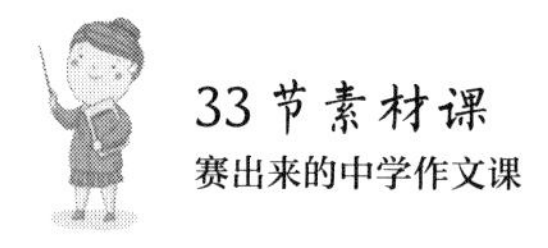


迁、教学情境的创设、教学评价的优化等方面。(黄发莲)

◎积粮（材）入仓廪，立刀（笔）作教案，创客，创刻，创课。(方　沫)

◎创课，让我们摆脱盘旋不进，活出一团春意，架构起大生命活泼创造之势！(范练娥)

◎创课，让学生的综合素养拾级而上，让学生的情感世界丰盈充沛，让学生的精神家园流光溢彩。(邓　鑫)

◎作文创课，让我们突破呆板寻找鲜活，让我们摆脱狭隘的思维，收获广阔的天地。(陈绪亮)

◎作文，让文字与思想开出花来；创课，让作文与做人共生共长。(钟　亮)

◎写作本身就在创造，写作课更应会创造，否则拿什么去点亮写作的灵感呢！(袁　源)

◎创课，成就了自己，成全了孩子！(丁卫军)

◎很难想象，古板机械的作文课能有灵动、创意的写作结果。一个创意不难，坚持五年的“创课”，非常了不起。(陈兴才)

◎创课之意义在创，创意启迪思维、创作开启思想，教师的创造就是对人类进步的贡献！(陶年生)

◎创课，在中小学作文的夜空下，一支探索课堂教学的轻骑。披星戴月，越陌度阡，寻找属于自己的作文教学创意，也激发学生写作构思的灵感……在清清浅浅的岁月，语文人相约相携，前者呼，后者应，共同积淀教学生涯的传奇……(罗小维)

◎作文课的最美好的状态，是懂写作的老师，带着爱写作的学

生，在作文课上，同行，同写，同乐。（徐　杰）

◎教师的创意激发学生的创造，恼心的写作蝶变为激情的创作。（黄本荣）

◎创课，唤醒写作的热情，点燃生活的激情。（葛　平）

◎写作是生存的需要；创新写作是生存质量的需要。（高　岚）

◎创写作课，立品质文，育情怀人。（刘补明）

◎学生在创造，课堂在创造，未来在创造。（吴春来）

◎创意产生幸福感，创课是实现幸福感的路径，是语文老师实现自我认同的载体。（赵克婴）

◎创课：新课标写作理念的绝妙演绎，新教材写作设计的个性诠释，新作文黄金品牌的至美示范！（王尔楷）

◎“创课”的原动力是创新。创新激活教师创造思维，创新生成新颖的教学设计，创新唤醒学生学习热情。（郑西银）

◎像第一次来到这个世界，打量、审视、发现，表达我们的情感和思想。（金瑞奇）

◎写作的人不孤独。创意写作更可以让人跨越时空界限，不断遇见。（向　浩）

◎创课贵在“创”字。创体创蕴，创式创韵，创形创神，创境创意，创出写作教学的新天地。（魏为秋）

◎创课，丰富了教师的精神空间，唤醒了学生的创造灵魂。（胡月英）

◎创课，是蜕变庸常的必然选择，是作文教研走向深度的自觉

追求。（李　翀）

◎课堂，因创生而充满魅力。（聂　闻）

◎做语文创客，上语文创课，共创语文新局面！（张　华）

◎创造着，幸福着。（张水鱼）